150 Jahre
Kohlhammer

Petra Roedenbeck-Wachsmann
Bernd Vogel

Werkbuch Paulus

Inspirationen und Provokationen für Gemeinde, Schule und Erwachsenenbildung

Verlag W. Kohlhammer

Umschlagabbildung: Michelangelo Merisi, genannt Caravaggio: Die Bekehrung des heiligen Paulus, um 1600/01, Kirche Santa Maria del Popolo / Rom. (Ausschnitt)

1. Auflage 2016

Gesamtherstellung: W. Kohlhammer GmbH, Stuttgart

Print:
ISBN 978-3-17-029204-8

E-Book-Format:
pdf: ISBN 978-3-17-029205-5

Inhaltsverzeichnis

Vorwort

Bevor es im Orchestergraben oder auf der Bühne losgeht, wächst die Spannung. Welches Werk wird geboten? Wie wird es interpretiert? Vielleicht aber ist die spannendste Frage: Wer bin ich jetzt und wer werde ich sein während des Spiels und dann danach? Wird sich etwas verändert haben? Akteure sind wir alle. Die, die ihren Auftritt vor Publikum haben, und die anderen im Saal oder hinter der Bühne.

Wir möchten die großen Texte des Paulus zur Aufführung bringen, etwas riskieren dabei – inhaltlich und methodisch. Es geht nicht um Laientheater in einem abschätzigen Sinn, sondern umgekehrt: Wo das Volk (gr. laos) sich diese großen Texte nicht neu aneignet, sie so und anders inszeniert, verklingt das große Erbe ungehört im Archiv der Geschichte. Wer kann mit dem Wort ‚Gnade' etwas anfangen? Was ist Barmherzigkeit? Und Glaube? Ja, was glaubst denn du? Und gar von ‚Israel' sprechen und da auch, aber eben nicht nur an den Staat denken, der aus der Not geboren 1948 neu auf die Landkarte der Welt kam und um den es weltpolitische Konflikte gibt ... sondern von Israel sprechen als dem großen Projekt eines ‚Gottes', den Christen hierzulande selbst nach Auschwitz noch als den ihren reklamieren. Und hat Paulus auf den wunden Punkt schon gezeigt? Wir leben in einer kritischen Zeit, in der die alten ungelösten Konflikte in ungeahnter Schärfe auf den Tisch der Weltgemeinschaft kommen. Es ist nötig, exemplarisch an Bibeltexten in die Tiefe zu steigen. In die Tiefen der Textwelt, Übersetzungsarbeit leisten, Kontexte wahrnehmen, Bezüge herstellen, zwischen den verschiedenen Texten und zwischen Texten und Herausforderungen von heute. Übersetzungsarbeit im mehrfachen Sinn. Lessing sah den ‚garstigen Graben' und konnte nicht hinüber springen. Bei ihm ging es um die Gewissheit, die historische Tatsachen (scheinbar) liefern oder eben (für Lessing) nicht mehr lieferten. 250 Jahre später haben wir andere Sorgen und Einsichten. Manche plagt auch heute die Frage: Ist das denn wirklich genauso geschehen? Die Sache mit Jesus, Kreuz und Auferstehung: Ist das beweisbar? In der Schule hält sich bis zum Abitur in den Köpfen der Schüler der Verdacht, es sei der Glaube, es sei ‚Religion' doch eher eine manchmal ganz interessante Plauderei, aber nicht ernst zu nehmen wie Mathe, Physik oder auch Englisch und Sport, in jedem Fall reine Privatsache. In unserer Kultur sitzt tief der Verdacht gegen die ‚Religion' als zu überwindende Macht, die Menschen klein macht. Nietzsche feiert späte Triumphe, obwohl sein Nihilismus auch keinen Weg in eine menschenwürdige Zukunft verheißt. ‚Religion' ist tatsächlich eine ambivalente Macht. Sie darf und muss kritisch betrachtet werden. Auch bei Paulus sollten wir genau hinschauen. Zugleich ist sein Glaube trotz mancher Tücken und Missbrauch seiner Texte eine subversive Kraft zur Befreiung aus

Abhängigkeiten. Es geht tatsächlich um Freiheit und um Gerechtigkeit in dem ‚Evangelium' des Paulus. Nicht nur für ‚nach dem Tod' – das war gar nicht das brennende Interesse des Paulus – sondern für diese Welt gegen den Tod.

In der Erwachsenenbildung, in Kirchengemeinden, in Schulen … möge dieses Werkbuch Paulus ausprobiert werden. Wir wünschen unseren Lesern und Leserinnen Lust auf neue Entdeckungen, am Experiment, am Gespräch miteinander anhand der Texte. Wir haben auch Lesende im Blick gehabt, die nicht unmittelbar für andere, sondern nur für sich und also mittelbar für andere das Buch lesen, in ihm schmökern, sich anregen lassen von Inhalten oder methodischen Vorschlägen, z. B. Lehrer und Lehrerinnen, Predigerinnen und Prediger, Freunde und Freundinnen der Bibel, Theologiestudierende und Dozentinnen, Menschen, die sich im Vorfeld des Reformationsjubiläums 2017 für Luthers bevorzugte Lektüre interessieren.

Ganz herzlich danken wir für ihre unterschiedliche Unterstützung Frau Prof. Dr. Angela Standhartinger, Frau Dr. Ilse Tödt, Pastor Frank-Michael Wessel und unserem geduldigen und sachkundigen Lektor Florian Specker.

Hamburg und Egestorf im März 2016

Petra Roedenbeck-Wachsmann
Bernd Vogel

I. Prolog

1. Schmerz, Sehnsucht – und Gnade

Ich bin nämlich überzeugt, dass uns weder Tod noch Leben, weder Engel noch Mächte, weder Gegenwärtiges noch Zukünftiges noch Gewalten, weder Höhe noch Tiefe noch irgendein anderes Geschöpf trennen können wird von der Liebe Gottes in Jesus Christus.
(Römer 8,39)

Schmerz und Sehnsucht sind einander verschwistert. In beiden kommt die Ahnung zu Bewußtsein, daß ‚wir uns auf dieser Erde nicht ganz zu Hause fühlen'.
(Henning Luther)

Einmal wirklich ankommen. Abraham und Sara, Mose auf dem Weg durch die Wüste, Noomi und Rut, Maria, Josef und das Jesuskind in Ägypten, die Sehnsucht nach der Stadt vom Himmel, in der die Tränen getrocknet und der Schmerz nicht mehr sein wird … die Bibel ist vielfältiges Zeugnis von sehnsüchtigen und schmerzerfüllten Lebenswanderern. Auch Paulus war einer von ihnen. Ein Rastloser. Ein Zeltmacher im Auftrag des Höchsten. Ein vielfach Verwundeter. Einer, der etwas gut zu machen hatte und doch wusste, dass er das nicht schaffen würde. Einer, der an Leib und Leben bedroht war und am Ende mit seinem Leben bezahlte im Namen eines gekreuzigten Menschen, von dem er glaubte, ausgerechnet dieser an den Mächtigen Gescheiterte sei die Wohnung Gottes in der vergehenden Welt.

Was kümmert uns, dass manche seiner Vorstellungen ganz offensichtlich von der Geschichte überholt sind: Sein patriarchales Frauenbild, seine – vorsichtig gesagt – Reserve gegenüber der Sexualität, seine für unser heutiges Verständnis gefährlich einseitiges Verständnis von der staatlichen ‚Gewalt' … Paulus rückt uns zu nahe auf den Leib, als dass wir ihn los werden könnten. Er weiß Tieferes von dem, was uns heute in den Tagesnachrichten das Herz schwer und den Kopf wirr machen kann, als dass wir an den endlosen Talkshows genug haben könnten.

Schmerz und *Sehnsucht* grundieren paulinische Texte. Auch dort, wo er nicht ausdrücklich über seine Schmerzen, sein Leiden und seine Sehnsucht spricht. Mehr und ausdrücklich gesprochen und geschrieben hat er von der Gerechtigkeit, von der Gemeinschaft im Geist Gottes, bei allen anlassbezogenen Unterschieden immer im Zusammenhang mit der Liebe, mit Jesus Christus (die Liebe unseres Herrn Jesus Christus) und der *Gnade* Gottes.

Der Theologe *Henning Luther* (1947–1991) wollte von Religion als vom christlichen Glauben mitten ‚im' Alltag sprechen: von der *Infragestellung* des gewohnten Alltagslebens, der *Unterbrechung* eingespielter Abläufe und Auffassungen, der Arbeit an der eigenen immer *fragmentarisch* bleibenden Biografie, der bewussten Wahrnehmung von *Schmerz und Sehnsucht*, der Übernahme von *Verantwortung* für das *eigene* Leben im *Risiko* des Scheiterns im *Vertrauen* auf die Gnade Gottes. – Eine Sicht der Dinge wie aus den paulinischen Briefen entwachsen.

Wir, die wir uns kaum noch vor Göttern oder vor einem Gott fürchten, schaudern spätestens seit Auschwitz zu Recht vor Menschen. Manche haben heute hysterische Angst vor den ‚Fremden'. Terroristen halten es für ihren Beruf, global Angst zu verbreiten und Menschen wahllos zu töten. Verängstigte und Sicherheitsfanatiker richten sich entsprechend ein. Das Lebensgefühl verändert sich in Richtung Daueralarm.

Da ist es lebenswichtig, auf die eigene Sprache zu achten als Ausdruck dessen, worauf Menschen im Leben ihre Hoffnung setzen. Manche reduzieren Gerechtigkeit auf Rache, Gemeinschaft auf die vertraute Gruppe der immer Gleichen, Geist Gottes auf die eigene Perspektive, Liebe auf das private Glück, Jesus Christus auf das Losungswort für Mitglieder eines Kirchenclubs und Gottes Gnade … was ist das denn?

Die Sprache des Paulus *bildet*. Sie macht uns aufmerksam auf unsere oft durch Machbarkeit und Technik verhunzte Sprache, Symptom einer Gewöhnung an Unmenschlichkeit. Bibel lesen ist Sprachschulung; denn – tatsächlich – nichts Menschliches ist diesen Texten fremd. In jede denkbare Tiefe und Weite, auch jede Monstrosität menschlicher Vorstellungen und Handlungen reichen ihre Worte. Paulinische Texte gehen immer aufs Ganze. In fast jeder Zeile steht etwas, das entdeckt werden will und von dem aus die Lesenden in aller Freiheit eigenständig weiterdenken können. Wir lesen Paulus nicht mehr als den Dogmatiker der Kirche, sondern als einen Gott- und Lebenserfahrenen einer vergangenen Kultur, mit dem und mit der wir mehr zu schaffen haben, als uns meistens bewusst ist.

Was Paulus *damals* gedacht und geschrieben hat, wird für *heutige* Lesende erst interessant und verständlich, wenn es unter den heutigen Herausforderungen und Verstehensbedingungen *neu* gedacht, gesagt und ausprobiert wird. Zu solchen Experimenten zwischen Bibel und Wirklichkeitserfahrung wollen wir einladen und anleiten.

Die aktuelle Abwertung von ‚Religion' als Privatsache religiös begabter Leute ist biblisch gesehen ein Missverständnis. In unseren Breiten hat die Religionskritik längst gegriffen und (kirchliche) ‚Religion' verändert. Mit der Weimarer Reichsverfassung 1919 wurden die Sphären von Politik und Kirche (Religion) weitgehend getrennt. Säkulare Rechtsstaatlichkeit und weltanschauliche Neutralität des Staates sind trotz Staat-Kirche-Partnerschaften gewährleistet.

‚Religion' als Freizeitbeschäftigung nach Feierabend und nur als punktuelle Lebensbegleitung für Mitglieder und Kunden (Seelsorge, Geburt, Hochzeit, Tod) hätte

Paulus nicht interessiert. Ihm ging es um eine „Kraft Gottes“ (Röm 1,16), die es mit den chaotischen und bösen Mächten dieser Welt siegreich aufnimmt.

„Sie haben Waffen. Scheiß drauf. Wir haben Champagner.“ So titelte im Sommer 2015 nach den ersten Attentaten in Paris die französische Satire-Zeitschrift Charlie Hebdo. Ein halbes Jahr später: „Café Angst“ titelt die Süddeutsche Zeitung (SZ) ihre Seite Drei am 20.11.2015. Der Artikel kreist um die Orte des Schreckens und des Todes im Pariser November 2015. Im Text geht es um den Zusammenprall mit den „Barbaren“ – den Attentätern –, um den „Graben zwischen ihrer todessüchtigen Welt“ und dem „Lebensfest“ der Pariser des 10. und 11. Arrondissements, den Künstlern und Genießern der „art de vivre“. Der Widerstand gegen den Terror kann sich nicht erschöpfen in trotziger ‚westlicher‘ Lebenskunst. Es gilt die Augen zu öffnen und der eigenen Mitschuld an den ungerechten und gewaltsamen Verhältnissen in der Welt ins Gesicht zu sehen. Es würde helfen, sich der eigenen ‚Sünde‘ und die Frage zu stellen, woher uns eigentlich die Kraft zum Widerstand gegen das Böse kommen könnte. Selbstverständlich ist Terror durch nichts zu entschuldigen. Aber wer die Ursachen von Krieg und Terror, von Flucht und Vertreibung abstellen will, wird schnell feststellen, dass wir als Bürger der westlichen Welt hier vielfältig verstrickt sind.

Lesehinweis: Mit solchen schattierten ‚Kästen‘ markieren wir Denkanstöße, ab und an Zusammenfassungen und Zuspitzungen, aber auch Informationen, Querverweise, Provokationen, die quer zum roten Faden des Textes laufen.

Paulus erwartete in menschlichen Gemeinschaften die Dynamik des Geistes Gottes, der diese Gemeinschaften motiviert und transformiert. In seinen Briefanfängen spricht er nicht formell die Gemeinden als Institutionen an, sondern ihre (Mit-) Glieder z. B. als die ‚von Gott Geliebten‘ und ‚berufenen Heiligen‘ (Röm 1,7). Es ging ihm durchaus um das, was neuere praktische Theologie die Arbeit am ‚Subjekt‘ bzw. an der ‚Identität‘ derer nennt, die sich auf die Spur ihrer Trauer, ihrer Hoffnungen, ihrer Liebe und ihrer Sehnsucht begeben (Henning Luther, Religion im Alltag, Stuttgart 1992, darin 160–182).

Subjekt – Identität – Bildung: Der Theologe und Mystiker *Meister Eckhart* (1260–1328) meinte, der Mensch bilde sich nach dem ihm „im Seelengrund“ innewohnenden Bild Gottes. Der auf dem Erfahrungsweg sich Gott aussetzende Mensch nimmt den Christus als das Bild Gottes und des wahren Menschen an. *Der Mensch nimmt sich als gotteshaltig wahr.* So wird im Menschen Gott geboren und kommt in gelebter Menschlichkeit zur Welt. Bei Paulus findet sich in 1. Kor 13,12 eine tiefsinnige Anspielung auf die ‚Bildung‘ des Menschen: Es ist die Liebe Gottes, die den in diesem Äon immer nur fragmentarisch ‚gebildeten‘ Menschen vollendet: „… dann aber werde ich erkennen, wie ich erkannt bin …“! (Henning Luther spricht im Anschluss an Dietrich Bonhoeffer vom fragmentarischen Charakter jedes Lebensentwurfs und von der „Unabschließbarkeit von Bildungsprozessen“.)

In unmittelbarem Zusammenhang mit dem Wirken des Geistes stand für Paulus die Indienstnahme der Christusleute für die Sache der Schwachen und Armen. Diakonie war für Paulus keine Sparte der institutionellen kirchlichen Arbeit, war nicht delegierbar an Experten und Expertinnen, sondern war Sache aller ‚in Christus'. Die Kollekte, die Paulus wohl jahrelang hat sammeln lassen und die – so vermuten Exegeten – ihre Bestimmung am Ende verfehlt haben könnte, weil Paulus statt in Ehren aufgenommen in Jerusalem verhaftet und von dort nach Rom abtransportiert wurde, war ihm sichtbares Band zwischen den Christusleuten in der Völkerwelt und denen in Jerusalem, ein globales Projekt.

Heute machen das Ehepaar Gates und Zuckerberg mit ihren Milliarden-Stiftungen als von globalen Projekten von sich reden. Sie wollen die Welt bessern, sagen sie. Sie tun es auch aus ihrem Glauben heraus, sagen sie. Sie wollen bestimmen, was getan wird, sparen Steuern und bleiben im Gedächtnis der Menschheit, sagen andere. Auch die Kollekte des Paulus hatte ein taktisch-politisches Moment: Sie war (wohl) eine Bedingung der Jerusalemer Apostel für die beschneidungsfreie Völkermission des Paulus.

Eine wesentliche Aufgabe von Christen und Gemeinden ergibt sich aktuell im Einsatz für und mit *Flüchtlingen* bzw. in der begleitenden politischen (integrativen) Arbeit innerhalb der Gesellschaft.

In seinem Buch „Ungläubiges Staunen. Über das Christentum" schreibt der deutsch-iranische Autor *Navid Kermani* (geb. 1967) aus der Sicht eines in Deutschland geborenen Muslims: „Wenn ich etwas am Christentum bewundere [...] wenn ich nur einen Aspekt, eine Eigenschaft zum Vorbild nehme, zur Leitschnur auch für mich, dann ist es nicht etwa die geliebte Kunst, nicht die Zivilisation mitsamt der Musik und Architektur, nicht dieser oder jener Ritus, so reich er auch sein mag. Es ist die spezifisch christliche Liebe, insofern sie sich nicht nur auf den Nächsten bezieht. In anderen Religionen wird ebenfalls geliebt, es wird zur Barmherzigkeit, zur Nachsicht, zur Mildtätigkeit angehalten. Aber die Liebe, die ich bei vielen Christen und am häufigsten bei jenen wahrnehme, die ihr Leben Jesus verschrieben haben, den Mönchen und Nonnen, geht über das Maß hinaus, auf das ein Mensch auch ohne Gott kommen könnte: Ihre Liebe macht keinen Unterschied." (Navid Kermani, Ungläubiges Staunen. Über das Christentum, München 2015, 169.)

Nicht die gemütliche Nische religiöser Beschäftigung mit sich selbst, sondern Markt und Parlament, Straße und Nachbarschaft sind der ‚Kontext' biblischer Texte und theologischer Bildung heute. In welchen ‚Kontexten' also könnten die biblischen Texte zu sprechen beginnen?

Der Redakteur der Süddeutschen Zeitung (SZ) *Heribert Prantl* (geb. 1953) hält ein Plädoyer für Geistaustausch: „Schickt Exorzisten zu den Analysten". Er legt die neutestamentliche Geschichte von der Heilung des Besessenen von Gerasa aus, in der Jesus die 2000 bösen Geister des „Besessenen" in eine Herde Schweine – für Juden unreine Tiere – fahren lässt und so den in einer ‚Grabhöhle' hausenden Mann zum Leben befreit: „Die Geschichte mit den zweitausend Schweinen ist eine Geschichte [...] über gute und böse, reine und unreine Geister. Es ist eine biblische Geschichte, auf die man stößt, wenn man darüber nachdenkt, wohin eine Welt kommt, der die Gabe und die Kraft fehlt, zwischen guten und bösen Geistern zu scheiden. [...] Der tobende Mensch, der Besessene aus

Gerasa, hat kein eigenes Ich mehr, mit dem man reden könnte. Stattdessen existiert in ihm eine Vielzahl von Handlungs- und Denkgewohnheiten, die sich verselbständigt haben, in ihm stecken Ängste, Zwänge und Handlungsmuster [...]. Der Dämon des Evangeliums vom Besessenen von Gerasa ist die zerstörerische Variante des Freigeistes: Es ist der Geist der pervertierten Freiheit, der keine Bindungen akzeptiert, der sie zerreißt, es ist der Geist der Hemmungslosigkeit und der Gier. Es ist der Geist, der den Turbo des Kapitalismus, den Turbokapitalismus antreibt. [...] Der Mensch, der freigesetzt von seinen Wurzeln und Bindungen flexibel überall einsetzbar ist, ist zugleich Opfer und Idealtypus des Kapitalismus. Insofern ist der Besessene eine schillernde Figur: Er ist Treiber und Getriebener zugleich [...]." (Heribert Prantl, Wir sind viele: Eine Anklage gegen den Finanzkapitalismus, ebook München 2011)

Religiöse Bildung als Entdämonisierung, als intellektueller und seelischer *Befreiungsvorgang*. Trägt Religion global gesehen und aktuell aber nicht eher zur Vernebelung, Verblendung, letztlich zur Gewalt bei? Ist es nicht historisch so gelaufen: Religion und religiöse Bildung stützen das Eigene und schließen den Andersglaubenden aus? Wie kommt das ‚Heilige' in der Profanität (teilweise!) aufgeklärter Gesellschaften heilsam zum Zuge?

Navid Kermani, der im Oktober 2015 den Friedenspreis des Deutschen Buchhandels erhielt, sieht einen anderen Weg. Mit Blick auf die in ihren Auswirkungen bis heute ambivalente Lektüre ‚heiliger' Bücher sagt er:

> „Die Herausforderung bestünde darin, einer Religion nicht stumpf zu folgen, sondern es hinzukriegen, dass man einen Text, der vor 2000 Jahren geschrieben wurde, ernst nimmt – und zwar jedes Wort und jede Geschichte – und trotzdem menschenfreundlich und aufgeklärt in der Gegenwart lebt. Keiner sagt, dass das leicht ist, aber das menschliche Bewusstsein kann das. Religion ist niemals das göttliche Wort pur. Sie ist das sich stets verändernde Verhältnis von Menschen zu diesem Wort. Aus genau dieser Bewegung des menschlichen Geistes sind die großen Kulturen entstanden." (In: Magazin der Süddeutschen Zeitung Nr. 35 vom 28. August 2015, 10.)

Aus all diesen und mehr Gründen ausgerechnet Paulus.

2. *Ausgerechnet Paulus!*

Paulus kann eine eindrucksvolle Visitenkarte vorlegen:

- Die *ersten* Zeugnisse, die wir von Jesus Christus haben, stammen aus den Briefen des *Paulus*. Die *Evangelisten* haben 20–40 Jahre nach Paulus geschrieben.
- Alle Zeugen *deuten* Informationen über den Nazarener auf ihre Weise. Paulus kannte Petrus, Jakobus und andere Augenzeugen Jesu persönlich. Seine Sicht der Dinge steht im direkten sachlichen und geschichtlichen Zusammenhang mit dem Ursprung in Jesus von Nazareth.

- In des Paulus Briefen finden sich entscheidende Anklänge und Interpretationen der Lebensbotschaft Jesu bis hin zur universalen Tischgemeinschaft. Paulus versteht sich selbstbewusst als der Apostel Jesu Christi, der in dessen Geist eine weltgeschichtlich entscheidende Rolle zu übernehmen hat.
- Seine Briefe müssen und dürfen nicht als Dogmatik, schon gar nicht als Glaubensgesetz gelesen werden. Sie sind Inspirationen für Einsichten heute, Provokationen, sich unterbrechen zu lassen in dem, was ‚man' schon immer zu wissen meinte.

Paulinische Texte wurden im Geist von Frauenunterdrückern, Sklavenhaltern und Moralaposteln gelesen und missbraucht. Und sie wurden Gegenstand quasi kirchenamtlicher korrekter Theologie.

Können wir aber vom *Christus* reden, ohne vom Leben Jesu gesprochen zu haben? Kann man von ‚*Erlösung*' sprechen und sich dafür bei Paulus bedienen, ohne wahrgenommen zu haben, dass Jesus von Nazareth eine ‚Umkehr' des Denkens und Lebens hier und jetzt in dieser Welt wollte und keine Erlösung aus dieser Welt weg gemeint hat? Auch das ‚Reich Gottes' ist nicht erst nach dem Tod, wie viele meinen.

Der Religionspädagoge *Hubertus Halbfas* (geb. 1932) diagnostiziert ein „Loch" im Apostolischen Glaubensbekenntnis zwischen der Geburt Jesu und seinem Leiden und Tod. Diese Lücke führt er auf Paulus zurück. „Er bestand darauf, sein Evangelium nicht ‚von Menschen übernommen oder gelernt' zu haben, weil es ihm selbst geoffenbart wurde, als er Jesus Christus in einer Vision schaute (Gal 1,12). Er wollte sein eigenes Evangelium verkünden, unabhängig von den Augen- und Ohrenzeugen des Wirkens Jesu, und entfaltete darum sein Evangelium ganz aus der eigenen visionären Erfahrung. Damit überging Paulus alles, was Jesus zu seinen Lebzeiten bewegte und lehrte: die Summe seiner Reich-Gottes-Botschaft in Wort und Gleichnis, in menschlicher Zuwendung und offener Tischgemeinschaft. […] An die Stelle der Reich-Gottes-Botschaft Jesu tritt die Verkündigung des Gekreuzigten und Auferstandenen: Durch den gekreuzigten und auferweckten Christus kommt alles Heil, verstanden als Teilhabe am ewigen Leben, das den Menschen durch den Sühnetod Jesu erschlossen wurde. Das aber ist ein anderer Inhalt, als Jesus ihn vertrat. […] Mit dem Wechsel vom Evangelium Jesu zum Evangelium des Paulus vollzieht sich der Wechsel von der (nicht bestreitbaren) Wahrheit eines gelebten Lebens zur (stets bestreitbaren) Wahrheit einer theologischen Lehre. […] Wer aber Glaubensgehorsam fordert, setzt zugleich auf Kontrolle – und befördert damit eine Entwicklung, wie sie sich in der Kirche bis heute mit Kontrolle, Zensur, Denunziation, Rede- und Schreibverboten verbindet, in der Geschichte sogar mit Bespitzelung, Verhör, Enteignung, Folter, Verurteilung und Hinrichtung ereignet hat. Alles einer ‚Wahrheit' wegen, die dem Jesus von Nazareth mit seinem Reich-Gottes-Programm zeitlebens fremd war." (Hubertus Halbfas, Religiöse Sprachlehre, Ostfildern 2012 (Halbfas), 366–368.)

Halbfas kombiniert den Versuch einer Erneuerung des Verständnisses für symbolisches und mythisches Denken mit konsequent historisch-kritischer Erforschung der biblischen Texte. Seine Position ist nicht frei von inneren Spannungen: Einerseits will er dem Mythos wieder zu seinem Recht verhelfen, andererseits reduziert er das Damaskuserlebnis des Paulus auf rein psychologisch erklärbare Ursachen. Ob die Dechiffrierung der Lebenswende des Paulus als psychologisch erklärbare Reaktion (etwa auf Schuldgefühle) sein System von Glaubensvorstellungen relativiert oder auch „korrigiert" (Halbfas, 366), ist fraglich.

3. *„Was muss das für ein Mensch gewesen sein!“*

Der Schweizer Pfarrer *Karl Barth* (1886–1968) meinte, der Reformation an die Wurzel gegangen zu sein. Er kam über dem Lesen des *Römerbriefs* ins Staunen.

Karl Barth schrieb als sein erstes theologisches Buch einen Kommentar zum Römerbrief (1919, neue Bearbeitung von 1922). An seinen Freund Eduard Thurneysen schreibt er in einem Brief „Es war mir über der Arbeit oft, als wehe mich von weitem etwas an von Kleinasien oder Korinth, etwas Uraltes, Urorientalisches, undefinierbar Sonniges, Wildes, Originelles, das irgendwie hinter diesen Sätzen steckt, die sich so willig von immer neuen Generationen exegisieren lassen. Paulus – was muß das für ein Mensch gewesen sein und was für Menschen auch die, denen er diese lapidaren Dinge so in ein paar verworrenen Brocken hinwerfen, andeuten konnte! Es graut mir oft ganz in der Gesellschaft. Die Reformatoren, auch Luther, reichen doch *lange* nicht an Paulus heran, das ist mir erst jetzt überzeugend klar geworden. Und dann *hinter* Paulus: was für Realitäten müssen das sein, die den Mann so in Bewegung setzen konnten! Was für ein abgeleitetes Zeug, das wir dann über seine Sprüche zusammenschreiben, von deren eigentlichem Inhalt uns vielleicht 99 % entgeht! Ich bin gerade heute sehr stark unter dem Eindruck, wie deprimierend *relativ* alle unsre Künste, die Bibel ‚reden zu lassen‘, doch sind. Du kennst das sicher auch.“ (Karl Barth, Einführung in die evangelische Theologie (Siebenstern Tb), Gütersloh, 3. Aufl. 1980, 138.).

Als der Schweizer Pfarrer 1917 jene Zeilen schrieb, war der *1. Weltkrieg* im vollen Gang. Der desaströse Krieg entlarvte das Projekt einer sich ‚aufgeklärt‘ und ‚Neuzeit‘ nennenden Kultur und Epoche als gescheitert. Die menschliche Gattung war in der bis dahin wissenschaftlich und technisch führenden Weltgegend Europa nicht auf eine höhere Entwicklungsstufe geklettert, sondern verwandte ihre neuesten technischen Produkte in einem bis dahin beispiellosen Vernichtungskrieg gegen sich selbst. Karl Barth wurde zum theologischen Schriftsteller, weil er meinte, damit etwas für seine Zeit bewirken zu können. Ein Manifest schwebte ihm vor, ein Ziehen an einem großen Glockengeläut. In einer Zeit der größten Krise Europas sah er göttliche ‚*Krisis*‘: Gericht und Umkehrruf Gottes, so wie Barth den Gott der Bibel nun zu verstehen meinte. Eine Erneuerung von Theologie, Kirche und Gesellschaft nach der Katastrophe des Weltkriegs konnte Barth sich nur als Folge eines neuen Bibelverstehens vorstellen, eine Idee, über die heute die meisten Lesenden (bedauernd?) lächeln dürften. Barth glaubte *tatsächlich*, dass er beim Lesen des Paulus nicht nur in dessen *fremde vergangene Welt* käme („etwas Uraltes, Urorientalisches … Wildes, Originelles“), sondern auch zum *Autor* („was muß das für ein Mensch gewesen sein?“) und noch weiter: *„hinter“* den Autor Paulus in *„Realitäten“*, die diesen Mann so *„in Bewegung setzen“* konnten und nun also 1917 auch auf dem Feld der Geschichte als wirksam auszurufen waren! Barth *erwartete*, dass ihm und anderen beim Lesen der alten Bibeltexte der *lebendige Gott* entgegentreten könnte. Können ‚wir' das Zutrauen in die Kraft biblischer Texte, mehr noch: auf den lebendigen Geist Gottes teilen – nach allem, was seither geschehen ist? Zwei Weltkriege und die Schoa markieren einen unhintergehbaren Bruch.

4. *„Wir aber haben die Denkweise Christi" (1. Kor 2,16) – über die Wahrheit in Beziehung*

„Allein" in „Jesus Christus" (solus Christus) sei der wahre Heil bringende Weg Gottes zu den Menschen eindeutig zu erkennen. „Allein" auf diesen Gott in Jesus sei Verlass, sagten die Reformatoren. In der katholischen Kirche sucht man seit dem 2. Vaticanum einen Weg, an der Idee der Kirche als dem Reich Christi auf Erden festzuhalten und zugleich die Vielfalt der Bekenntnisse und Religionen anzuerkennen. Wie können wir Paulustexte heute lesen, ohne entweder fundamentalistisch andere auszuschließen, oder ihren Wahrheitsanspruch völlig aufzulösen?

„Wir aber haben nicht empfangen den Geist der Welt, sondern den Geist aus Gott, dass wir wissen können, was uns von Gott geschenkt ist. Und dieses reden wir auch nicht in von menschlicher Weisheit gelehrten Worten, sondern in vom Geist gelehrten Worten, (als die, die) mit geistigen (Mitteln) die geistigen (Dinge) beurteilen. Ein natürlicher Mensch aber nimmt nicht an (das) vom Geist Gottes; es ist ihm nämlich eine Torheit, und er kann es nicht erkennen; weil es geistig beurteilt wird. Der Geistbegabte aber beurteilt alles; er selbst aber wird von niemandem beurteilt. Denn ‚wer hat des Herrn Sinn erkannt, so dass er ihn belehren könnte?' (Jes 40,13)? *Wir aber haben* den Sinn/*die Denkweise (gr. nous) Christi*" (1. Kor 2,12ff.).

„Wir aber haben die Denkweise (gr. nous) Christi."

Für die Interpretation dieser und ähnlicher paulinischer Sätze hängt alles daran, ob wir dazu bereit sind, unseren eigenen *Lesegewohnheiten* kritisch auf die Schliche zu kommen. Wer mit der von Kindheit an gelernten, in Fleisch und Blut eintrainierten Bewertung von Aussagen an diese Texte herangeht, wird in ihnen finden, was er zuvor hineingelesen hat, vor allem eine Auf- und eine Abwertung: Eine Aufwertung derer, die den ‚Geist' und die ‚Denkweise' des Christus (angeblich) ‚haben', gegen eine Abwertung der anderen, die diesen Geist nicht haben, stattdessen den ‚Geist der Welt'. Paulustexte sind Jahrhunderte lang so gelesen worden.

In einer multireligiösen und vielfältig entgrenzten (globalisierten) Welt könnte Bibellesen zu Verständigung und Frieden beitragen. An Texten, in denen es um absolute Wahrheitsansprüche geht, könnten die Lesenden die Fähigkeit entwickeln, so zu lesen, dass weder der Wahrheitsanspruch noch der Respekt vor Andersdenkenden dabei aufgegeben werden müssen. Indem die „Denkweise“ derart transformiert würde, könnte das Undenkbare gedacht und der logische Widerspruch produktiv genutzt werden. Die Lesenden (bzw. Hörenden) könnten sich soweit öffnen, dass sie eingefleischte Wertungen erkennen und durch den Text infragestellen lassen. Grundhaltung: Ich weiß nicht, was da im Text ‚steht‘. Ich weiß nicht, was mit ‚Sinn/Denkweise Christi‘ gemeint ist. Ich weiß nicht, was daran gut oder schlecht sein soll, den ‚Geist Christi‘ oder aber den ‚Geist der Welt‘ zu ‚haben‘. *Ich weiß es nicht und bin bereit für Überraschungen.*

Am Beispiel von 1. Kor 2,12ff.:

- Man kann gr. *nous* mit „Sinn“ (im Sinne von geistiger Ausrichtung der Person) übersetzen und deutet ihn dann als einen ‚geistlichen‘ Sinn, den wahren, den richtigen ‚Glauben‘, als eine bestimmte Art menschlichen Lebens, nämlich als eines Lebens im Geist des Christus.
- Ebenso können wir ‚nous“ mit „Vernunft“ übersetzen. In Korinth ging es damals um wahre im Sinne von *vernünftiger* Erkenntnis (gr. *gnosis*, vgl. V. 14); und Paulus setzt den Fanatikern der verschiedenen Parteien mit ihrer jeweils einen wahren richtigen Erkenntnis die vernünftige Denkweise (gr. nous) des Christus entgegen. Vernünftig ist aus dieser Sicht nicht, dass sich – wie in Korinth – Glaubenspartei gegen Glaubenspartei profiliert und jeweils behauptet, die wahre Erkenntnis (gnosis) zu haben. Vernünftig ist es vielmehr, aus dem ‚Geist Gottes‘ heraus (V. 11.14) sich vernünftig machen zu lassen, den ‚Sinn (nous) Christi‘ sozusagen anzuziehen.

Nimmt man die möglichen Interpretationen der Worte ‚gnosis‘ und ‚nous‘ in ein Denkspiel, ohne vorab durch Bewertungen ihren möglichen Sinn einzugrenzen, könnte man zu ahnen beginnen: Paulus geht es hier *im konkreten Kontext* nicht um Ausgrenzung der Falsch- oder Ungläubigen, sondern um eine Abwehr eitler Selbstbeweihräucherung ach so kluger und frommer Leute, ob nun jüdisch oder nichtjüdisch (im Kontext der korinthischen Gemeinde wahrscheinlich das Letztere). Der Blick auf den Menschen am Kreuz bedeutet kritische Aufklärung über sich selbst und Respekt vor dem unverfügbaren, lebendigen und (bei Paulus) liebenden Gott.

Der gelernte Pharisäer (Phil 3,5) verknüpfte Lebenssituationen mit konkreter Schriftlektüre. Das bringt Variation und Tiefe in seine Texte. Paulus schrieb in Beziehungen zu Menschen und in konkrete Situationen hinein. Mag manches geradezu apodiktisch klingen, entspringt es doch dem Dialog im Geist des Christus und ist auf ein spezifisches Handeln aus. Und dies nicht im Sinne einer Auflösung von Wahrheitsansprüchen in lauter ad hoc-Argumentationen ohne inneren Zusammenhang!

Die ‚Wahrheit‘ paulinischer Texte ist in ihrem Kern eine Person; sie entspringt in der Begegnung mit Jesus Christus und in konkreten Begegnungen von Menschen: das eine nicht ohne das andere für Paulus. In den konkreten Beziehungen von Menschen steht der Christus, die Gotteswirklichkeit zur Debatte. Umgekehrt erweist sich die Wahrheit – würden viele heute sagen – einer ,spirituellen' Gotteserfahrung in den alltäglichen face-to-face-Beziehungen von Menschen.

5. *Gott in der Geschichte: Paulus und Israel*

Paulus ist eine Brückengestalt. Mit ihm geht es von uns aus in seine Zeit und umgekehrt. Mit Paulus geht es von Israel aus in die Völkerwelt und umgekehrt. Interessant sind für uns nicht seine Ausführungen zur speziellen Ethik, seine Sätze zum Verhalten von Frauen und Männern, von Sklaven und Sklavenbesitzern, von Fleischessern und anderen. Es sind wohl nicht seine Auseinandersetzungen um die Auslegung der Tora und um das ,Evangelium' als das Ende und/oder Ziel der Tora (nach Röm 10,4), also auch nicht das, was Evangelische und Katholische ,Rechtfertigung des Sünders' zu nennen gewohnt waren und was zu seiner Zeit die Gemüter erregte, wie dann wieder in der Zeit der reformatorischen Umbrüche. Es ist wohl die Rede von einem *Gott am Kreuz*, von Jesus Christus als dem Gekreuzigten, die aufhorchen lassen würde in einer Welt, in der im Namen Gottes unterdrückt und gemordet wird. Es könnte möglicherweise auch noch die *Hoffnung* auf „Gottes Selbstrechtfertigung als Rechtfertigung der gesamten Schöpfung" von Paulus her wichtig werden (Johan Christiaan Beker, Der Sieg Gottes. Eine Untersuchung der Struktur paulinischen Denkens (Stuttgarter Bibelstudien 132), Stuttgart 1988 (Beker), 29).

Die *Rede von ,Gott'* müsste gewagt werden *in menschlicher Erfahrung*, in leibhaftigen, sinnlichen und seelisch-geistigen Erfahrungen, nicht nur in Krankheit, auch in Lebenslust und formuliert in der Frage, was dieses menschliche Leben eigentlich ausmacht, trägt und bestimmt. Paulustexte könnten sehr konkret und politisch ausgelegt werden. Sie könnten sich als unmittelbar sprechend erweisen im *Trialog aller drei monotheistischen Religionen*, nicht nur über die Abraham-Thematik in allen drei heiligen Büchern (,abrahamitische Religionen'), sondern gerade über die Thematik von ,Gott' und ,Gewalt'.

Der niederländisch-reformierte Theologe *Johan Christiaan Beker* (1924–1999) findet die ,Mitte', den springenden Punkt der paulinischen Theologie in der paulinischen Ansage der „Herrschaft des Lebens" = der „Herrschaft Christi" über die „Herrschaft des Todes" (Röm 5,17.21). Die widergöttlichen Mächte Sünde, Fleisch (sarx) und Gesetz unter der Führung des Todes als des letzten Feindes Gottes (1. Kor 15,26) sind im Kreuzestod Jesu Christi definitiv entlarvt, verurteilt und im Prinzip entmachtet. In der Auferstehung Jesu Christi hat die neue Schöpfung ohne Beteiligung der widergöttlichen Mächte begonnen. Die Christen leben in der Hoffnung auf Teilhabe an diesem universalen Sieg Gottes gegen seine Feinde, die auch die Feinde des

Menschen sind (Beker, 86). „Paulus bindet die Apokalyptik in eine theozentrische Perspektive ein. Alttestamentliche Verheißungen sind somit im Evangelium Christi nicht ‚erfüllt' und können von daher auch nicht spiritualisiert werden. Sie sind vielmehr im Evangelium aufgenommen, um eine neue Erwartung und Hoffnung auf die endgültige ‚Erfüllung' im Königreich Gottes hervorzurufen. [...] Das Motiv der Treue und Selbstrechtfertigung Gottes ist eng mit dem apokalyptischen Motiv der Universalität Gottes verbunden. Dieses Motiv der Universalität beschreibt die Tiefe und kosmische Weite der Selbstrechtfertigung Gottes als Rechtfertigung der gesamten Schöpfung" (Beker, 29). Das von *Menschen* zu verantwortende Leid in der Welt hebt doch die Frage nicht auf, ob eigentlich ein ‚Wer' (ein Gott) die Grundbedingungen des Kosmos, die Ursache des Hinfälligen und des Bösen zu verantworten hat. Paulus rührt an diese tiefen Fragen. Im Bild des gekreuzigten und auferstandenen Jesus Christus dringt menschliches Denken unvergleichlich tief in diese letzten Fragen der menschlichen Existenz und Geschichte ein.

Derart geschichtlich-dynamisch gelesen müsste – z. B. im Rahmen eines jüdisch-christlichen Dialogs – der Jude *Paulus* auch im heutigen *Israel* eine re-spektable Stimme sein können: Jüdisch, religiös, aber eben gerade nicht beharrend auf angeblichen religiös verbürgten Rechten an Land und Herrschaft, sondern in der Auslegung der Tora als Gottes konkretes Gebot zum Frieden in Gerechtigkeit.

Das heutige Israel ist trotz religiöser jüdischer Normen in der Verfassung eine multikulturelle, multireligiöse und weitgehend säkulare Gesellschaft mit einflussreichen religiösen Minderheiten. Der *Zionismus* und die ‚Katastrophe' (die Schoa) bilden die Brennpunkte einer kulturellen Revolution. Die Mehrheit der israelischen Bürger versteht das eigene Leben und die Geschichte Israels nicht mehr nach traditioneller rabbinischer Lehre als ein gottgewolltes Exil, gar als Sühne für Israels Bruch der Tora. Hatte der Zionismus Theodor Herzls positiv von der Rückkehr der Juden nach Israel als eine jüdische Nation unter Nationen geträumt, so war die Staatsgründung Israels 1948 eine für unbedingt notwendig gehaltene Folge von Auschwitz. Nie mehr sollte Juden das widerfahren, was sie zuvor in der gesamten europäischen Geschichte bis zur schrecklichsten Katastrophe der Schoa zu erleiden hatten. Unausdenkbares war geschehen. Weit furchtbarer als einst antike Götter haben Menschen sich die Macht angemaßt zu entscheiden, wer leben darf und wer nicht. Das hat den Gottesglauben nicht nur in Israel erschüttert und verändert. Bis auf eine zahlenmäßige Minderheit orthodoxer Juden hat die weit überwiegende Mehrheit der israelitischen Gesellschaft die Koordinaten auch des jüdischen Glaubens neu gesetzt.

„Nach vielen Jahrhunderten der Armut und Niedrigkeit von außen und des blinden Glaubens und der Hoffnung auf die Gnade des Himmels von innen trat in unserem Zeitalter ein neuer, folgenschwerer Gedanke in Erscheinung: den Glauben und die Hoffnung vom Himmel herunterzuholen und sie in lebendige, reale Kräfte umzusetzen: auf die Erde die Hoffnung und auf das Volk den Glauben zu gründen …" (Achad Haam alias Ascher Ginzberg (1856–1927), in: Karl Erich Grözinger, Jüdisches Denken. Theologie, Philosophie, Mystik, Band 4: Zionismus und Schoa, Frankfurt / New York 2015, 23).

Wer heute durch Israel und Palästina reist, kann die Zusammenhänge durch die Jahrtausende spüren. An Orten wie Jerusalem, am Jordan, in Massada, Nazareth und Bethlehem, in Hebron und am See Genezareth sind vor allem die unverheilten Wunden zu ahnen, die sich die Menschen und Völker an diesem Brennpunkt der menschlichen Kultur zugefügt haben. Aktuelle Konflikte um Würde und Land und Teilhabe, Exklusion, Gewalt und Unterdrückung sind vielfältig verknüpft mit der Geschichte.

In Europa bekommen wir spätestens seit 2015 die Zusammenhänge zu spüren zwischen Habenden und Habenichtsen, Unterdrückern und Unterdrückten, Fanatisierten und Verfolgten. Die zu uns flüchten, führen uns den Zustand der Welt vor Augen. Die Baalspriester des Kapitals werden als solche erkennbar. Die Zusammenhänge von Profit für wenige und Unterdrückung vieler, von Verblendung und Gewalt werden enthüllt. Die aktuellen Zeichen der Zeit stehen auf Enthüllung von Heillosigkeit (in diesem Sinn auf ‚Apokalypse' = Enthüllung). Kann es gelingen, alledem zum Trotz die Spur des Segens zu entdecken und die heilvollen Kräfte zu mobilisieren, die Paulus ‚in Christus' am Werk sah?

Mit *Paulus* gelangen wir vor das Jahr 70, d. h. vor die nationale Katastrophe Israels im jüdischen Krieg (66–70), die zur Zerstörung des Tempels und zur Exilierung des Volkes geführt hatte. Mit den Gedanken des jüdischen Schriftgelehrten Paulus kommen wir an die Bruchstellen der Weltgeschichte, deren tektonische Verwerfungen bis in unsere Zeit nach- und neu wirken. Wird uns Hoffnung geschenkt auf den Sieg des Gottes Jesu Christi gegen Sünde, die Verstrickung in Kreisläufe von Gewalt und Gegengewalt, gegen unaussprechlichen Schmerz und alle Tode, die nicht als gutes Lebensende, sondern als Abbruch und Vernichtung daherkommen und des Menschen und Gottes spotten?

6. *Alltag und Glaube*

„Nen Kumpel von mir hat's erwischt. Der war erst 62." „… Aber er hat gelebt!" – „Das ist gut. Besser als 15 Jahre Altenheim." – „Ja, der hat gelebt …" – „Das ist richtig: Was issn das fürn Leben: Ohne Saufen, ohne Rauchen, ohne Hurerei? Dann besser so. Und keine 15 Jahre Altenheim." – „Und noch'n schöner Tod." – „Auch das noch. Was will man mehr?" – „Warum seid ihr überhaupt alle da? Alles Hartzer?" – „Und Flüchtlinge. Die kriegen das auch frei." (Vier Männer, ca. 60 Jahre. Mitgehörtes Gespräch in der Sauna nachmittags um 16 Uhr)

Es gilt theologisch als ‚angesagt', nicht mehr mit der Bibel in die ‚Welt' zu gehen, sondern von der ‚Welt' aus die Bibel neu zu lesen. Fachtheologisch wird von der *Religionshermeneutik* gesprochen: Der Alltag der Menschen wird daraufhin untersucht, ob er religiös deutbar ist. Es geht um bessere Wahrnehmung von Wirklichkeit und konkreten Menschen, ihren wirklichen Fragen und Auffassungen. Es geht aber auch um das, was seit dem Siegeszug der Aufklärung innerhalb der europäischen Theologie diskutiert wird: Wie gelingt eine Vermittlung von biblischer Botschaft und ‚modernem' (aufgeklärtem, säkularem) Bewusstsein? Wie gelingt eine ‚Anknüpfung'?

Man findet solche quasi-religiösen Phänomene in Fitnessstudios, in Konzerthallen, in Fußballstadien, beim Kochen, beim Sex, beim Yoga, in der Sauna, beim Umgang mit den technischen Requisiten des aktuellen Lifestyle (Mobiltelefon, Mode) und – scheinbar ganz religiös – auf dem Weihnachtsmarkt und an den persönlichen Hoch- und Tiefpunkten des Lebens: Geburt, Hochzeit, Beerdigung.

So wichtig es ist, nicht mehr aus der innerkirchlichen Perspektive auf die Menschen, sondern *von den Menschen und ihren Anliegen her* auf die Bibel zu kommen (wie von den Religionshermeneuten zu Recht angemahnt wird), so sehr können Paulustexte davor bewahren, das *Widerständige* in biblischen Texten nach dem Motto zu verschweigen: Das will und das versteht doch niemand (mehr). Die Menschen sollten vielmehr ermutigt werden, sich selbst auch mithilfe von Bibeltexten liebevoll auf die Schliche zu kommen.

Was ist es denn, das mich betreibt? Was ist denn wirklich gut für mich? Wofür bin ich von Herzen dankbar? Was kann ich verantworten und was nicht? – Alles Fragen, die sich – z. T. wörtlich – unmittelbar aus paulinischen Texten ergeben!

Das kritische Potenzial biblischer Texte erschließt sich nicht vornehmlich durch eine harmonische ‚Anknüpfung' an alltäglichen Gewohnheiten, sondern als Einspruch, Widerspruch, *Unterbrechung und Erneuerung des Alltäglichen.*

Der Sache nach hat Dietrich Bonhoeffer vor 70 Jahren auf den Punkt gebracht, wie *biblische Botschaft und ‚mündige' Welt* aufeinander treffen können. Er beobachtete bei seinen Mitgefangenen eine für ihn zunächst erschreckende, dann Fingerzeige gebende *Religionslosigkeit* und schreibt darüber an seinen Freund Eberhard Bethge: „Wenn nun aber eines Tages deutlich wird, (dass Religion) eine geschichtlich bedingte und vergängliche Ausdrucksform des Menschen gewesen ist, [...] was bedeutet das dann für das ‚Christentum'? [...] Sollen wir uns eifernd, pikiert oder entrüstet ausgerechnet auf diese zweifelhafte Gruppe von Menschen stürzen (die ‚letzten Ritter' des ‚Religiösen', wie Bonhoeffer sie nennt), um unsere Ware bei ihnen abzusetzen? Sollen wir ein paar Unglückliche in ihrer schwachen Stunde überfallen und sie sozusagen religiös vergewaltigen? [...]" (Dietrich Bonhoeffer, Widerstand und

Ergebung. Briefe und Aufzeichnungen aus der Haft, in: Christian Gremmels u. a. (Hg.), Dietrich Bonhoeffer Werke (im Folgenden: DBW) Band 8, 403f.)

7. *Wer erklärt uns die Welt?*

Anlässlich des Todes des Altkanzlers Helmut Schmidt titelten mehrere große Zeitungen „Wer erklärt uns nun die Welt?" Dieser so liebevollen wie leise ironischen Frage unterlegt ist die tieferliegende Sehnsucht nach dem, was Kulturwissenschaftler die ‚großen Erzählungen' nennen. Gemeint ist ja mehr als dass ‚uns' jemand (wie Helmut Schmidt) die ökonomischen und makropolitischen Zusammenhänge vordoziert. Gerade jüngere Leute unter 40, die nicht 1980/1981 gegen die Politik Schmidts auf die Straßen gegangen waren, sondern in der pluralistischen, so lockenden wie Angst machenden Welt nach 1989 und 2001 groß geworden sind, sahen in Schmidt einen Repräsentanten der alten europäischen Geisteswelt, in der alle Phänomene ihren Platz und ihre Erklärung fanden, in der christlicher Glaube auch für diejenigen eine Orientierung war, die nicht ‚daran' glaubten, in der sich alternativ zur jüdisch-christlichen ‚großen Erzählung' auch andere geistige Weltgebäude entwickeln ließen: Die Idee eines Völker umspannenden Kommunismus oder auch das Heilsversprechen einer Erlösung der Menschen durch angewandte Psychoanalyse und Befreiung der Triebe. In der sogenannten Studentenrevolution der ‚68-er' kam beides auf die Straße.

Die ‚großen Erzählungen' aber scheinen heute auserzählt. Was im Ganzen einer Gesellschaft gilt, gilt auch im persönlichen Bereich: Ein Menschenleben findet sich und erschließt sich in seinen *Geschichten.* Diese müssen erzählt werden. Nicht erst beim Therapeuten. Tagtäglich. Gute Texte bringen menschliche Erzählungen auf den Punkt. Der Philosoph Odo Marquard empfiehlt dem einsamen, durch die Flut der ständig neuen Informationen und die andauernde „Wandlungsbeschleunigung" überforderten ‚modernen' Menschen die Wiederentdeckung der Langsamkeit und den Gebrauch der alten Kulturtechniken wie das Lesen und das mündliche Gespräch mit einander. (Odo Marquard, Zukunft braucht Herkunft. Philosophische Essays, Stuttgart 2003, darin 234–246, sowie Ders, Apologie des Zufälligen, Reclam 1986.)

Man nimmt sich wenig Zeit für einander. Einander zuhören wäre ein Anfang. Und wer glaubt, dass diese Welt geistig zusammengehalten wird? Wo zeigt sich solcher Glaube in konkreter Politik? Im besten Fall werden Probleme gehandelt, Krisen bewältigt: Finanzkrise, Energie- und Klimakrise. Flüchtlingskrise. Es ist das Lebensmanagement des römischen Gottes Janus: Ein Blick nach vorn, ein Blick zurück, aber kein Innehalten, keine Unterbrechung des Alltagsgetriebes.

‚Gnade', ‚Rettung', ‚Geist', ‚Sünde', ‚Gesetz' und ‚Evangelium' … Kirche und Theologie müssen ihre großen Worte immer neu klären und auf den Prüfstand alltäglicher Erfahrung stellen. Die Texte, die Worte müssen und können ausprobiert werden auf ihre Tauglichkeit hin. Wobei nicht die Texte sich vor der ‚Wirklichkeit' etwa erklären müssten, sondern sich die ‚Wirklichkeit' an den Texten klären ließe.

Als entscheidendes Merkmal der ‚Sünde' entdeckte Eugen Drewermann die ‚Angst' des Menschen, sein Leben zu verfehlen und zu verlieren (Eugen Drewermann, Strukturen des Bösen, Paderborn u. a. 1978). Was einmal auch in der seelsorgerlichen Literatur pauschal als ‚Sünde' bezeichnet und entsprechend bewertet werden konnte, wird heute durch vielfältige psychologische Kenntnis differenzierter wahrgenommen.

Kirchengemeinden könnten Räume vorhalten und selber Räume sein, in denen Menschen miteinander die großen christlichen Worte und das Tagesgeschehen deuten. Gerade die ‚fremden' Texte des Paulus können Impulse sein, die eigenen Wahrnehmungsmuster wahrzunehmen und zu erweitern. Die theologischen Fachleute hätten ihre originäre Rolle nicht mehr in einem Monopol religiöser Welterklärung, sondern als Anwälte der biblischen Texte.

8. *Worte ins Spiel bringen*

Denn um es endlich auf einmal herauszusagen,
der Mensch spielt nur, wo er in voller Bedeutung des Worts Mensch ist,
und er ist nur da ganz Mensch, wo er spielt.
(Friedrich Schiller, Über die ästhetische Erziehung des Menschen)

Wir möchten mit den großen Worten und Texten das Spielen (wieder) lernen. Heraus aus Fixierungen und Blockaden! Den Kopf frei für Kreativität im Umgang mit Sprache, mit Worten, mit Begriffen, an denen sich Weltgeschehen erklären und verstehen lässt. *Friedrich Schillers* Programm der ästhetischen Erziehung könnte man noch einmal probieren.

Man kann Paulustexte probeweise ‚liturgisch' lesen: Wie einen im Gottesdienst gelesenen Text durchschreiten und den Sinn der Worte nicht allein mit operationaler, sondern auch mit emotionaler und wer es so ausdrücken will mit spiritueller Intelligenz erschließen. Es geht um die Erfahrung einer aktuellen Kraft (dynamis) in einer Beziehung zwischen je mir, dem Text, wie er ‚da steht' und dem zwar ‚toten', aber doch respektablen, fremden Autor. Scheinbar widersprüchliche Passagen können leichter verstanden werden, wenn man deren Bewegung, bildliche Ebenen und Orte wahrzunehmen versucht, ihnen rhythmisch nachspürt. Für Paulus ist „hören" mehr als ein akustisches Wahrnehmen. Akouo (hören) und die pistis (Glaube) sind für ihn unmittelbar miteinander verknüpft (Gal 3,2.5).

Ganz besonders deutlich wird dies in poetischen, von Paulus bewusst rhythmisch gestalteten Textpassagen wie 1. Kor 13, Phil 2, Röm 5,12–21. Die drastische Formulierung in Gal 2: „Ich bin mit Christus gekreuzigt" erzeugt beim Hören innere Bilder. Paulus schreibt Briefe, die von einigen gelesen und von allen gehört werden sollen. Die Zuhörenden werden nicht primär informiert, ermahnt und belehrt, sondern in eine Begegnung eingeladen und in einen Tanz der Worte, der dem etwas bedeutet, der mitzutanzen, mitzuspielen versteht.

Fast alle Texte lassen sich wie Skripte kleiner Spielszenen lesen. Auch abstrakte Paulustexte. Einzelne ‚Szenen' scheinen nicht immer widerspruchsfrei zu anderen zu passen. Nach welcher Art Logik verstehe ich dann diese Texte? Präsenz ist wichtig. Wahrnehmen, was sich im Spiel einstellt. Interaktionen geschehen: Gefühle und Reaktionen auf sie: Neue Gefühle oder aussprechbare Gedanken. Sich Zeit nehmen für das Nach-Denken: Was hat der Text in mir ausgelöst? Was hat das zu bedeuten?

Der Mensch kommt ganz zu sich selbst, wo er spielt (Schiller). Die Wahrheit eines Stücks tritt während der Aufführung auf die Bretter, die die Welt bedeuten. Im Theater verstehen Spielende wie Zuschauende den Text des Autors und die Inszenierung in dem Maße, wie sie sich selbst einbringen, sich betreffen lassen von dem, was da gespielt wird. Auf diese Art sollten wir Paulustexte zur Aufführung bringen und neu zu verstehen versuchen.

Nach dem Theologen *Friedrich Avemarie* (1961–2012) sollten wir Paulustexte „aspektivisch" lesen. Demnach möchte Paulus nicht in unserem modernen und philosophisch gesehen ‚griechischen' Sinne ‚logisch' immer passend Denkbausteine zusammenfügen, sondern Aspekte vielfältiger (und oft nicht logisch passender) menschlicher Erfahrung abbilden (Friedrich Avemarie, Neues Testament und frührabbinisches Judentum. Gesammelte Aufsätze (hg. von Jörg Frey / Angela Standhartinger), Tübingen 2013 (Avemarie), vgl. bes. 629–669). Die verschiedenen Aspekte eines Phänomens, eines Gedankengangs kommen jeweils zu ihrem Recht, werden nicht in Entweder-Oder nivelliert. Es bleibe für uns allerdings die Aufgabe, bei der Auslegung möglichst weitgehende Kohärenz (widerspruchsfreie Verständlichkeit in textlichen Zusammenhängen) herzustellen, also paulinische Aussagen dann doch in einem heute verständlichen Sinn zu systematisieren. Das ist dann aber nicht Paulus pur, sondern unsere Applikation (Anwendung) von paulinischen Texten heute. Paulus ‚pur' gibt es für ‚uns' nicht. Gerade wer mit dem Anspruch an die Texte geht, hier ‚Wort Gottes' zu vernehmen, sollte wissen: Wort Gottes ist gerade ‚heute' Wort von Gott (möglicherweise, wann und wo Gott will) und nicht die platte Wiederholung des Wortes des Paulus an seine Gemeinden.

Johan Christiaan Beker findet in den Briefen des Paulus den Zweitakt von *Kohärenz* (stimmiger Mitte) und *Kontingenz* (Situationsoffenheit im geschichtlichen Kontext). Der paulinische Brief sei ein eigentümliches Phänomen. Er beanspruche nicht nur, die dialogische Unmittelbarkeit des apostolischen Wortes zu ersetzen, sondern zugleich auch göttliche Autorität. „Die Briefform mit ihrer Kombination von Gelegenheitsbezogenheit und autoritativem Anspruch zeigt, wie Paulus Theologie betreibt. Nach Paulus ist das Evangelium eine geschichtliche Größe, die in konkreten (kontingenten) Situationen auszurichten ist. Der Brief soll dieser dialogischen Form des Evangeliums entsprechen und stellvertretend für ein persönliches Gespräch stehen. Der kohärente, d. h. bleibende und zeitüberdauernde Inhalt des Evangeliums ist daher kein Abstraktum, das man von der unmittelbaren Hörerschaft ablösen könnte." (Beker, 10).

Paulus provoziert Fragen. Er argumentiert, zieht Schlüsse, als ob ihm Gesprächspartner in der Nähe wären, als ob ihm jemand zuhörte. Manchmal mahnt, schimpft und beleidigt er: Ihr Narren, Idioten (wörtlich: Ihr nur auf euch selbst Fixierten)! Dann wieder kommt er sanft daher, bittet, es doch einmal so zu betrachten, wirbt er mit Poesie, kommt ihm die Liebe in die Feder. Der dramatischen Form entspricht die Sache: Das Weltendrama zwischen Gott und dem Universum. Shakespeares Dramen, Goethes Faust wären vom Stoff her noch klein dagegen.

9. *Verstehen*

Für das folgende beziehen wir uns auf die präzise Einführung in die Thematik bei Ulrich H. J. Körtner, Einführung in die theologische Hermeneutik, Darmstadt 2006 (Körtner). Eine ähnlich instruktive Darstellung finden Sie in Ulrich Luz, Theologische Hermeneutik des Neuen Testaments, Neukirchen 2014 (Luz). Ein anregender Entwurf einer hermeneutisch reflektierten Bibeldidaktik stammt von Gerd Theißen, Zur Bibel motivieren. Aufgaben, Inhalte und Methoden einer offenen Bibeldidaktik, Gütersloh 2003. Eine vielfältige Sammlung bibeldidaktischer Perspektiven bieten Mirjam Zimmermann / Ruben Zimmermann, Handbuch Bibeldidaktik, Tübingen 2013. Ein Klassiker zwischen Hermeneutik und Bibeldidaktik ist Horst Klaus Berg, Ein Wort wie Feuer. Wege lebendiger Bibelauslegung, München 1991.

9.1 Das hermeneutische Spiel

Es ist ein *Spiel*. Wir sollten es spielerisch nehmen. Uns selber ernst, aber nicht zu ernst. Und ebenso die Texte. Was sich einstellen kann an Erkenntnis, an ‚Wahrheit' gar, ist wie ein Moment des unerwarteten Glücks, ein Lichtstrahl im Dunklen, eine Frucht, die reif in den Schoß fällt. Für Paulus ist der ‚Geist' Gottes – jüdisch gedacht – der Windhauch Gottes, schöpferische Kraft, Trösterin (hebr. ruach = weiblich), Weisheit nicht als Besitz (das ist eher ‚griechisch' gedacht), sondern als Anmutung, als Einfall, wie der Lichteinfall in einen Diamanten, der das Licht jeweils verändert zurückwirft, als etwas, das mit einander geteilt werden kann, das aber flüchtig ist, für dessen Anhauch jemand bereit sein muss, sich öffnet, dafür alles Wissen, alle Erkenntnis und allen Dünkel zur Disposition stellt.

In der *Hermeneutik* (gr. hermeneutiké (techne) = „Kunst der Auslegung“) wird vereinfachend vom ‚hermeneutischen Dreieck‘ gesprochen (Text–Lesende–Autorin). Der Vorgang des Verstehens sollte aber nicht technisch aufgefasst werden, als wäre die Verständigung über die Bedeutung eines Textes jederzeit machbar. Im Prozess des Lesens, Auslegens und Verstehens können sich vielmehr Momente von Bedeutung, möglicherweise eine Wahrheit einstellen: Ein ‚Aha!‘-Erlebnis.

- Wir lesen mit unseren Auffassungen und Interessen. In dem ‚Wir‘ ist mitgemeint, dass neben mir der ‚*Andere*‘ den Text anders liest und versteht. Die andere Auslegung ist mir nicht gleichgültig, weil der Andere ‚von Angesicht zu Angesicht‘ mir nicht gleichgültig ist (Emmanuel Levinas).
- Der Text und seine Welt: Was lässt sich wissen von der Geschichte dieses Textes innerhalb größerer Textzusammenhänge? Paulinische Texte lesen lernen als Texte der ganzen Bibel!
- Der Autor: Welche Rolle spielt er bei der Auslegung?
- Gibt es eine benennbare ‚Sache‘ in den Texten, um die es uns heute geht?
- Welche Methoden sind der Erschließung des Textes angemessen?
- Was heißt, einen Text nicht nur zu erklären, sondern zu verstehen, möglicherweise zu *erfahren*?
- Welche Rolle spielt die Auslegungsgeschichte eines Textes und seine Wirkungsgeschichte?

9.2 Hermeneutik: Der Begriff und seine Geschichte

Die Wiederentdeckung der Bibel als Quellentext durch die Reformation führte zu einer intensiven und vielschichtigen Diskussion um die angemessene Art, die Bibel auszulegen. Was tust du, wenn du Bibel liest?

Ein Blick in die *Geschichte* der wissenschaftlichen Hermeneutik:

- Der *Begriff* der Hermeneutik ist bei *Platon* (428–348 v. Chr.) belegt und meint in dieser Zeit die Kunst des Dolmetschens. Der *hermeneús* ist der Dolmetscher, der geflügelte Hermes der Dolmetscher zwischen Götter- und der Menschenwelt. Hermeneutik wurde schon in der Antike die Kunst des Mitteilens, des Erklärens, vor allem des *Deutens* (Körtner, 12).
- *Martin Luther* (1483–1546) hat mit den Humanisten seiner Zeit und nach deren Motto „Ad fontes!“ philologisch gearbeitet, Text-, Literar- und theologische Sachkritik betrieben. Luther verstand sich damit aber nicht als kreativer Schöpfer von Textbedeutung, sondern – im Sinne Platons – als Dolmetscher der in der Bibel niedergeschriebenen und klar zu lesenden Sache. Faktisch aber hat er mit seiner Übersetzung nicht nur dem Volk die Bibel in die Hand gegeben, sondern sprachmächtig für lange Zeit wesentlich mitbestimmt, *wie* die Texte zu lesen und

zu verstehen seien, nämlich von der ‚Mitte' der Bibel her, die für Luther war, „was Christum treibet".

In seinem „Sendbrief vom Dolmetschen" (1530) versucht Luther z. B. nachzuweisen, dass seine Übersetzung von Röm 3,28 mit der Ergänzung *„allein durch Glauben"* dem Sinn des Textes inhärent, also sachgerecht und die Aufregung der „Papisten" darüber völlig unbegründet sei (Martin Luther, Sendbrief vom Dolmetschen, in: Martin Luther, Die Hauptschriften, 4. Aufl. Berlin o. J., 345–356).

- Für *Odo Marquard* (1928–2015) ist Hermeneutik die „Kunst des Lesens". Er stellt einen kritischen Bezug zum Bibellesen her: Eine Hermeneutik, die im Zweifelsfall nur eine einzige Auslegung für die richtige hielt, wurde abgelöst von einer *‚pluralisierenden Hermeneutik'*, wonach unterschiedliche Auslegungen als legitim gelten (Körtner, 13).
- *Hans-Georg Gadamer* (1900–2002) ermutigte dazu, in der eigenen Lebenspraxis, z. B. beim Betrachten von Kunst „Erfahrung von Wahrheit" zu machen und in Sprache zu fassen. „Sein, das verstanden werden kann, ist Sprache." „Was in diesem Zusammenhang Wahrheit heißt, entwickelt Gadamer vom Begriff des *Spiels* her. Wahrheit ereignet sich gewissermaßen in einem *‚Spiel mit Worten, die das Gemeinte umspielen'*" (Körtner, 16, kursiv d. Vff.).
- *Paul Ricœur* (1913–2005) betont den *individuellen* Sinn, den ein Text durch *„Interpretation"* für jeden Einzelnen erhält. „Verstehen heißt demnach weder wiederholen noch übersetzen, sondern schöpferisches Hervorbringen" (Körtner, 18). Wer interpretiert, *versteht sich selbst vor dem Text* (Ricœur). Der Sinn des Textes liegt also nicht hinter dem Text (in einer erst zu suchenden Geschichte) und auch nicht nur vordergründig in dem Text, sondern liegt *vor* dem Text *in der Lebenswirklichkeit der Leserin*. Indem die Leserin sich den Text *aneignet*, *versteht* sie ihn (Luz, 375f.).
- *Hans Weder* (geb. 1946) hat eine neutestamentliche *Hermeneutik des Fremden* vorgelegt (Körtner, 47). Der Mensch habe sich seit und mit der Aufklärung „Autonomie" angemaßt und „Gott" so definiert, wie es seinem Autonomiebestreben gerade passt. Weder nennt das die *„Sünde der Neuzeit"*. Demgegenüber „imponiere" das Wort Gottes nicht. Es beweise nicht seine Notwendigkeit und Unentbehrlichkeit. Gottes Wort sei vielmehr „widerstehlich". Gottes Wort komme „ungefragt" in die Welt. Es gleiche einer *„Liebeserklärung"*. Der biblische Text komme zum Leser wie ein fremder Gast: „Ein anderer Gott begegnet da, ein gekreuzigter Gott, und eine ganz andere Vorstellung vom Glauben. *Der Leser sieht also, daß ein Fremder draußen steht …*" (Weder, zit. nach Luz, 47, kursiv d. Vff.).
- *Ulrich Luz* (geb. 1938) möchte gerade im Rahmen einer *„offenen Hermeneutik"*, die die Fremdheit der Texte achtet, die Bedeutung der *historisch-kritischen Bibelexegese* betonen: „Historische Kritik weiß um die Wissenslücken, aber sie setzt nicht ‚Gott' ein, wo sie keine Erklärungen für berichtete Ereignisse finden kann.

Sie interpretiert das junge Christentum als Teil der antiken Religionsgeschichte, nicht als ‚Offenbarung'. Die Frage nach der Wahrheit der Ansprüche der biblischen Texte, wirklich von Gott zu reden, kann sie nicht entscheiden (Luz, 138).

- *Othmar Keel* (geb. 1937) differenziert den Begriff einer kritischen Hermeneutik: „Was meint ‚kritisch'? Ich verstehe darunter den Versuch, erstens die Spannung in der Welt, die einen bestimmten Text produziert hat [...], und zweitens die Spannung zwischen der Subjektivität des Geschichtsschreibers mit seinen heute und hier geltenden Normen der Menschlichkeit und der Welt des Textes zu thematisieren." Keel legt Wert darauf, dass der Historiograph (bzw. Bibelauslegende) die subjektive Sicht „an geeigneten Stellen deklariert und rechtfertigt" und damit die subjektive Sicht der Dinge „intersubjektiv" diskutierbar macht (Othmar Keel, Jerusalem und der eine Gott. Eine Religionsgeschichte, Göttingen 2014 (Keel), 123).

Der Ansatz von Othmar Keel ist für eine Arbeit mit Paulustexten besonders hilfreich, weil die Fremdheit des Paulus gewahrt, zugleich aber ein „Gespräch über den Graben [der Geschichte] hinweg" (Keel, 124) gesucht wird. Die „dunklen Seiten" einer Religion (auch in Paulustexten) müssen klar benannt werden. Ein naiver und potenziell gewalttätiger Absolutheitsanspruch von religiösen Texten sei zu vermeiden. Zugleich öffnen die Texte die Möglichkeit, durch ihre Geschichte hindurch den *„Einbruch des Absoluten"* in Augenschein zu nehmen (Keel, 124).

- *Kathy Ehrensperger* (geb. 1956) liest Paulus aus einer feministisch-theologischen Perspektive: Einen Text von Paulus zu lesen, bedeute, ihn *im Kontext der Machtkonflikte und Interessen der Konfliktpartner damals* zu lesen. In Bezug auf den Römerbrief hebt sie hervor, es ginge Paulus hier um *wechselseitige* Tröstung und Ermutigung zum Leben und zum *praktischen* Engagement (mit Bezug auf Röm 1,12). Jede Auslegung sei eine subjektive, interessengeleitete Ansicht. Jede Erkenntnis darüber, was ein Text bedeutet, ist eine vorläufige Annahme und offen für eine zukünftige andere Auslegung. (Kathy Ehrensperger, That we may be mutually encouraged. Feminism and the New Perspective in Pauline Studies, London / New York 2004 (Ehrensperger).)

9.3 ‚Nachkritische Bibelauslegung'?

Was *wissen* wir von Jesus von Nazareth? Wie verhalten sich unser (vermeintliches) *Wissen* ‚von' bzw. unser *Glauben* ‚an' Jesus (Christus) zueinander? Weder in den Schulklassen noch in den Gemeinden ist Lessings Frage nach dem geschichtlichen Grund für den Glauben an Gottes Handeln in der Welt ‚erledigt'.

Eine kritische Bilanz historisch-kritischer Jesusforschung zog schon 1906 *Albert Schweitzer* (Geschichte der Leben-Jesu-Forschung, Tübingen 9. Aufl. 1984 (Schweitzer); vgl. ders., Die Mystik des Apostels Paulus, Tübingen 1981).
In extremer Weise haben sich dagegen heutzutage die Mitglieder des „*Jesus Seminar*" seit den 1980er Jahren der Frage nach der Historizität Jesu von Nazareth und seiner wahrscheinlich authentischen Worte verpflichtet. Sie trafen sich regelmäßig und stimmten nach wissenschaftlicher Beratung über den Stand der Forschung jeweils neu ab, welche überlieferten Jesusworte sie für historisch wahrscheinlich halten und welche nicht. (https://de.wikipedia.org/w/index.php?title=Jesus-Seminar&oldid=148741889)

Als *Alternative* zur Herangehensweise der historisch-kritischen Exegeten rund um Bultmann entwickelte *Karl Barth* seinen Versuch einer *‚nachkritischen' Bibelauslegung.*

Barth hat gemeint, man müsse sich theologisch zwischen seinem eigenen Ansatz, die Bibel ‚nachkritisch' als das lebendige Wort Gottes zu lesen, und dem von Bultmann entscheiden. Bultmann wollte den Exegeten durch die historisch-kritische Erforschung des Bibeltextes hindurch zur ‚Sache' des Textes kommen lassen. Barth meinte, es gäbe kein Drittes zwischen den beiden Positionen (Karl Barth, How I changed my mind. Introduced and Epilogue by John D. Godsey, Edinburgh 1969, 82f.). Barths Auffassung nach unterlägen Schleiermacher wie Bultmann dem Irrtum, zunächst den die Bibel lesenden Menschen in den Blick zu nehmen, je nach Zeitgeist als Menschen mit einem „frommen Selbstbewusstsein" (Schleiermacher) oder einem modernen Existenzverständnis (Bultmann). Die Bibel sage dann nur noch, was der Mensch vorher mit seinem Selbstverständnis in sie hineingelesen habe. Die Anthropologie (die Lehre vom Menschen) dominiere die Theologie (die Lehre von Gott). Demgegenüber möchte Barth, dass der Mensch sich nicht nur Antworten auf die eigenen Fragen aus der Bibel hole, sondern sich die wesentlichen Fragen und sein Selbstverständnis aus dem Lesen der Bibel erst geben lasse.

Barth meinte, eine „nachkritische" Schriftauslegung zu praktizieren, die kritischer sei als die der historisch-kritisch Arbeitenden (Michael Trowitzsch, Nachkritische Schriftauslegung, in: Ders. (Hg.), Karl Barths Schriftauslegung, Tübingen 1976, 73ff.). Es gibt jedoch keinen ‚objektiven', allein ‚wahren', wissenschaftlich oder spirituell abgesicherten Modus von Bibelauslegung. So oder so entgeht niemand dem hermeneutischen Zirkel, den Barth selbst unübertroffen auf den Punkt brachte:

„Wir sollen als Theologen von Gott reden. Wir sind aber Menschen und können als solche nicht von Gott reden. Wir sollen Beides, unser Sollen und unser Nichtkönnen, wissen und eben damit Gott die Ehre geben" (Karl Barth, Das Wort Gottes als Aufgabe der Theologie, in: Karl Barth, Gesamtausgabe. Vorträge und Kleinere Arbeiten 1922–1925, Zürich 1990, 144–175, Zitat 151).

Einen vergleichbar *dogmatisch* bestimmten Zugang zu „Jesus von Nazareth" hat *Josef Ratzinger / Benedikt XVI.* in seiner Trilogie „Jesus von Nazareth" vorgelegt (Josef Ratzinger / Benedikt XVI., Jesus von Nazareth (3 Bände), Freiburg u. a. 2007–2012). Theologische Vorentscheidungen und in diesem Fall kirchliche Lehre weisen der Exegese den Weg. Der Mensch Jesus tritt von vornherein in das Licht des ewigen

Sohnes Gottes. Es öffnet sich eine faszinierende und in sich runde christliche Binnensicht auf Jesus Christus. Man kann diesem Glaubenssystem beitreten oder eben nicht. Da die geschichtlichen Brüche alle ihre theologische Erklärung finden, werden die unterschiedlichen Bibeltexte Belegtexte für das zu Glaubende.

Das Problem einer lehrmäßigen Reflexion und Bestimmung dessen, wer Jesus Christus für uns heute ist, ist nicht, dass sich jemand positioniert. Es geht gar nicht anders. Jede ‚kritische' oder auch ‚nach-kritische' Bibelauslegung wird allerdings ein ‚closed shop' und belanglos für alle, die nicht beteiligt sind, wenn behauptet wird, dies und nur dies sei ‚die Wahrheit', die einzig richtige Art der Bibelauslegung.

Wir plädieren auf dem Hintergrund der Geschichte der Bibelerforschung für einen *offenen, aspektivischen und experimentellen Umgang mit den biblischen Texten.* Die Wahrheit zeigt sich (wenn sie sich zeigt) im *Experiment* des Lesens der Bibel und im offenen Gespräch.

9.4 Paulus und Christus

In Bezug auf Paulus sieht die Forschungslage anders aus als bei Jesus. Wir haben mit *sieben Briefen* (1. Thess, Gal, Phil, 1. Kor, 2. Kor, Phlm und Röm) *authentische* Paulustexte. Paulus ist eindeutig eine ‚historische' Person ohne mythologische Zusätze. Mit seinen Texten können wir nachbuchstabieren, wie er die heilige Schrift Israels, den ‚TaNaCh' (Tora, Nevi'im, Chetubim = Weisung, Propheten, Schriften = für Christen traditionell das ‚Alte Testament') aufgrund der Offenbarung des Sohnes Gottes (Gal 1,16) neu zu lesen und zu verstehen begann. Interessant ist Paulus' Umgang mit dem ‚historischen Jesus', den er nicht mehr anders ‚kennt' als in Jesus Christus. Trotzdem heißt das gerade nicht, dass für *uns* hinter dem garstigen Graben der Geschichte (Lessing) die Frage nach dem ‚historischen Jesus' unerheblich wäre:

„Daher *sehen* (gr. eido = sehen, erblicken, wahrnehmen) wir von jetzt an niemanden nach dem Fleisch; wenn wir auch Christus nach dem Fleisch *kennen gelernt haben*, so *verstehen (gr. ginosco = erkennen, kennen lernen, erfahren, verstehen, anerkennen)* wir (ihn) doch als diesen jetzt nicht mehr" (2. Kor 5,16).

Dieser Satz hat *Karl Barth* als Beleg dafür gedient, dass Paulus sich für den ‚historischen Jesus' nicht interessiert habe. Barth nahm diese Paulusinterpretation als Legitimation seines offenbarungstheologischen Ansatzes. Er bezieht sich damit u. a. auch auf *Albert Schweitzers* Fazit zu damals 100 Jahren ‚Leben-Jesu-Forschung'.

„Als ein Unbekannter und Namenloser kommt er zu uns, wie er am Gestade des Sees an jene Männer, die nicht wußten, wer er war, herantrat. Er sagt dasselbe Wort: Du aber folge mir nach! Und stellt uns vor die Aufgaben, die er in unserer Zeit lösen muß. Er gebietet. Und denjenigen, welche ihm gehorchen, Weisen und Unweisen, wird er sich offenbaren in dem, was sie in seiner Gemeinschaft an Frieden, Wirken, Kämpfen und

Leiden erleben dürfen, und als ein unaussprechliches Geheimnis werden sie erfahren, wer er ist ..." (Schweitzer, 629). Diese wichtige Erkenntnis von der Fremdheit des Nazareners zu allen ihm nachfolgenden Zeiten und Kulturen wurde dazu missbraucht, anstelle des unfassbaren ‚historischen' Jesus den jeweils favorisierten ‚dogmatischen Christus' zum Maßstab der Bibelauslegung zu erheben. Damit wurde der Jude Jesus in seiner Zeit ebenso wenig ernst genommen wie der Jude Paulus. Im Kern bedeutete das einen latenten Antijudaismus im Zentrum der Theologie! Auch tapfere theologische Gegner des NS-Regimes in der Bekennenden Kirche waren auf diesem Auge blind. *Dietrich Bonhoeffer* (1906–1945) gehörte zu den ersten Theologen von Rang, die mit einer neuen Wertschätzung des ‚Alten Testaments' und des Jude-Seins Jesu wichtige Korrekturen anbrachten.

Paulus will die ihm zuteil gewordene Offenbarung des Sohnes Gottes *argumentativ* als Geschehen *in* der Geschichte bewahrheiten. Das tut er in seiner Art von Kenntnis vom ‚historischen' Jesus und mithilfe von Bezügen zu seinen Worten und Taten:

- Unbeschadet des Ereignisses der ‚Auferweckung' und was es für alle Jünger bedeutet haben muss (s. u.): Paulus kannte Simon Petrus, Jakobus (den ‚Herrenbruder') und andere persönlich. Er traf sich mit ihnen, lebte eine Zeit lang bei ihnen in Jerusalem. Undenkbar, dass sie sich nicht über den Mann aus Nazareth unterhalten haben sollten.
- Der ‚Kyrios' (Herr) Jesus Christus ist für Paulus fraglos der von einer *jüdischen Frau geborene Mann aus dem Stamm Davids* (Röm 1,3f., vgl. Gal 4,4; 1. Kor 15,3). *So* haben ihn Petrus und die anderen Jünger *kennengelernt*. Auf diese Art aber *sehen* und *verstehen* Paulus und nun auch alle anderen Jünger Jesus *nach* Kreuz und Auferstehung *nicht* mehr. Sie *anerkennen* und verstehen ihn *nun* als den Messias Gottes (Christus). Der eine Gott Israels und der Welt wurde durch und in Jesus in unüberbietbarer Deutlichkeit charakterisiert.
- Die Worte von der Einsetzung des ‚Herrenmahls' in 1. Kor 11,23–26 weist Paulus als Tradition aus, die er „vom Herrn empfangen" habe. Paulus verknüpft diese Tradition mit der Gegenwart des auferstandenen und erhöhten Christus in der Mahlfeier der Gemeinde. Dies ist eine kreative Neuschöpfung (vgl. die Position von Jens Schröter, in: Friedrich W. Horn (Hg.), Paulus Handbuch, Tübingen 2013 (Paulus Handbuch), 279–285).
- In 1. Kor 7,10f. und 1. Kor 9,14 bezieht sich Paulus auf Überlieferungen von Jesusworten. Man darf vermuten, dass ihm wesentlich mehr Erzählungen über Jesus, Gleichnisse und anderes bekannt sind. Da er sich in der Nachfolge der großen Propheten Israels und als Apostel des Jesus Christus gesandt weiß – kurz vor dem Ende des alten Äons und in Vorbereitung des Kommens des Kyrios – braucht und schreibt er keine Jesusgeschichte wie später die Evangelisten, sondern im Auftrag und Geist des Jesus Christus sein Evangelium in Briefform in konkrete Situationen hinein.

Jahrhundertelang wurde Paulus vor allem wie ein *Dogmatiker der Kirche* gelesen und sein jüdisches Denkkolorit ebenso vernachlässigt wie seine (apokalyptisch geprägte) Hoffnung auf Gottes bald kommendes Reich. Daher konnte man sich bestimmte Eigenheiten seiner Theologie und Sprachführung kaum erklären. Dachte Paulus vielleicht nicht ‚systematisch' und konsistent genug? Tatsächlich müssen wir ihn im Kontext seiner Zeit und Welt zu verstehen suchen. Wir müssen uns von ihm zeigen lassen, wie konsistent und zugleich verschieden er jeweils schreiben kann – je nachdem, in welche Situation er hineinschreibt und was er gerade bewirken möchte.

- Paulus verknüpft seinen Blick auf die Geschichte Israels (Mose: die Gesetzgebung am Sinai, Abraham: Verheißung und Vorbild des Glaubens, Sara und Hagar und die schon für ihn mythische Gestalt des Adam) mit der Geschichte Jesu in Kreuz und Auferstehung als der Vorwegnahme der göttlichen Erfüllung, der Selbstrechtfertigung Gottes in der hoffentlich bald vollständig erneuerten Schöpfung. Es ist die Zeit des Übergangs zwischen altem ‚Äon' (das mit der Auferstehung vergangene Zeitalter) und neuem Äon (das mit der Auferstehung gekommene Zeitalter, das seiner Erfüllung entgegengeht) als die von Gott geführte Geschichte!
- ‚Nach dem Fleisch' (gr. kata sarka) ist das Leben der Menschen nach Adam. Wer ‚in Christus' neu geschaffen ist (eine neue Kreatur!) lebt nicht mehr kata sarka, sondern im Geist!
- ‚Wir' (Christusanhänger/innen) sehen sowohl in Bezug auf Jesus, als auch in Bezug auf uns selbst nicht mehr auf unsere adamitische Herkunft (auf das ‚Fleisch'), sondern auf die *Transformation* durch den Geist, der uns als *„neue Kreatur"* sichtbar ausweist (vgl. 2. Kor 5,17), wie er sich zuvor an Jesus Christus ausgewirkt hat.
- Das ist an Christus klarzumachen, der auch uns nicht mehr ‚nach dem Fleisch' bekannt ist, sondern verwandelt wurde durch Kreuz und Auferstehung und in dessen Geist (‚in Christus') wir nun leben.

Paulus war der sogenannte ‚historische Jesus' nicht deswegen gleichgültig, weil es ihm etwa nur noch auf einen Gottessohn irgendeiner kirchlichen Lehre angekommen wäre, sondern weil ihm unsere neuzeitliche Frage nach dem ‚historischen Jesus' oder dem ‚verkündigten Christus' vollkommen unbekannt war und angesichts der nahen Wiederkunft des auferstandenen Gekreuzigten auch unwichtig vorgekommen wäre. Der auferstandene Gekreuzigte war für Paulus der Erstling der auferweckten Entschlafenen, der Anfänger der neuen Schöpfung Gottes. Paulus zielt in 2. Kor 5 darum dahin, dass mit und in dem Christusgeschehen der Mensch *verwandelt* wird in einen *neuen Menschen* mit einer neuen, der Tora gemäßen Lebensführung. Selbst wenn jemand wie Petrus den „Christus" als den ‚historischen' Jesus von Nazareth aus Fleisch und Blut gekannt hat, dann kennen „wir", also auch die noch lebenden

Augenzeugen, den „Christus“ nicht mehr „nach dem Fleisch“. Christus ist transformiert zum Sohn Gottes in Kraft ‚durch (gr. ex) Auferstehung‘ (Röm 1,4) und transformiert die, die zu ihm aufblicken, sich an ihn binden lassen im Geist der Freiheit.

Der Christus des Paulus ist nicht der Christus einer kirchlichen Lehre, sondern der transformierte Transformator, in Abwandlung einer berühmten Diktion des Aristoteles: der bewegte Beweger der neuen Schöpfung.

9.5 Christus und das ‚Erste Testament‘

Paulus liest seine Bibel vornehmlich in Form der griechischen Übersetzung der Septuaginta. Die Septuaginta ist die im 3. Jh. v. Chr. ursprünglich von jüdischen Schriftgelehrten in Alexandria hergestellte und überlieferte Übersetzung der hebräischen Bücher des Tanach in die damalige Weltsprache Griechisch. Von dieser jüdisch autorisierten Urfassung gibt es nur noch handschriftliche Fragmente, woraus nur punktuell und hypothetisch erschlossen werden kann, welche Fassung etwa Paulus vorgelegen haben könnte. Schon in der frühchristlichen Zeit ist die Septuaginta dann von den Christen adaptiert und in ihrem Sinne ediert und tradiert worden, jetzt z. B. durchgängig mit dem griechischen Wort kyrios (Herr) für das jüdische Tetragramm J-H-W-H, was schon auf den ersten Blick den Gott Israels mit dem Herrn Jesus Christus gleichsetzte. – Solche Beobachtungen sind bedeutsam, um klar zu sehen, wie christlicher Antijudaismus insbesondere in Form der Enterbung Israels schon an den heiligen Schriften anknüpfen konnte!

Der Schriftgelehrte Paulus legt die ‚Schrift‘ aus, das Buch, das Christen als das ‚Alte Testament‘ kennen. Mehr als die Art und Weise, *wie* Paulus oder die Evangelisten die ‚Schrift‘ je unterschiedlich auslegen, interessiert den Alttestamentler *Frank Crüsemann*, *dass* die neutestamentlichen Autoren das ‚Alte Testament‘ als den „Wahrheitsraum des Neuen“ kennen (Frank Crüsemann, Das Alte Testament als Wahrheitsraum des Neuen, Gütersloh 2. Aufl. 2015 (Crüsemann)). Das bedeutet für Crüsemann, dass es für Israel wie für die Kirche immer um *denselben* einen Gott und *dasselbe* Heil ging und geht – damals wie heute. Die *messianischen Hoffnungen* Israels haben sich (noch) nicht erfüllt; und Christen *teilen* – jedenfalls heute und nach der Schoa – die Hoffnungen gläubiger Juden. Sie teilen deren *Hoffnung* und deren *Anfechtung* im Glauben, dass die Welt so gar nicht danach aussieht, als wirke Gott in ihr. Crüsemann zitiert den Neutestamentler *Ernst Käsemann*: „Die Gegenwart der Christusherrschaft verleiht dem ‚Jetzt‘ Endgültigkeit, und doch stellt die Anfechtung durch das Bestehende den Glauben in die Vorläufigkeit eines nicht abgeschlossenen Weges, auf welchem Bewährung verlangt wird“ (Crüsemann, 317). Seine eigene Auslegung des Römerbriefs bringt er so auf den Punkt: „Für Paulus bezeugt die Schrift, und zwar in Gestalt von Tora wie Prophetie, die Gerechtigkeit Gottes, um die es im

Evangelium und insbesondere im Römerbrief geht. Die Wahrheit des Evangeliums hängt damit von der vorgängigen Wahrheit der Schrift ab – und nicht umgekehrt. Und dieses Evangelium, d. h. die Wirksamkeit der Gerechtigkeit Gottes, zielt ihrerseits auf die Geltung der Tora ab (Röm 3,31), und zwar angesichts der massiven Sündenmacht in der Welt endlich wirksame Geltung der Tora“ (ebd., 320). Christen sind nicht nur aus ethischen Gründen (nach der Schoa), sondern aus theologischen Gründen solidarisch mit Israel, statt zu behaupten, in Christus sei schon vollendet und präsent, was in Israel etwa nur als Verheißung oder als Abschattung zu finden sei (Crüsemann, 31ff., 315ff.).

Crüsemann bezieht Position gegen fast die gesamte christliche Theologiegeschichte. Traditionell ist mit Verweis auf das Neue Testament das Alte Testament in unterschiedlicher Weise immer abgewertet worden. Die frühe Kirche hat das ‚Alte Testament' gegen den Theologen Marcion, der seine Kanonisierung verhindern wollte, noch verteidigt (144 n. Chr.), es dann aber doch immer als Verweis auf das Neue Testament gelesen im Schema von ‚Verheißung' (im ‚AT') und ‚Erfüllung' (‚NT'), ‚Gesetz' und ‚Evangelium', als mehr oder weniger dunkle Folie, auf der das ‚Neue' des Neuen Testaments, die Botschaft von Jesus Christus, umso klarer strahlen konnte.

Wir empfehlen unseren Lesern und Leserinnen, als eine offene Frage in die Pauluslektüre mitzunehmen, ob und ggf. was Paulus als das ‚in Christus' Neue besingt, umschreibt, bedenkt, hin und her wendet und wie er dabei mit der ihm vorliegenden ‚Schrift' umgeht, welche Bedeutung er Tora und Propheten gibt und welche dem Christusereignis, das ihn auf dem Weg nach Damaskus wie ein Blitz vom Himmel traf (so erzählt es die Apg).

In einem lebendigen Prozess kommt jeweils zusammen:

- Die Situation, in der Paulus *selbst* gerade ist (z. B. auf dem Weg nach … oder im Gefängnis in … oder in Planung einer Reise nach …),
- die Situation, in *die hinein* er schreibt,
- Worte der *Tora und aus den Propheten*, die er liest oder im Kopf hat (soweit wir das erschließen können …),
- Der *Christus Jesus*, der dem Paulus im Innersten seines Wesens zu wohnen scheint, ‚in' dem er lebt und der ‚in ihm' als der Sohn Gottes von Gott ‚offenbart' wurde …

Christus und das Erste Testament … hier steht das Gesamte des christlichen Glaubens zur Debatte. Alte Antworten auf die offene Frage sind problematisch geworden, z. B. die, das gesamte Erste Testament als im Wortsinne Altes Testament, als Vorstufe von und Verweis auf Jesus Christus zu lesen, als hätte Israel kein Recht mehr (aus christlicher Sicht), seine eigene heilige Schrift nach eigenen Mustern zu lesen. Neue Entwürfe wie der von Crüsemann sind möglicherweise auch problematisch, wenn sie im Gegenzug zur Tradition das Spezifikum des Christusereignisses auf eine neue Inkraftsetzung der Tora für alle Welt reduzieren. Ist Paulus dafür in die Welt gezogen und hat sein Leben gegeben, um die Tora, für die er vor der Berufung bei ‚Damaskus' so ‚geeifert' hatte, mithilfe des Geistes Christi neu in Kraft zu setzen? Was war es, das ihn, den frommen und selbstbewussten Juden, derart erfüllt, umgetrieben und zum Partner der ‚ungläubigen Heiden' gemacht hat? Sicher unter anderem eine neue Ein-Sicht in seine heilige Schrift. Aber welche war das?

Das eng mit den Paulusbriefen verknüpfte Thema *Christus und das ‚Alte' Testament* ist 2015 öffentlich diskutiert worden im Rahmen einer Debatte um Thesen des Berliner Theologen *Notger Slenczka*. Dieser hatte vorgeschlagen, vom tatsächlichen Umgang in Kirchengemeinden her (z. B. im Blick auf die Liturgie der Sonntagsgottesdienste) den kanonischen Rang des ‚Alten Testaments' infrage zu stellen. – Was auch immer sonst noch im Hintergrund dieser hitzigen Debatte stand, ging es *sachlich* um die wichtige Frage nach einer möglichen ‚Mitte' der ganzen Bibel Ersten und Zweiten Testaments. Luther konnte diese Mitte noch klar benennen: *„was Christum treibet"*. Eine in diesem Sinn ‚christologische' oder auch christozentrische Vereinnahmung des ‚AT' ist uns spätestens seit der Entlarvung latenter und offener Antijudaismen in christlicher Bibelexegese nicht mehr möglich. Die Frage nach der ‚Mitte' ist *die* hermeneutische Frage für Christen in Bezug auf ihr Grunddokument, die Bibel. Sie ist keineswegs in allen Gemeinden angekommen, diskutiert und geklärt! – Wir können diese Debatte hier nicht führen und verweisen u. a. auf Material im Internetpool.

9.6 Der Grenzgänger

Paulus wurde nach eigener Aussage geboren aus dem Stamm Benjamin (Röm 11,1), aus dem der erste israelitische König, sein Namenspatron Saul stammte. Er selbst nennt sich immer Paulus, wahrscheinlich nicht aus theologischen Gründen („der Kleine"), sondern weil ihm – im römischen Umfeld – von Geburt an dieser romanisierte Name dazugegeben wurde. Laut Apostelgeschichte (Apg) ist er aufgewachsen im *griechischen* Kulturkreis in *Tarsus*.

Paulus kennt und verwendet philosophische und rhetorische Traditionen der griechischen Weltkultur seiner Zeit. Er kann Hebräisch und Aramäisch, was sich an Zitaten nachweisen lässt. Von Anfang an bewegt Paulus sich zwischen Israel und Völkergemeinschaft, zwischen Toraobservanz und einem an libertinäre Missverständnisse grenzenden Freiheitspathos. (Paulus löst allerdings die Tora nicht auf, sondern bindet ihre Autorität und Wirkung an den Christusglauben.)

Die von früh auf gewohnten Grenzgänge werden ihn zum Grenzübertritt befähigen. Seine Texte machen aus ihm faktisch den wesentlichen Gründer einer späteren Weltreligion. Paulus aber war zunächst *Pharisäer*, Mitglied einer religiösen Bewegung, die es seit dem 2. Jahrhundert vor Christus in Israel gab. Dieser Hintergrund ist wichtig, um die inhaltliche Spannung, die im Übergang von der Jesusbewegung zur frühen Kirche steckt, nicht begrifflich aufzulösen, sondern zu benennen.

Josephus schreibt von den Pharisäern als von einflussreichen geistige Kräften und Führern seines Volkes vor der Katastrophe des Jüdischen Krieges (70 n. Chr., die Römer erobern Jerusalem und zerstören den Tempel) Sadduzäer, Essener und Pharisäer, nebenbei noch die Zeloten. Die Pharisäer nehmen in diesem Spektrum eine theologische, moralische und politische Mittelstellung ein. Die *Sadduzäer* sind praktisch identisch mit der Tempelaristokratie von Jerusalem. Sie glauben nicht an ein göttliches Schicksal und eine Auferstehung der Toten, sondern setzen auf des Menschen Eigenverantwortung in diesem Leben und ein Handeln nach der Tora (der „Weisung" Gottes durch Mose), wie sie in den fünf Büchern Mose (dem Pentateuch = 5 Bücher) überliefert ist. Wie die Sadduzäer sind die *Essener* nach dem jüdischen Krieg nur noch eine Erinnerung im Volk. Ausgehend von ihrer Ansiedlung bei Qumran war ihre Idee einer vollständigen Reinheit des Volkes in die Frömmigkeit mancher jüdischen Familie gelangt. Politisch radikale Anhänger der Essener zogen im Bann ihres Glaubens die Konsequenz, z. B. In der Gruppe der von Josephus so genannten *Sikarier* (Dolchmänner) mit selbstmörderischer Gewalt Anschläge gegen die römische Besatzungsmacht durchzuführen.
Zum Ganzen vgl. Jörg Frey, Das Judentum des Paulus, in: Oda Wischmeyer (Hg.), Paulus. Leben – Umwelt – Werk – Briefe, Tübingen/Basel 2. Aufl. 2012, 25–65, dort 42f.; auch: Anthony C. Thiselton, The Living Paul: An introduction to the Apostle's life and thought, ebook, London 2009.

9.7 Bruchlinien

Es bleibt etwas Unerklärbares, ja auch Abgründiges an Paulus. Der wie kein anderer von der Kraft des gekreuzigten Christus sprechen und schreiben konnte, wurde durch seine Worte posthum zur treibenden Kraft der *Trennung* von Israel und späterer Kirche missbraucht. Paulus hatte einen Nerv der Weltgeschichte getroffen, eine Wegmarke, an der es kein ‚Weiter so' gab. Stattdessen werden Bruchlinien der Geschichte sichtbar, die sich bis heute als wirksam erweisen.

Der Theologe *Gregor Taxacher* wagt eine geschichtstheologische Sicht auf die Gegenwart und spricht von „Bruchlinien" in der Weltgeschichte. In Jesus und insbesondere in der auf Kreuz und Auferstehung folgenden Entzweiung von Synagoge und Kirche erkennt er die entscheidende Bruchlinie. (Ders., Bruchlinien. Wie wir wurden, was wir sind: Eine theologische Dialektik der Geschichte, Gütersloh 2015.)

– Jesus und Paulus waren Juden. Für beide war selbstverständlich der *Tanach* Gottes Wort. Sie hatten nicht vor, eine neue Religion zu gründen. – Genau das aber geschah; und Kirche und Synagoge wurden zu feindlichen und ungleich mächtigen Gegnern bis ins 20. Jahrhundert. Paulus ging selbstverständlich davon aus, dass sich nach dem Willen Gottes ganz Israel zum Messias Jesus würde bekennen können. Dass das offensichtlich nicht geschah, war *die* schmerzliche Wunde in Paulus' Leben und Denken. Die einzige ‚Lösung' sah Paulus in einem von ihm nicht klarer zu benennenden endzeitlichen *Heilshandeln Gottes* (Röm 11,32ff.). Schon die zweite Generation Christen überdehnte den von Paulus gehaltenen, spannungsvollen Bogen vom Wort Gottes im Alten *und* im Neuen Bund bis zum Zerreißen: Nun schien das Evangelium *über* dem Gesetz zu stehen und die Universalität der christlichen Botschaft *über* der von Paulus durchgehaltenen spezifischen Heilszusage an Israel. Das später so genannte ‚Neue' Testament aus apostolischen Briefen und Evangelien *überbot* in ihren Augen das ‚Alte' Testament, wie der neue Bund Gottes in Christus den alten Bund mit Israel überbot. Damit war faktisch Israel vom Heil ausgeschlossen. Schlimmer noch, ‚die Juden' wurden zu Gegnern ihres eigenen Gottes erklärt und schuldig gesprochen am Tod des Messias. Die als Strafe Gottes verstandenen Konsequenzen hätte allein Israel zu tragen. Der gedankliche Weg zur Rede von Israel als dem Volk der ‚Gottesmörder' und weiter zum Sprachgebrauch der Nazis war kurz.

Belege und Erläuterungen zur schrecklichen Wirkungsgeschichte neutestamentlicher Texte liefert z. B. Peter J. Tomson, Presumed Guilty. How the Jews were blamed for the death of Jesus, ebook Minneapolis 2005. Vgl. David Nirenberg, Antijudaismus. Eine andere Geschichte des Westens, München 2015, 64 (Nirenberg).

- Der Autor des 2. Petrusbriefs klagt, Paulus sei schwer zu verstehen und missverständlich (2. Petr 3,15f.). Das liegt wesentlich an der Sache selbst: Paulus ging es um „eine totale Verwandlung dessen, was Menschen wissen und wie sie es wissen können." Das hat schon Paulus an die Grenzen seines Verstehens gebracht und die nachfolgenden Generationen noch viel mehr. Wie ginge das Zeugnis für die Wahrheit des eigenen Glaubens ohne Exklusivität und Gewalt?
- Jesus rief zunächst *nur Israel* zur Umkehr und durchbrach mit seiner Liebesbotschaft im Prinzip jeden partikularen Heilsglauben. Paulus hielt am Gedanken der *Bundestreue Gottes zu seinem Volk Israel* fest, ohne den Widerspruch zu seinem Evangelium vom auferstandenen Gekreuzigten gedanklich auflösen zu können.

10. Über Wesentliches ins Gespräch kommen – zur Methodik

Beim Bibellesen geht es inhaltlich und methodisch um *Partizipation*. Die Teilnehmenden werden Teil einer geistigen Gemeinschaft.

Im jüdischen *Lehrhaus* teilen die *Laien* (gr. = laos = das Volk, laicos = zum Volk gehörig) miteinander die Erkenntnisse, die sich aus dem Lesen der heiligen Schrift einstellen. Prinzipiell gibt es *keine Hierarchie* von wissenden Lehrenden gegenüber unwissenden Belehrten. Wenn es etwas zu lehren gibt, dann wechselseitig.

In diesem Geiste werden *exegetische Informationen* von den Leitenden auf Nachfrage eingespielt. Sie sind kein Herrschaftswissen. Persönliche Vertiefung durch Lesen von weiterführenden Texten ist jedem selbst empfohlen, aber auch frei überlassen (Hinweise s. Literaturliste). Alle Informationen und Gedankenanregungen, auch die didaktisch-methodischen Vorschläge für jeweils 120 Minuten gemeinsame Arbeit sind Begleitmaterial für Ihren *selbstbestimmten* Weg. Wir geben kein Ergebnis vor. Die Leitenden einer thematischen Gesprächsreihe zu Paulus sollten genug *Struktur* geben, so dass es innerhalb der Struktur zu *offenen Prozessen* kommen kann.

Die Einheiten bauen inhaltlich aufeinander auf, entwickeln nach und nach einen tieferen Einblick in die paulinischen Texte und ihre Aktualität. Trotzdem sind auch einzelne Einheiten für sich verständlich.

> Wir machen Mut dazu, Ihre Gruppe eher einmal zu überfordern als zu langweilen. Wer 120 Minuten Freizeit ‚opfert', soll zumindest sagen können: Darüber müsste ich noch einmal nachdenken. In Schutzräumen, wie sie Kirchengemeinden bieten, sollte es zu Experimenten kommen können, bei denen neue, überraschende Denkfiguren probiert werden, Ideen und Worte, die manchmal unerhört zu sein scheinen.

Fragen sind generell erwünscht. Jede und jeder sollte sich in der Gruppe wohl fühlen können und ist mit allen Fragen, Zweifeln und Ansichten willkommen. Wir empfehlen *gemischte Gruppen von Leitenden*: Hauptamtliche Theologinnen *und* Ehrenamtliche, Männer *und* Frauen, Jüngere *und* Ältere. Beginnen Sie keinen Kurs, ohne dass Sie mindesten drei Leitende sind! Betrachten Sie Ihre Vorbereitung je für sich und in Ihrer Vorbereitungsgruppe als wesentlich für das ganze Unternehmen. Überlegen Sie sich für Ihre *äußeren Bedingungen* (Raum, Licht, thematisch gestaltete Mitte oder in jeder Sitzung gleichbleibende Gestaltung, Atmosphäre, Arbeitsgeräte, Stühle, Tische, Getränke, etwas zu essen?), wie Sie zu einer guten Gesprächsatmosphäre beitragen können. Sie brauchen einen größeren Raum für die Plena mit einem großen Stuhlkreis. Wichtig ist mindestens noch ein zweiter Gruppenraum. In jedem der 2–3 Räume muss es Projektionsmöglichkeiten für Bilder geben (Folie und Tageslichtschreiber oder Laptop und Beamer je mit Leinwand) und Papier und Stifte zum Festhalten der Ergebnisse. Geben Sie feste *Zeitvorgaben* und achten Sie auf die Einhaltung! Je klarer der Rahmen, desto gewagter, gezielter und fruchtbarer das Geschehen darin. Zeitdauer pro Einheit: 120 Minuten, z. B. 19:30–21:30. Präziser Beginn, präzises Ende. Nachgespräche laufen außerhalb des Rahmens für alle.

Die Frage nach Kirchenmitgliedschaft und Frömmigkeit der Teilnehmenden spielt keine Rolle. Persönliche Distanzierung ist möglich und wird akzeptiert. Wir bieten unseren Lesern und Leserinnen mit dem Vorwort 11 thematische Einheiten und Zusatzmaterial im Internet (zu finden unter www.kohlhammer.de auf der Produktseite dieses Buchs): Neben wichtigen Texten, Bildern und Anleitungen zur Vorbereitung der thematischen Einheiten, auf die jeweils im Text verwiesen wird, auch weiteres Nachdenk- und Spielmaterial, mit dem Sie die Themen des Prologs in der Gruppe bearbeiten können: Ein „Symposion der Geistesgrößen über Wahrheit und Geschichte“ (zur Hermeneutik) und eine Einführung in die 2015 geführte Diskussion um die Bedeutung des ‚Alten Testaments‘ in der gegenwärtigen Kirche (anlasslich der Thesen des Berliner Theologen Notger Slenczka).

Mut zur Lücke. Mut zum Exemplarischen. Der Teil kann für das Ganze stehen, statt Vollständigkeit vorheucheln zu müssen, die sowieso unerreichbar ist. In diesem Sinne wünschen wir die Freiheit, sich auch an einem kleinen Text großen Fragen und Einsichten zuzuwenden.

L = Leitende, TN = Teilnehmende. In der Regel sind die **Bibeltexte** für TN auszudrucken bzw. vorzubereiten. Alle anderen Texte betreffen L. Markierte Textblöcke enthalten Zusammenfassungen und Denkanstöße.

Die Abkürzungen für die biblischen Texte entsprechen denen in der Lutherbibel (1984): Röm für Römerbrief, Apg für Apostelgeschichte, 1. Mose für Genesis usw.

LXX ist die Septuaginta (beides bedeutet „siebzig“: Die griechische Übersetzung der jüdischen Heiligen Schriften wurde wegen der angeblich 70 beteiligten Übersetzer so genannt). LXX deutsch = Septuaginta in deutscher Übersetzung.

Wir bieten bei den für dieses Werk- und Spielbuch besonders in den Blick genommenen Passagen eigene Übersetzungen. Daneben sind Zitate aus folgenden Übersetzungen jeweils kenntlich gemacht: Lutherbibel 1984 (LT), Zürcher Übersetzung (Z) und Elberfelder Studienbibel (ES). Verschiedene Bibelübersetzungen finden Sie auch im Internet unter www.bibelwissenschaft.de oder www.bibelserver.com. Der Vergleich verschiedener Übersetzungen kann sehr lohnend sein!

II. Mitten ins Herz

Lucas Cranach d. J.: Bekehrung Pauli, Epitaph für Veit Oertel d. Ä., um 1586, Wittenberg, Stadtkirche (Detail: Foto: B. V.)

Michelangelo Merisi, genannt Caravaggio: Die Bekehrung des heiligen Paulus, um 1600/01, Kirche Santa Maria del Popolo / Rom.

Beide Bilder finden Sie in Farbe in der Materialsammlung im Internet.

Übersicht (120 Min.)

Zeit	Phase	Methode und Sozialform	Inhalt
20 Min.	Einführung und Erwartungen der TN	Plenum	Paulus – der jüdische Schriftgelehrte
45 Min.	Erarbeitung I: Bild und Text	Kombinierte Bildbetrachtung (methodisch angeleitet) und Textinterpretation in 2 Gruppen	1 x Cranach / 1 x Caravaggio und Paulus, Apg 9 und Gal 1
35 Min.	Erarbeitung II: Präsentation	Plenum Präsentation und Diskussion der Gruppenergebnisse	
10 Min.	Bündelung	Plenum Gebet der liebenden Aufmerksamkeit	

Werkzeuge und Material

- 2 Beamer und Laptops (notfalls: Bilder auf Folie, Tageslichtprojektor)
- Je ein DIN A4-Ausdruck der Bilder auf Fotopapier und laminiert (zum Herumgeben)
- Flipchart und Filzstifte
- Musikanlage mit Lautsprechern
- Ausreichend Kopien des Textes Gal 1 (s. u.) und Apg (ES)

Prolog

Das Leben des Paulus war ein Drama mit weltgeschichtlicher Auswirkung. Das Thema hat eine persönliche Seite: Was ist menschliches Leben? Was betreibt uns von innen oder von außen her? Welche Kräfte wirken auf den und in den Menschen? Was ist eine Lebenswende? Gibt es himmlische Berufungen, Aufträge, die zu erfüllen sind? An Paulus und seinem Erleben vor Damaskus lassen sich eigene Lebensfragen auf den Punkt bringen. Uns geht es vorrangig um einen neuen Blick auf Paulus: Welche Vorverständnisse, welche Bilder von Paulus sind da? Gibt es die Chance, einen neuen Blick auf Paulus zu werfen, die Perspektive zu erweitern, den Blick für unbekannte Details zu schärfen, die Dinge genauer zu sehen?

Die Texte

1.1. Apostelgeschichte (Apg)

Apg 7,58ff. und 9,1–18 lassen sich als *dramatische Erzählung* lesen. Entsprechend schlagen wir ein Drama mit Prolog und nachfolgend zwei Akten vor.

- Prolog: Apg 7,58 – 8,1
- 1. Akt: Apg 9,1–9
- 2. Akt: Apg 9,10–18

1.2. Galater 1,15f.
Als aber Gott, der mich von meiner Mutter Leib an ausgesondert und berufen hatte, es für gut hielt, durch seine Gnade mir seinen Sohn zu offenbaren in mir, damit ich ihn (als Evangelium = Heilsbotschaft) unter den Völkern verkündige, zog ich nicht Fleisch und Blut zu Rate […]

1. Drama

1.1 Der Paulus des Lukas – die Apostelgeschichte

Es ist im Einzelfall zu prüfen, ob und in welchem Maße die *Apostelgeschichte* (Apg) herangezogen wird, um paulinische Aussagen besser zu verstehen. Im Galaterbrief (hier Gal 1) liegt ein *authentischer* Paulustext vor. Damit wird der *lukanische* Text vorwiegend zum theologischen Kommentar, zu einer wenn auch mit historischen Informationen gespickten *Interpretation* (vgl. Ernst Haenchen, Die Apostelgeschichte, Göttingen 1956). Die Apostelgeschichte ist Teil des lukanischen Doppelwerks von Evangelium und Apostelgeschichte. Der Autor versteht sich als theologisch versierter Historiker bzw. als ein in historischen Zusammenhängen denkender Theologe (Lk 1,1–4). In Jesus ist die *„Mitte der Zeit“* gekommen (Hans Conzelmann, Die Mitte der Zeit, Tübingen 1993).

Die Geschichte Israels und der Völker *vor* der Geburt des *Gottessohnes* und die Geschichte Israels und der Völker *nach* seiner Kreuzigung und Auferstehung weisen je auf ihre Art hin auf das *Zentrum der Weltgeschichte Gottes* in Jesus Christus. Laut Apostelgeschichte wird der Christenverfolger *Saulus* nach seiner durch Gott herbeigeführten Bekehrung der Apostel Saulus / Paulus sein. Paulus selbst berichtet von demselben Ereignis im Stil der göttlichen Aussonderung und Berufung des Jeremia.

In Apg 13,9 wird der Namenwechsel eher beiläufig eingeführt: „Saulus, der auch Paulus heißt“. Keinesfalls wird schlagartig aus Saulus ein Paulus, wie das Sprichwort es will.

Durch des Paulus Predigt, durch Heilungen, die in der Apg erzählt werden, aber auch durch sein Leiden für seine Botschaft vom Christus Jesus tritt der auferstandene Gottessohn Jesus seine Herrschaft über die ganze Welt an. Die Apostelgeschichte endet nicht mit dem Tod des Paulus in Rom, sondern mit seiner Predigt dort.

Eine unter Fachleuten umstrittene Frage ist, in welchem Maße Lukas verlässliche historische Quellen, z. B. ein *Reisetagebuch* eines Paulusbegleiters, gehabt hat. War er selbst eine Zeit lang ein Reisebegleiter? An der Darstellung des Miteinanders der Apostel Jakobus, Petrus und Paulus ist eine starke lukanische Konstruktion zu erkennen: Wo Paulus (besonders im Galaterbrief) schwere Zerwürfnisse um die

‚Wahrheit' seines ‚Evangeliums' anspricht, erzählt Lukas die Geschichte eines gelungenen Kompromisses und der letztlich ungetrübten Einheit der frühen Christengemeinde. Lukas lässt den Paulus grundsätzlich seine Missionspredigt in einer Synagoge oder im Umfeld einer Synagoge beginnen, was historisch zuverlässig sein mag, aber auch zum lukanischen Programm passt: Die Botschaft vom jüdischen Messias (gr. christos, lat. christus) Jesus geht zuerst die Juden, ganz Israel an. Darüber hinaus stellt Lukas den Gerechten aus Israel als den „Heiland", den „Retter" (gr. soter) der Welt vor (Lk 2). Er betont den Weltanspruch des Christus. Der Apostel Jesu Christi predigt ungehindert in Rom das Evangelium (Apg 28,30f.). Historisch wahrscheinlich ist aber auch, dass Paulus in Rom jedenfalls zeitweise inhaftiert war und unter Kaiser Nero hingerichtet wurde.

Der römische Caesar Augustus nannte sich ‚soter' = Retter der Welt. Indem Lukas in seiner ‚Weihnachtsgeschichte' Lk 2 den Davidssohn in Bethlehem geboren sein lässt und im Engelsgruß den Hirten den ‚soter' (Luther: „Heiland") verspricht, kritisiert er subversiv die römische Herrschaft. Hier nimmt Lukas die paulinische Theologie vom Sieg des Gekreuzigten über die Mächte der Welt auf (vgl. z. B. Phil 2,11ff., 1. Kor 15,24ff.).

1.2 Erinnerung

Im Unterschied zu der lukanischen *Bekehrungsgeschichte* berichtet Paulus von einer *Offenbarung mit göttlicher Berufung und Beauftragung,* als „Apostel" (Gal 1,1) den Sohn Gottes zu verkünden unter den nichtjüdischen Völkern (Gal 1,16). Hat Paulus nach seiner eigenen Version dabei etwas gehört, gesehen, gespürt? Jedenfalls *erinnert* er sich. Was auch immer geschehen ist, prägt sein Leben.

Der katholische Theologe *Eugen Biser* (1918–2014) möchte bei Gal 1 an eine *Audition* denken: Paulus hört Gott, indem er ihm seinen Sohn sozusagen in das Herz spricht. Dieser Audition folge in 2. Kor 4,6 eine *Vision* (Paulus spricht von einem hellen Schein in unserem, also primär seinem Herzen) und in Phil 3,12 ein *haptisches* Erleben: Paulus weiß sich von Jesus Christus *ergriffen.* Paulus beschreibe verschiedene Erlebnisweisen und Erlebniszustände, die angefangen von dem Erlebnis, das er in Gal 1,15f. beschreibt, alle das Geheimnis seiner Person umkreisen: „Habe ich nicht Jesus, unseren Herrn gesehen?" (1. Kor 9,1) oder auch: „Ich bin mit Christus gekreuzigt, und nicht mehr lebe ich, sondern Christus lebt in mir" (Gal 2,20). Hier hat ein Mensch nicht zuerst einen Lehrsatz, gar ein Dogma, eine systematische Gesetzesauslegung, sondern eine Einsicht, deren Beginn er als persönliches ekstatisches Erlebnis beschreibt, als eine „Offenbarung". – Biser möchte Paulus damit als einen *Mystiker* würdigen und heutige Paulusleser ermutigen, Jesus als den in ihnen heute hörenden und sprechenden *„inwendigen Lehrer"* zu erleben (Eugen Biser, Paulus. Zeugnis – Begegnung – Wirkung, Darmstadt 2003 (Biser),

29 und 160ff.). Im Materialpool (Internet) finden Sie unter der Überschrift „Mystik und Methode“ eine nähere Darstellung von Eugen Bisers Paulussicht.

Der Gekreuzigte, der für Juden nach 5. Mose 21,23 von Gott verflucht ist und daher unmöglich der Gesalbte (Messias) sein kann, ist genau dies für Paulus vor Damaskus geworden. „Christus hat uns losgekauft aus dem Fluch des Gesetzes, für uns Fluch geworden, weil geschrieben ist: Verflucht ist jeder, der am Holz hängt“ (Gal 3,13 mit Verweis auf 5. Mose 21,23). Den Fluch bekommt auch Paulus in der *Nachfolge des Gekreuzigten* zu spüren. Mehrfach verweist er auf die körperlichen und seelischen Leiden, die er um Christi Willen auf sich genommen habe.

Paulus will jedenfalls *keine Dogmatik*, kein widerspruchsfreies Lehrbuch des christlichen Glaubens und *keinen Katechismus* schreiben. Die Zeit, die bleibt, war für ihn kurz. Das Ende war nahe. Es ging ihm um *Missionspredigt*, um *Herzenstreffer*, um *Transformation.*

„Nun aber bleiben Glaube, Hoffnung, Liebe, diese drei; aber die Liebe ist die größte unter ihnen“ (1. Kor 13,13). Die Erinnerung an den persönlichen Kontakt mit dem Christus Jesus lässt Paulus in Liebe für diesen Herrn brennen.

1.3 Herzbrennen

Lukas will nicht erzählen, was die Fakten waren, sondern was sie *bedeuten.* Diese Bedeutung sollen seine Leser „erkennen“ (Lk 1,4). Er will auf Jesus Christus hinweisen, der die *Mitte* des *Erzählten* ist und durch seine Auferstehung und in seinem anwesenden Geist auch bleibt. Nicht die Fakten sind das Interessante, sondern das, was sie im Rahmen der Erzählung bei den Zuhörenden oder Lesenden bedeuten und *bewirken.*

Auch andere Historiker seiner Zeit wie z. B. der jüdisch-römische Flavius Josephus haben Wert gelegt auf die Bedeutung der von ihnen erzählten Geschichte, nicht auf das, was wir heute spontan unter sogenannter ‚objektiver‘ Geschichtsschreibung verstehen. Alle Geschichtsschreibung ist auch eine Konstruktion des Erzählers.

Der in seinem Heiligen Geist anwesende auferstandene Gekreuzigte, dieser besondere Sohn Gottes wird von den Adressaten des Lukas nicht durch detailgenaue Informationen, sondern durch die *Öffnung von Herz* (jüdisch: als der Mitte der Person) *und Verstand* ‚erkannt‘.

In der sogenannten Paradiesgeschichte ‚erkennt‘ Adam Eva. Das hebräische Wort ‚jada‘ meint die intime Liebe und darin den Erkenntnisakt. Es ist wahrscheinlich, dass der hellenistisch gebildete Lukas diese sprachlichen Zusammenhänge mitdenken konnte, wenn er sich bei der Verfassung seiner Schriften u. a. auf die Septuaginta bezieht – auch ohne ausdrückliche Zitation.

Einer der mit Jesus gekreuzigten Verurteilten öffnet sein Herz in letzter Sekunde der heilsamen Erkenntnis. Er erkennt sich selbst und sein Unrecht sowie in Jesus den Gerechten, an dessen Barmherzigkeit und Fürsprache er appelliert (Lk 23,39ff.). Ebenso geschieht es dem Hauptmann unter dem Kreuz (Lk 23,47f.), der ausgerechnet in dem Geschundenen den Sohn Gottes erkennt, und – nachösterlich – den Emmausjüngern: *„Brannte nicht unser Herz, als er mit uns sprach …?“* (Lk 24,32).

Ausdrücklich spricht Lukas in 23,48 von der Kreuzigung als von einem *„Schauspiel“* (gr. theoria). Umso mehr ist die inszenierte Aufführung eines Bibeltextes nicht „mal was anderes“, sondern gehört zur Art und Weise, wie biblische Texte besonders gut zu ihrer Gestalt kommen. Sein Evangelium ist nicht zufällig Grundlage von unzähligen Krippenspielen und Passionsspielen geworden. Vom ‚heiligen Franziskus‘ heißt es, er habe das erste Krippenspiel erfunden: Inszenierung als Botschaft des Evangeliums.

Das *antike griechische Theater* verknüpfte die Gottesschau mit der *Theorie* vom Weltganzen. Die Lehre von den leibhaftigen Erscheinungen, die *Physik,* wurde von den Dichtern und Dramatikern in je nach philosophischem Konzept unterschiedlicher Weise auf die *Metaphysik* bezogen, das gedachte *Sein* in und über den irdischen Manifestationen des Daseins. Die Zuschauenden eines griechischen Dramas sollten innerlich an dem Spiel beteiligt sein und sich in der *Katharsis* (heilsamen Seelenreinigung) geistig reinigen und neu ausrichten auf den Alltag.

2. Bild und Wort

Ein Bild ist ein Bild, nicht die Sache selbst. Ist das so? Der antike und mittelalterliche *Bilderstreit,* der West- und Ostkirche voneinander getrennt hat, krankte aus heutiger Sicht an dem ideologisch aufgeladenen Streit um den geistigen Gehalt der Bilder: Dienen Bilder ‚nur‘ zur Veranschaulichung oder begegnet im Bild etwas von geschauter göttlicher Gegenwart? *Ist das Bild eben doch die Sache selbst*?

Der *Islam* zieht u. a. aus den damals nicht gelösten Querelen den Schluss, zu einem radikalen Verständnis des biblischen *Bilderverbots* (2. Mose 20) zurückzukehren und auf jedes Bild zu verzichten, das vorgeben könnte, Heiliges oder einen Heiligen abzubilden. Mit der Inbesitznahme des Abgebildeten durch den Betrachtenden würde die Heiligkeit, die Freiheit und Souveränität des Abgebildeten infrage gestellt. Das wäre eine furchtbare, letztlich gotteslästerliche Vorstellung für Juden und Muslime.

Die westliche Kultur ist bilderfreundlich bis zur Selbstgefährdung durch ungezügelte Bilderfluten. U. a. die radikalislamistischen IS nutzen diese westliche Bildaffinität mit brutalen Videos über Folterungen und Ermordungen von Gefangenen, um Angst und Entsetzen zu verbreiten, und zerstören gleichzeitig uralte Kulturgüter und Bild-Zeugnisse eigener und fremder Religionen.

Bilder der *Kunstgeschichte* und Gegenwartskunst gewähren Einblicke in den Sinn von Erzähltem und Geschriebenem. Sie sind möglicherweise Illustrationen und Interpretationen eines Bibeltextes. Und viel mehr: Wie ein Gesprächspartner – nicht mehr und nicht weniger – stehen sie zur freien Verfügung. Durch sie erweitern wir den Horizont und konzentrieren uns auf den für uns springenden Punkt. Wir bekommen und gestalten unsere eigene Anschauung (nach Wittgenstein). Bilder sind unverzichtbare Sehhilfen für die eigene Anschauung und Interpretation biblischer Texte. Wir versuchen es mit zwei berühmten Darstellungen von des Paulus ‚Bekehrung' (wie Cranach und Caravaggio bzw. ihre Auftraggeber das Geschehen nannten).

Literaturtipp:
Michael Lüthy, Drei Dimensionen des Unverfügbaren im künstlerischen Bild, in: Karl-Josef Pazzini / Andrea Sabisch / Daniel Tyradellis (Hg.), Das Unverfügbare. Wunder, Wissen, Bildung, Zürich/Berlin 2013, 211–228.

3. *Methodisch*

3.1 Die Teilnehmenden stellen sich vor (20 Min.)

Zu Anfang der Gesprächsreihe ist es wichtig, dass jeder TN zumindest den *Namen und eine Fragestellung*, ein *Interesse* mitteilen kann. Diskussionen sollten Sie an dieser Stelle nicht zulassen. L sollten die Veranstaltung nur mit dem einen Fokus vorstellen, dass es im Folgenden um Paulus als den *jüdischen* Schriftgelehrten gehen wird, der zugleich als der Apostel der Völker gilt. Alles Weitere ergibt sich in den nächsten Einheiten.

3.2 Kombinierte Bildbetrachtung und Textarbeit (45 Min.)

- Die Gruppenbildung sollte zügig vonstatten gehen. Zwei Räume, zwei Bilder, zwei verschiedene Texte („Lassen Sie sich überraschen …")
  - Raum A: Cranach und Apg
  - Raum B: Caravaggio und Gal
- In Raum A und B stehen jeweils bereit: Bildfolie und Tageslichtprojektor, besser: Bilddatei, Laptop und Beamer; Leinwand, Flipchart, Papier und große Stifte, genügend Anzahl Textkopien Apg / Gal.

- L übernimmt die Gesprächsführung. Jemand achtet auf die Zeit. Beginn mit der Bildprojektion und Bildbesprechung.

Zuerst machen Sie in Ihren Gruppen die *Bildbetrachtung.*

Im Materialpool im Internet finden Sie eine Übersetzung von Gal 1,15f. sowie die Bilder. Außerdem finden Sie dort eine Kurzanleitung für eine Bildbetrachtung unter theologischen Gesichtspunkten. Für die Apg wählen Sie z. B. eine in Internetportalen zugängliche Bibelübersetzung Ihrer Wahl.

Sammeln Sie nach eingehender Betrachtung die Bildeindrücke, auf die sich die Gruppe einigen konnte. Schreiben Sie diese in ganzen Sätzen (nicht nur Stichworten) auf. Lesen Sie *danach* Ihren zum Bild gehörenden Text (s. o. und druckfertig aufbereitet im Materialpool im Internet).

- Gruppe Raum A (Cranach/Apg): Lesen Sie den Text als kleines Drama mit verteilten Rollen (Apg 7,58ff. /9,1–18).
- Gruppe Raum B (Caravaggio/Gal): Zwei lesen den anderen vor.
- Beide: Ordnen Sie im Gespräch die Aussagen der Apg bzw. des Gal den von Ihnen erhobenen Aussagen Ihres Bildes zu. Halten Sie Auffälligkeiten, Übereinstimmendes, vor allem aber Dissonanzen und Fragen auf dem Flipchartpapier für alle lesbar fest.
  - Wer wird vortragen?

3.3 Präsentation im Plenum (35 Min.)

- In der begrenzten Zeit wird es nur darum gehen, dass anhand des Flipchartbogens und der Projektion des jeweils besprochenen Bildes aus beiden Gruppen das Wesentliche mitgeteilt wird.

3.4 Gebet der liebenden Aufmerksamkeit (10 Min.)

Das Gebet der liebenden Aufmerksamkeit stammt aus der klösterlichen Tradition. L geht durch den Abend, erinnert an verschiedene Stationen und führt in einem Schlussgebet zusammen:

- Entspannt-aufmerksames Sitzen
- Fokussierung durch L: Am Anfang … (subjektive Eindrücke, keine Vollständigkeit anstreben! Bilder aufrufen, keine Kommentierung!)
- Im Gebet wird die gemeinsam gestaltete Zeit gewürdigt wird – vor Gott.
- Am Schluss kann ein Abendsegen gesprochen werden

Alternativ kann Musik eingespielt werden aus Felix Mendelssohn-Bartholdys Paulus-Oratorium, u. a. die Musikstücke rund um Apg 9, die ‚Bekehrung' des Saulus' (Nr. 12–21).

Literaturtipp: Michael Theobald / Wolfgang Bretschneider, Das Paulus-Oratorium von Felix Mendelssohn-Bartholdy, Stuttgart 2012 (Theobald). „Mache dich auf, werde licht! […] An wen richten sich die Worte, aufzubrechen und ‚licht zu werden'? An Jerusalem wie im Jesajabuch? Oder an Saulus? Die Aufforderung „Mach dich auf!" folgt ja unmittelbar auf die Weisung des Herrn an ihn: ‚Stehe auf und gehe in die Stadt' (Nr. 14). Oder nicht doch eher an alle Menschen, die in der Gottesfinsternis wandeln? Saulus – so das Rezitativ Nr. 21 in strahlendem C-Dur – ‚*fiel es* (nach der Handauflegung des Ananias) *wie Schuppen von seinen Augen, und er ward wieder sehend*' (Apg 9,18). Man möchte meinen, dass die von Mendelssohn verstärkte Lichtmetaphorik der Szene mit dem Geist der Aufklärung und ihrer leidenschaftlichen Suche nach Licht und Wahrheit zu tun hat und deshalb notwendigerweise alle angeht." (Theobald, 86).

III. Wahrheit

Übersicht (120 Min.)

Zeit	Phase	Methode und Sozialform	Inhalt
10 Min.	Begegnungen mit einem Streiter für seine „Wahrheit“	Blitzlichter Plenum	Paulusbilder: Paulus im Streit
40 Min.	Erarbeitung I: Die „Wahrheit“ der einen und die der anderen	Arbeitsteilig arbeiten: 2 Gruppen zu Gal 2,1–21 – aus den konträren Perspektiven des Petrus und des Paulus	Vorbereitung der Konfrontation Paulus – Petrus nach Gal 2,11ff.
20 Min.	Erarbeitung II: Auftritt der Kontrahenten	Spiel im Plenum	„Im Angesicht ihm entgegen“ (Gal 2,11)
40 Min.	Erarbeitung III	Angeleitetes Gespräch im Plenum zu Gal 2,1–21, Gal 4,21–31 und zum jüdisch-christlichen Dialog	Das theologische Erdbeben
10 Min.	Aktualisierung	Lesung	EKD zu „Martin Luther und die Juden; alternativ: Dierich Bonhoeffer, „Christen und Heiden“

Werkzeuge und Material

- Diverse Paulusbilder (Materialpool) auf Fotopapier (DIN A4) ausgedruckt
- Flipchart und Filzstifte
- Karteikarten und Stifte (für Notizen der Rollenspieler/innen)
- Ausreichend Namensschilder mit „Kephas“ und „Paulus“
- Für die Teilnehmenden Gal 2,1–21 und Gal 4,21–31

Prolog

In religiösen Zusammenhängen von ‚der‘ ‚Wahrheit‘ zu reden, ist global gesehen gefährlich geworden. Nicht nur in Arabien und Afrika wird bis aufs Blut um die ‚Wahrheit‘ gekämpft. Wie gehen wir in Mitteleuropa – Christen und Nichtchristen, Glaubende und Skeptiker – mit der Tradition des christlichen Glaubens und seiner Wahrheitsansprüche um?

1. *Der Text: Galater 2,1–3,1*

2,1 Darauf, nach vierzehn Jahren, zog ich wieder hinauf nach Jerusalem mit Barnabas und nahm auch Titus mit. 2 Ich ging aber hinauf gemäß einer Offenbarung; und ich legte ihnen das Evangelium vor, das ich unter den Völkern verkündige, besonders aber den Angesehenen, damit ich nicht etwa ins Leere liefe oder gelaufen wäre. 3 Aber nicht einmal Titus, der bei mir war, ein Grieche, wurde gezwungen, sich beschneiden zu lassen.

4 Wegen der eingeschlichenen falschen Brüder aber, die dazwischen getreten sind, unsere Freiheit, die wir in Christus Jesus haben, auszuspionieren, damit sie uns knechten könnten: 5 Denen gaben wir auch nicht für einen Moment (wörtlich: eine Stunde) durch Unterordnung nach, damit die Wahrheit des Evangeliums bei euch bleibe. 6 Von denen aber, (gemeint: von denen es hieß, dass sie) als etwas (gemeint: Besonderes) zu sein in Geltung standen – es macht mir nichts aus, wer auch immer sie waren: Gott sieht nicht die Person des Menschen an (gemeint: sondern den Menschen selbst, sein Wesen) – mir nämlich haben die Angesehenen nichts auferlegt, 7 sondern haben im Gegenteil gesehen, dass mir das Evangelium der Unbeschnittenheit anvertraut ist wie Petrus (zu ergänzen: das Evangelium) der Beschneidung, 8 Denn der sich wirkmächtig erwiesen hat an Petrus zum Apostolat der Beschneidung, hat sich (gemeint: genauso) als wirksam erwiesen auch für mich für die Völker. 9 Und die Gnade erkannt habend, die mir gegeben ist, haben Jakobus und Kephas und Johannes, die als Säulen gelten, mir die Hände der Gemeinschaft gereicht, damit wir zu den Völkern gehen sollten, sie aber zu den Juden (wörtlich: zu der Beschneidung). 10 Nur der Armen, dass wir gedenken sollten (= haben sie mir aufgetragen), was ich auch eifrig gewesen bin, eben dies zu erfüllen. 11 Als aber Kephas nach Antiochia gekommen war, trat ich ihm in das Angesicht entgegen, weil er gerichtet war. 12 Bevor nämlich einige von Jakobus gekommen waren, aß er zusammen mit denen aus den Völkern (gemeint: Den Unbeschnittenen); als sie aber gekommen waren, zog er sich zurück und sonderte sich ab aus Furcht vor den Unbeschnittenen. 13 Und es heuchelten mit ihm auch die übrigen Juden, dass auch Barnabas sich durch die Heuchelei fortreißen ließ. 14 Als ich aber gesehen hatte, dass sie nicht recht gingen gemäß der Wahrheit des Evangeliums, sagte ich zu Kephas vor allen: Wenn du, Jude seiend, heidnisch und nicht jüdisch lebst, wie zwingst du die aus den Völkern, jüdisch zu leben?

15 Wir sind von Geburt Juden und nicht Sünder aus den Völkern; 16 Indem wir aber wissen, dass ein Mensch nicht gerechtfertigt wird aus Werken eines Gesetzes, außer durch Glauben an Jesus Christus/durch die Treue Jesu Christi, sind auch wir zum Glauben an Jesus Christus gekommen, damit wir gerechtfertigt werden aus

Glauben an Christus (mögliche Übersetzung = Glauben Christi) und nicht aus Werken eines Gesetzes. Denn aus Werken eines Gesetzes wird kein Mensch gerechtfertigt werden (s. Psalm 142,3). 17 Wenn aber selbst wir (s. 15 = Juden von Geburt), bei unserem Streben gerechtfertigt zu werden in Christus, als Sünder gelten und selbst Sünder sind, leistet dann Christus der Sünde Vorschub? Auf keinen Fall!

18 Denn nur wenn ich das, was ich niedergerissen habe, wieder aufbaue, dann mache ich mich zu einem Übertreter. 19 Ich bin nämlich durch das Gesetz dem Gesetz gestorben, damit ich Gott lebe. Mit Christus bin ich gekreuzigt (worden), 20 also lebe nicht länger ich, es lebt Christus in mir. Was ich aber nun in meiner irdischen Existenz lebe, lebe ich im Glauben an den Sohn Gottes, der mich geliebt hat und sich selbst dahingegeben hat für mich. 21 Ich werfe nicht weg die Gnade Gottes; wenn nämlich durch ein Gesetz die Gerechtigkeit kommt, dann ist Christus vergeblich gestorben.

3, 1 O, ihr unverständigen Galater!

2. *Die Wahrheit des Evangeliums*

2.1 Was ist Wahrheit? (Joh 18,38)

Der Blick in ein philosophisches Lexikon (Georgi Schischkoff (Hg.), Philosophisches Wörterbuch, Stuttgart 22. Aufl. 1991, 766) ergibt:

- Was als ‚Wahrheit' gilt, ist im Kern eine ‚subjektive' Festlegung.
- Für Wahrheiten, deren Geltung den persönlichen Bereich übersteigt, muss es zu Übereinkünften kommen über das, was als ‚wahr' gelten soll.
- Heute gelten vor allem formale Kriterien: Eine Aussage über einen Sachverhalt kann nur dann ‚wahr' sein, wenn sie in sich logisch, widerspruchsfrei und im Zusammenhang des weiteren Sachverhaltes ‚kohärent' ist, d. h. zu anderen Aussagen zum selben Sachverhalt passt.
- Die Redeweise von der ‚einen' Wahrheit ist „theologischen Ursprungs".

Philosophen sagen: Nur Religionen und Ideologien wagen es, sich einer ‚absoluten' Wahrheit anzunähern (lat. ab-solutus = losgelöst, uneingeschränkt, vollkommen). Religionen können ideologisch gelebt werden und Grund für Gewalt sein.

Paulus ging es in seinem Ringen um die ‚Wahrheit des Evangeliums' nicht um die absolute Wahrheit von Ideologen, sondern um den Gegensatz von Treue und Verrat, also um Beziehung. *Pistis* (Glaube, Treue) meint bei ihm nicht einen Glauben *an* Satzwahrheiten, Heilstatsachen im Sinne der griechisch beeinflussten philosophisch-theologischen Dogmatik, sondern eine lebendige *Beziehung*, ein Dranbleiben an der Person Jesu Christi und an dem, was an Kraft (gr. *dynamis*, Röm 1,16) und Lebensorientierung aus dieser Beziehung entspringt.

Aus *feministisch-theologischer* Sicht favorisiert *Kathy Ehrensperger* ein Verständnis von ‚Wahrheit', das die *Vielfalt der Verschiedenen* nicht nur toleriert, sondern *akzeptiert* und im Sinne wechselseitiger Anerkennung *fördert*:

> „Westliche Rationalität, die auf griechisch-römischen Denkkategorien aufbaut, kann von Verschiedenheiten nur in Begriffen von dualistischen Widersprüchen, die einander ausschließen, denken. Um Kohärenz und Einheit (der Gedanken) zu erreichen, tendieren Rationalisten dazu, Differenzen und Widersprüche zu eliminieren. Die zerstörerischen Folgen des von westlicher Aufklärung geprägten Denkens, zumal wenn universalisiert und kombiniert mit hegemonialen Machtansprüchen, liegen zu Tage." (Ehrensperger, 195f., Übersetzung d. Vff.).

Strittig ist, ob der historische Paulus in vergleichbarer Weise ‚Vielfalt' und Verschiedenheit' hat denken können, wie Ehrensperger behauptet und an Röm 14f. exemplarisch ausführt (s. den Exkurs zur Rechtfertigung in diesem Buch). Zur historischen ‚Wahrheit' gehört, dass sich die Trennung von Synagoge und Kirche nach der Katastrophe des jüdischen Krieges 66–70 schon in paulinischer Zeit anzudeuten beginnt. Mit dem *antiochenischen Konflikt* kommen wir in die Vorgeschichte dieses neuralgischen Punktes der jüdisch-christlichen Geschichte.

2.2 Streit um das Evangelium

Die *Vorgeschichte* zum antiochenischen Konflikt in knappen Strichen:

Ereignis	Datierung	Belege
Paulus als Verfolger	30/31/32	Gal 1,13; 1. Kor 15,9; Phil 3,6; Apg 8,1–3; 9,1
Damaskus: Berufung des Paulus	31/32	Gal 1,16; 1. Kor 9,1; 15,8; 2. Kor 4,6; Phil 3,8; Apg 9,1–19 u. Dubletten in Kap. 22/26
Aufenthalt in Arabien. Rückkehr nach Damaskus. Flucht im Korb		Gal 1,17; 2. Kor 11,32f.; Apg 9,23–25
Erster Besuch in Jerusalem: Petrus und Jakobus (15 Tage)	34/35	Gal 1,18 (Apg 9,26–29)
Aufenthalt in Syrien und Kilikien	Ab 35/36	Gal 1,21; Apg 9,30
Himmelsreise	40/41	2. Kor 12,1–4
Antiochien: Barnabas holt Paulus	41/42	Apg 11,25f.
Apostelkonvent in Jerusalem	48	Gal 2,1–10; Apg 15
Antiochenischer Konflikt	48/49	Gal 2,11–21
„Missionsreisen": Galatien, Philippi, Thessalonike, über Athen nach Korinth usw.	49 ff	Apg 16,6; 16,11–17,14; vgl. 1. Thess 2,2; 3,1–13; Apg 17,15; 18,1; vgl. 1. Thess 3,1.6

Alle Zeittabellen zu Paulus sind hypothetisch und umstritten. Es gibt Früh- und Spätdatierungen (Paulus Handbuch, 94 u. ö.). Die Chronologie der meisten Ausleger richtet sich vor allem nach den paulinischen Angaben. Wo sie glaubwürdig zu berichten scheint, wird die Apg als zweite Quelle hinzugezogen. Grundsätzlich wird immer versucht, im Abgleich mit außerbiblischen Quellen (vor allem Josephus, Tacitus usw.) eine relative Chronologie (was geschah in welcher Reihenfolge?) herzustellen, die an genaue Datierungen (absolute Chronologie) anknüpft. Zum eingebürgerten Begriff der „Missionsreisen": Tatsächlich reiste Paulus nicht generell von Ort zu Ort, was der Terminus „Reise" nahelegt. Er reiste von örtlichen Zentren aus, wo er als Glied einer Gemeinde lebte (vgl. Paulus Handbuch, 98). Eine umfassende Powerpoint-Darstellung der paulinischen Chronologie von Angela Standhartinger s. im Materialpool.

Paulus hat nach seiner *Berufung* vor Damaskus lange Zeit unabhängig von der Jerusalemer Leitung der Urgemeinde gewirkt. Von ca. 32–34 lebte er in Arabien im Gebiet der Aramäer, nach seinem Besuch in Jerusalem bei Petrus und Jakobus (dem ‚Herrenbruder') in Syrien und Kilikien, anschließend lange Zeit in Antiochia und Umgebung. In dieser Zeit bildet Paulus im Gespräch mit der *antiochenischen Gemeinde* seine eigene Theologie aus. Von Antiochia aus werden er und Barnabas später zum Apostelkonvent nach Jerusalem entsandt.

Nach Udo Schnelle (Theologie des Neuen Testaments, Göttingen 2. Aufl. 2014 (Schnelle, Theologie)) hatte die antiochenische Gemeinde eine besondere Stellung in der urchristlichen Theologiegeschichte und großen Einfluss auf Paulus. Das syrische Antiochia war die drittgrößte Stadt des Imperium Romanum und gilt teilweise als Mutterboden frühchristlicher, speziell paulinischer Theologie (vgl. ebd., 175–177).

Paulus spürt die ihm unmittelbar von Gott geschenkte Berechtigung, im Namen des Messias (gr. Christos) „sein Evangelium" (frohe Botschaft) allen „Völkern" und d. h. den „Griechen" (bei ihm ein Begriff für Nichtjuden im hellenistischen Raum des römischen Imperiums) zu verkünden. Die Zeit drängt. Gott führt seine Gerechtigkeit in der Welt aus und wird zum Ziel kommen. Paulus legt los und hat Erfolg. So viel Erfolg, dass die Leitenden der Jerusalemer Gemeinde sein Wirken als von Gott gewollt und gesegnet anerkennen.

Und hier liegt verborgen die Bruchstelle zwischen der späteren Kirche und der Synagoge bzw. Israel: Nach der Darstellung des Paulus (Gal 2) habe es beim Apostelkonvent keinerlei Auflagen für ihn von den Jerusalemer ‚Säulen' Jakobus, Kephas und Johannes gegeben – außer der Einigung auf die Aufteilung der Missionsgebiete für die ‚Beschnittenen' und die ‚Unbeschnittenen' und einer Verpflichtung des Paulus auf eine Kollekte für die ‚Armen', d. h. für die Jerusalemer Gemeinde. Nach Darstellung der Apostelgeschichte (Apg 15,22–29) habe Paulus dagegen die Verpflichtung akzeptiert, „dass ihr euch enthaltet von Götzenopfer und vom Blut und vom Erstickten und von Unzucht". Hinter diesem offenkundigen Dissens in der Darstellung von Paulus und Lukas steckt ein gravierender und damals offensichtlich nicht gelöster (vielleicht auch nicht lösbarer?) Konflikt. Um diesen Konflikt geht es im Folgenden.

Ob Paulus die Ergebnisse des Apostelkonvents nun historisch korrekt darstellt oder nicht (allerdings mag man ihm im Zweifel mehr Historizität zubilligen als der

Apg), verbirgt seine Darstellung nur mühsam den Grundsatzkonflikt, der später in Antiochia – sicherlich gegen die besten Absichten aller Beteiligten – zutage treten wird (s. u.).

Von der Sache her müssen die führenden Köpfe in Jerusalem schwerwiegende Bedenken gegen das „Evangelium" des Paulus gehegt haben. Die Wahrheit seines Evangeliums gefährdete die Integrität Israels. Die Beschneidung war nicht ein beliebiger ‚religiöser' Ritus, den man hätte tun oder auch lassen können. Mit der Beschneidung definierte Israel seine Identität als das Volk des Bundes Gottes. In seiner *Berufung* (Gal 1), gestärkt durch eine spezielle Offenbarung (Gal 2,2) und den Erfolg seiner Mission (Gal 2,9: „als sie die Gnade erkannten, die mir gegeben war", vgl. auch 2. Kor 6,1f.) hatte Paulus erkannt und verinnerlicht, dass Gott ausgerechnet ihn, den Pharisäer und Verfolger der Christusglaubenden, vergleichbar mit den großen Propheten (vor allem Jeremia) berufen hatte – und zwar dazu, das Evangelium vom Sohn Gottes den Völkern ohne die Verpflichtung zur Beschneidung zu bringen.

In seiner nachträglichen Reflexion führten die persönlichen „Offenbarungen" und das Ergebnis des Apostelkonvents in Jerusalem bei Paulus zu einer Neubewertung nicht nur der Beschneidung oder der Reinheitsgebote, sondern der ganzen Tora. Das war im jüdischen Sinne konsequent durchdacht und stand gerade darum prinzipiell gegen die judenchristliche Auslegung der Tora durch die Jerusalemer Größen. Wenn für Nichtjuden ein im Prinzip gesetzesfreies Evangelium verkündigt wurde, konnte das theologisch auf Dauer nicht folgenlos für die Missionspredigt der anderen Apostel bleiben. Es erscheint historisch plausibel, dass die Leitfiguren auf dem Apostelkonvent einander am springenden Punkt missverstanden bzw. die Fragen nicht bis in die letzte Konsequenz geklärt haben. Der antiochenische Konflikt und alles, was geschichtlich folgt, hat in Unklarheiten beim Apostelkonvent seinen Grund. Jedenfalls provoziert Paulus mit seinen Ausführungen zur Tora (gr. ‚nomos', Luther: ‚Gesetz') seinerseits unüberbrückbare Gegensätze, die sich in der Folgezeit auswirken würden.

Konkret: In *Galater 4,21–31* gipfelt des Paulus Argumentation in einem theologischen Paukenschlag mit großer Wirkung, zutiefst ambivalent: Einerseits festigte Paulus mit dieser und ähnlichen Argumentationen die geistige Identität der zukünftigen Kirche mit ihrer Rede vom ‚neuen Bund', andererseits führte seine Argumentation zur Abwertung von Gottes Bund mit Israel.

Gal 4,21–31: Paulus liest 1. Mose 16 und interpretiert Sarah (die Freie) und ihren Sohn Isaak sowie ihre Magd Hagar (die Sklavin) und Ismael als zwei Gegensatzpaare mit Wertungen. Das Schema von Überbietung, Auf- und Abwertung wäre noch im Rahmen theologischer Streitfiguren verständlich gewesen (Nirenberg). „Doch dann kommt ein Erdbeben: Hagar und Ismael, Fleisch und Knechtschaft, werden mit dem Berg Sinai und dem ‚gegenwärtigen Jerusalem' assoziiert. Sarah und Isaak, Geist und Freiheit, sind ein neuer Bund und eine himmlische Stadt. […] Das mosaische Gesetz und das jüdische Volk und Reich, die es besitzen (das ‚gegenwärtige Jerusalem'), sind nicht die Erben der göttlichen Verheißung an Abraham, sondern werden als ‚auf natürliche Weise gezeugt' abgelehnt, verurteilt zu Knechtschaft und Exil. Dieses irdische Jerusalem soll verworfen und durch das himmlische ersetzt werden, das im Glauben an Jesus freigesetzt wurde" (Nirenberg, 68). In V. 27 zitiert Paulus Jesaja 54,1 („Sei fröhlich, du Unfruchtbare …" usw.). Das wahre Jerusalem, das nun ‚jubeln' soll, ist die Gemeinschaft der Christusglaubenden. Damit ist Israel faktisch enterbt! Diese tiefgreifende und grundsätzliche Infragestellung Israels und der der Tora versucht Paulus später im Römerbrief neu zu formulieren, soweit das von seiner theologischen Hauptlinie her möglich war. Dort kann er das ‚Gesetz' als von Gottes Geist (7,14) bezeichnen, will es ‚aufrichten' und keineswegs abschaffen (3,31). Der im Galaterbrief aufgeworfene Gegensatz wird sich in der Wirkungsgeschichte durchsetzen – mit z. T. hoch problematischen Folgen (Vgl. weiterführend zum Thema Kapitel VIII).

Die Vertreter der sogenannten *„new perspective on Paul"* (der neuen Sicht auf Paulus in Abgrenzung zur klassisch ‚lutherischen' Perspektive) legen Wert darauf, dass Paulus seine ‚Rechtfertigungslehre' nicht *gegen* Israel, sondern missionstheologisch im Interesse der *Inklusion* der nichtjüdischen Völker in den Bund Gottes entworfen hat. Es ging Paulus danach also gerade nicht um die Abwertung des nicht an Christus glaubenden Israel, sondern um die *Aufwertung* des bis dahin in Israel als gottlos oder götzendienerisch geltenden ‚Heidentums' der nichtjüdischen Völker! Die Ausführungen zu Gottes sich durchsetzender Gerechtigkeit sind aus dieser neuen Sicht auf Paulus nicht als Abgrenzung gegen Israel zu verstehen, sondern eröffnen eine neue Sicht auf Gottes universale Nähe und auf Völkerfreundschaft. Sie knüpfen damit an einige entsprechende Aussagen in der hebräischen Bibel etwa bei Jes (Völkerwallfahrt zum Zion Jes 2, vgl. Micha 4) an.

Paulus konnte aus theologischen und aus praktischen Gründen den nichtjüdischen Männern nicht abverlangen, mit der Beschneidung zuerst Juden zu werden, um dann mit der Taufe Christen werden zu können. Die Beschneidung galt im hellenistischen Umfeld als recht seltsamer Brauch und ein beschnittener Mann als nicht mehr makellos. Mit einer Beschneidung wäre zudem auch nach des Paulus pharisäisch geschultem Schriftverständnis die Verpflichtung zur Einhaltung des *ganzen* Gesetzes mit gemeint. Wer sich beschneiden ließ, war verpflichtet, die ganze Tora zu halten. Da Paulus diesen ursprünglich göttlichen Weg zur Gerechtigkeit faktisch als gescheitert ansah (Röm 1–3) und Gott in Christus den neuen Weg im Glauben eröffnet hatte, war die Beschneidung nicht nur für die dazukommenden Nichtjuden hinfällig, sondern eine Schwächung des Christusglaubens.

Die Theologin *Brigitte Kahl* setzt bei Paulus' Unterscheidung des „Evangeliums der Unbeschnittenheit" und des „Evangeliums der Vorhaut" (Gal 2,7) an und stellt sie in den *politischen* Kontext der damaligen Zeit im Römischen Reich:

- Das *„Evangelium der Beschneidung"* setze auf die strikte Einhaltung der jüdischen Tora im Sinne einer *Selbstrechtfertigung* des eigenen Standpunktes, der eigenen Identität *auf Kosten* der im Umkehrschluss abgewerteten und ausgeschlossenen *Anderen*.
  Paulus habe dagegen mit dem „Evangelium der Vorhaut" (s. u.) grundsätzlich die Möglichkeit eröffnet, den eigenen Wahrheitsanspruch nicht als Abwertung und Ausgrenzung der Andersglaubenden zu leben. Abgesehen davon, ob Kahl mit ihrer Sicht auf Paulus Recht hat, hat sich in der Geschichte aber genau diese Gesinnung von eigener Identität als Abwertung der Anderen durchgesetzt. Die Kirche – so Kahl – habe faktisch weitgehend das „Evangelium der Beschneidung", also der Ausgrenzung vorgeführt. Was im *paulinischen* Kontext bei Beschneidungsforderung der faktische Ausschluss der ‚Griechen' gewesen wäre, war in der von der *Kirche* dominierten Geschichte der Ausschluss der Juden (Antijudaismus), wahlweise die Abwertung der je anderen Konfession, der anderen Religionen, insgesamt der kulturell Anderen in der wertenden Entgegensetzung von einem selbst gegen Andere (Brigitte Kahl, Paulus und das Gesetz im Galaterbrief. Römischer Nomos oder jüdische Tora?, in: Ulrich Duchrow / Carsten Jochum-Bortfeld (Hg.), Befreiung zur Gerechtigkeit / Liberation towards Justice (Die Reformation radikalisieren / Radicalizing Reformation 1), Berlin 2015, 78–109 (Kahl)).
- Das *„Evangelium der Vorhaut"* fuße auf dem Evangelium von Christus und setze damit auf die göttliche Gnade (Rechtfertigung aus Glauben), die allen Menschen gälte und die die Glaubenden aus Israel und ‚Heidentum' (den nichtjüdischen Völkern) berufe und befähige, aus den Gefängnissen ihrer Vorurteile auszuziehen (in einem geistigen Exodus) und das doppelte Liebesgebot praktisch zu leben, auch und gerade in den politischen Kontexten: *Gerechtigkeits-Werke statt Werk-Gerechtigkeit* (Kahl, 94).
- Für Rom waren die religiösen Angelegenheiten der unterworfenen Völker so lange tolerierbar, als die grundsätzliche Loyalität der Provinzen, Protektorate usw. gesichert schien. Das paulinische „Evangelium der Vorhaut" (Kahl) war aber prinzipiell kritisch gegenüber dem Imperium Romanum, das auf klaren Hierarchien, Abhängigkeiten und Gewalt aufgebaut war.

Wir Heutigen müssen konzedieren, dass eine damals möglicherweise tragfähige Lösung erst im Fortgang der Kirchengeschichte wirklich zerstört worden ist, als man einander verfluchte und den anderen prinzipiell vom göttlichen Heil ausschloss. Trotzdem ist die Spurensuche nach Bruchstellen schon bei Paulus legitim und nötig. Eine Theologie nach der Schoa sollte nicht an Paulus vorbei, sondern u. a. mit Paulus gedacht werden.

Um den Dissens in der Darstellung des sogenannten ‚Aposteldekrets' zwischen Gal 2 und Apg 15 zu verringern, haben Exegeten vorgeschlagen, die Auflagen nach

Apg 15,28ff. (vgl. Apg 15,19) als rein ethische Regeln zu verstehen, als eine Art moralisches Trostpflaster für die beim Apostelkonvent unterlegene Partei der Jerusalemer. Dann hieße die Botschaft: Tut ihr, Paulus und Barnabas, bei eurer Mission, was ihr im Namen Gottes zu tun gedenkt, aber achtet auf ein paar moralische und rituelle Vorschriften der Tora!

Diese Argumentation ist nicht stichhaltig: Mit den rituellen Vorschriften, insbesondere mit der Warnung vor dem Kontakt mit Götzen etwa beim Fleischkonsum (viel Fleisch auf dem Markt stammte von rituellen Opfern) ist für Juden (und Judenchristen) das 1. Gebot im Spiel! Paulus versucht in seinen Briefen nach Korinth und Rom, in Bezug auf ethische Fragen, speziell den Fleischkonsum, den ‚Starken' im Glauben Rücksichtnahme auf die ‚Schwachen' im Glauben beizubringen. Das war der tapfere Versuch, den Graben zu überbrücken, den das „Evangelium der Vorhaut" gegenüber dem „Evangelium der Beschneidung" aufreißen musste. Petrus (Kephas) hat sich in Antiochia zunächst auf die Seite des Evangeliums der Vorhaut begeben, als er offensichtlich problemlos mit den Unbeschnittenen Tischgemeinschaft haben konnte. Als aber Abgesandte aus Jerusalem im Namen des Jakobus die Gemeinde visitierten, sprang er über den Graben auf die andere Seite zum Evangelium der Beschneidung. Des Paulus Widerstand gegen Petrus (Gal 2) zeigt seinerseits, dass es ihm auch bei den Speise- und Reinheitsgesetzen um eine Anfrage an das *Ganze* ging. Tragik? Schuld? Damals war der Konflikt unvermeidlich und unlösbar.

Nach dem offenen Konflikt (Bruch?) mit Petrus wird Paulus Antiochia, das ihm lange Heimat und Ausgangspunkt für seine Mission war, für immer verlassen.

2.3 Das zerrissene Tischtuch: Der antiochenische Konflikt

Gemeinsam zu Tisch sitzen war für Juden kein rein profaner Akt, sondern Ausdruck der Gemeinschaft des Volkes Gottes. Das nach den *Speise- und Reinheitsvorschriften* hergestellte (koschere) Essen und das Ritual der Mahlzeit führte dazu, dass sich Juden schwer taten, mit Nichtjuden an einem Tisch zu essen. Niemand konnte nachprüfen, ob das von diesen bereitgestellte oder mitgebrachte Essen koscher und ob ein Minimum an Reinheitsvorschriften eingehalten worden war. In *Antiochia* lebte die Gemeinschaft der Christusglaubenden schon vor der Ankunft des Paulus selbstverständlich eine uneingeschränkte Tischgemeinschaft zwischen Juden (Beschnittenen) und Nichtjuden (Unbeschnittenen). Die wahrscheinlich von hellenistisch geprägten christusgläubigen Juden gegründete Gemeinde knüpfte damit an die *Praxis Jesu* an, dessen Tischgemeinschaften alle Sünder umfassten, in letzter Konsequenz damit auch ‚unreine' Menschen aus den nichtjüdischen Völkern.

Vielleicht schon die frühe antiochenische Gemeinde, spätestens aber der Apostel Paulus hat im christlichen Geist die von Jesus selbst noch primär auf das Volk Israel bezogene Erneuerung der menschlichen Gemeinschaft universalisiert.

Von dem Überschritt des Bundes Gottes über Israel hinaus erzählt Markus in Mk 7,24–30: Diese Erzählung spiegelt die Erinnerung der ersten Christusgläubigen an die revolutionäre Wende, die mit Jesus eintrat: Eine nichtjüdische Frau bringt in einem Streitgespräch den jüdischen Wanderprediger Jesus mit einem Bild vom Tisch für alle (auch für die ‚Hunde' = die ‚Heiden' unter dem Tisch) dazu, mit seiner Sendung nicht nur zum Haus Israel, auch das Wohl und Heil der nichtjüdischen Völker in den Blick zu nehmen. Zum geographischen Kontext passend (in Tyros außerhalb Israels) spielt die Bildebene der von der Frau erzählten Analogie auf ein nichtjüdisches Mahl an, bei dem tatsächlich die Hunde unter dem Tisch nach Beute lauern konnten – für Juden aus Reinheitsgründen undenkbar! Das heißt: Mk 7 erzählt eine Geschichte, in der Jesus auf das Argument einer ‚heidnischen' Frau hört und sich dabei auf deren jüdisch unvorstellbare Vorstellung einer Mahlzeit mit Tieren einlässt: Hunde unterm Tisch …!

Die von dem Jesus *‚nach'* seiner Begegnung mit der syro-phönizischen Frau inspirierte antiochenische Praxis der Tischgemeinschaft von Beschnittenen und Unbeschnittenen war für jüdische Christusleute auf der Linie des Jesus *‚vor'* seiner ‚Bekehrung' durch die ‚heidnische' Frau (!) aus zwei Gründen nicht zu tolerieren:

- Die Tischgemeinschaft war mit einer strengen Toraobservanz (Einhaltung möglichst *aller* Gebote und Regeln der Tora) nicht zu vereinbaren.
- Die Hausherren gemischter Tischgemeinschaften werden nicht immer koschere Mahlzeiten garantiert haben.

Abgesehen von den *„falschen Brüdern"*, die sich „eingeschlichen" hätten, um „unsere Freiheit" auszuspionieren (Gal 2,4) musste auch *Jakobus* Zweifel hegen, ob der auf dem Apostelkonvent vereinbarte Weg (welcher auch immer, s. o.) auf Dauer gangbar war. Zeigte sich beim antiochenischen Konflikt die *Sollbruchstelle* zwischen Israel und Kirche?

In dem Konflikt haben die von Paulus denunzierten ‚falschen Brüder' wichtige Gründe für ihre Intervention in Galatien. Ob sie mit den Jakobusleuten identisch sind oder ob sie besonders radikale Hardliner waren, lässt sich nicht mehr ausmachen. Ihre Anfragen brachten jedenfalls *Petrus* ins Wanken und verführten ihn aus Sicht des Paulus zu einer Maskerade, zur Heuchelei (Gal 2,12). Ob Petrus (Fels, „Kephas" nennt ihn Paulus im aramäischen Idiom ehrenvoll) von einer konsequent jüdischen Haltung überzeugt wurde oder aus Angst vor Jakobus eine ihm selbst eigentlich fremde Haltung „heuchelte" (wie Paulus zu unterstellen scheint), muss offen bleiben. *Petrus und Barnabas* verweigerten jedenfalls die Tischgemeinschaft mit den unbeschnittenen Gemeindegeschwistern. Das Tischtuch war zerschnitten.

Dabei muss auch gefragt werden, ob nicht auch die Jakobusleute, Petrus und Barnabas missionstheologische Gründe hatten, die antiochenische Tischgemeinschaft infrage zu stellen. Aus ihrer Sicht konnte eine allzu freizügige Praxis den Zusammenhalt von Israel und Christusgemeinde (gr ekklesia = Herausgerufene!) und damit die Möglichkeit gefährden, im Namen des geborenen Juden Jesus zu missionieren (Eduard Lohse, Paulus. Eine Biographie, München 2. Aufl. 2009 (Lohse), 92).

2.4 Beschneidung politisch – der Konflikt um die neue Welt

Schon im *antiochenischen Konflikt* ging es um *die* Existenzfrage von Israel und späterer Kirche, von jüdischem und christlichem Glauben. Brigitte Kahl (Kahl, 99ff.) weitet den Blick über die im engeren Sinn rituelle und ‚religiöse' Dimension des Streits in die damalige große Politik.

Im Kontext des damaligen römischen Imperiums war es den römischen Herrschern und den politisch maßgeblichen jüdischen Kräften wichtig, den sensiblen Status quo zu sichern. Rom hatte den Glauben Israels offiziell als *‚religio licita'* (erlaubte Religion) unter Schutz gestellt. Dazu gehörte die Befreiung vom rituell zu verrichtenden *Kaiserkult*. Allerdings galt im Gegenzug die von Rom auferlegte Verpflichtung, dass im Tempel von Jerusalem täglich für den Kaiser (und damit das Reich) geopfert wurde (Kahl, 101f.). Die Einhaltung der Tora (gr. nomos) und die römische Gesetzgebung (lat. lex, gr. nomos) wurden auf höchster politischer Ebene zu einer pragmatischen Liaison verknüpft. Aus der Sicht Roms war die *‚pax romana'* (der römische Friede), errichtet auf der Gewalt der Soldaten, wirtschaftlicher Ausbeutung und dem Organisationstalent der römischen Elite, die bestmögliche Weltordnung. Der Kaiser nannte sich ‚Sohn Gottes', Herr und Retter (vgl. Lk 2, wo Lukas den Retter-Begriff für das Jesuskind neu definiert). Rom herrschte durch perfekte Anwendung des Prinzips ‚Divide et impera' (teile und herrsche). In dieser Situation war die messianische Idee des Paulus von einer völkerumspannenden und alle soziale Unterschiede im Prinzip egalisierenden hierarchiefreien Beziehung ‚in Christus' (Gal 3,28) ein Störfaktor (und möglicherweise der Grund für die spätere Verurteilung und Ermordung in Rom, d. Vff.). Die römische wie die jüdische Herrschaft waren herausgefordert, dieser „Ökumene von unten" etwas entgegenzusetzen (Kahl, 102). Die „illegale Ausweitung des jüdischen Monotheismus von beschnittenen auf unbeschnittene römische Untertanen" (Kahl, 103) war eine Provokation für die römische Herrschaft wie anders auch für die Jerusalemer Gemeinde. Aus dieser Perspektive musste Jerusalem *entweder* die Beschneidung fordern, damit die neuen Christusanhänger auch gegenüber Rom rechtmäßige Juden wurden, *oder* aber sie hätten ohne den Schutz der religio licita allen römischen Verpflichtungen (Kaiserkult) nachkommen müssen, was für Christen im Prinzip so unmöglich wie für Juden war (Kahl,

104). Kahl vermutet im „Hintergrund“ von Gal 4,8–10 eine paulinische Anspielung auf den Fest- und Opferkalender der Kaiserreligion (Kahl, 104f.).

Faktisch trafen demnach die theologisch motivierten Interessen der Jerusalemer zusammen mit den politischen Interessen Roms. Paulus aber, der die Gruppe der von ihm Missionierten keinesfalls vom Judentum abspalten wollte, bewirkte genau das; denn unbeschnittene Christusleute hätten von den Jerusalemer Gemeindeführern wohl kaum im Tempel geduldet werden können. Paulus überschreitet im Namen und Geist des *Sohnes Gottes* die politisch-religiösen Kompromisse und Realitäten. Er setzt die Christus-Logik gegen die Logik des ‚Gesetzes‘ von Israel und von Rom. Der Jude Paulus sieht einen messianischen Weg in die Zukunft einer *neuen* Welt, den seine Gesprächspartner nicht mitgehen wollten oder konnten. Er sah in seinen Gemeinden eine *Wirklichkeit Gottes, die die Trennungen zwischen den Völkern und Religionen in der Auferstehung buchstäblich aufhebt.* Im Christusereignis ging es für Paulus um ein reales Geschehen, um ein neues Leben in einem neuen ‚spirit‘ (gr. pneuma = Geist Gottes). Dieser Spirit bestimmte seiner Auffassung nach das Leben der Christusglaubenden.

Bis zuletzt rang Paulus um die Einheit von Israel und Christusgemeinschaft unter dem einen Gott: „Denn Gott hat alle eingeschlossen in den Ungehorsam, damit er sich aller erbarme. O welch eine Tiefe des Reichtums, beides, der Weisheit und der Erkenntnis Gottes! Wie unbegreiflich sind seine Gerichte und unerforschlich seine Wege! Denn ‚wer hat des Herrn Sinn erkannt, oder wer ist sein Ratgeber gewesen‘? (Jes 40,13). Oder ‚wer hat ihm etwas zuvor gegeben, dass Gott es ihm vergelten müsste‘? (Hiob 41,3). Denn von ihm und durch ihn und zu ihm sind alle Dinge. Ihm sei Ehre in Ewigkeit! Amen.“ (Röm 11,32 ff, LT).

Im Brief an die römische Gemeinde (Röm 9–11) hoffte Paulus, dem Missverständnis, Israel sei verworfen worden (vgl. 1. Thess 2,14) einen Riegel vorgeschoben zu haben. *Römer 11,32ff.* endet in ekstatisch geschriebenen Worten als ein Hymnus auf die Wahrheit Gottes, die die geschichtlichen Widersprüche zwischen Israel und Völkerwelt und den konkurrierenden Wahrheitsansprüchen weit übersteigt. Paulus zitiert den Schluss des Jesajabuches, in dem die spätexilischen Propheten (ca. 540 v. Chr.) unter dem Namen des Jesaja versuchen, die Katastrophe des babylonischen Exils mit einer neuen Sicht auf Gottes universales Rettungshandeln zu verarbeiten. Der die schuldige Tat vergeltende Gott wird von diesen Propheten zum Schweigen gebracht zugunsten des Gottes, der seinem Volk heilvoll entgegenkommt: „Tröstet, tröstet mein Volk …“. Die Lösung des auf Erden jedenfalls zur Zeit des Paulus ungelösten und vielleicht unlösbaren Problems ist in Röm 11,32ff. als göttliche Erlösung anvisiert. Im Hymnus wird vorab gefeiert, was nach irdischer Logik nicht gelöst werden kann, jedenfalls tatsächlich nicht friedlich gelöst wurde.

Das *Hiobzitat* in Röm 11,35 ist Gottesrede und lässt assoziieren, dass Hiob am Ende von eben diesem Gott, der Hiob zunächst alles nimmt, ins Recht gesetzt wird (Hiob 42,7ff.). Hiob wird rehabilitiert trotz der zuvor erfolgenden Gottesrede, die ihn in die Schranken des Geschöpfs weist (Hiob 40 u. 41, vgl. Hiobs Antwort 42,1–6). Hier wird wie in der abgründigen Geschichte von der Bindung Isaaks (1. Mose 22) *Gott gegen Gott* gedacht: Der gerechte Gott setzt sich auf Seiten des Hiob gegen das Bild eines monströs wirkenden Gottes durch, der sich auf ein teuflisches Spiel mit dem Satan eingelassen hatte auf Kosten des gerechten Hiob (Hiob 1,6–2,9).

3. *Freie und Sklavin? – zum jüdisch-christlichen Dialog und darüber hinaus*

Das Loblied auf Gott Röm 11,(32).33–36 bleibt mehrdeutig. Lesarten sind:

- Gott wird es auf seine Weise fertig bringen, dass das Israel, das offensichtlich nicht an Christus glaubt, eines Tages doch ‚in' bzw. ‚mit' Christus sein wird und also Jesus als den Christus annehmen wird.
- Gott wird sich ganz Israels „erbarmen" („aller"). Wie Gott das anstellt, ob dazu der ‚Glaube' quasi als neues ‚Gesetz' erforderlich ist oder der Annahme durch Gott folgt oder sich dann die ganze Frage eines vorausgehenden oder nachfolgenden menschlichen Handelns (und Glaubens) in Gottes Liebe und Barmherzigkeit erledigt, es also ganz und gar Gottes Angelegenheit bleibt, muss unbeantwortet bleiben.
- Drittens ließe sich denken, dass Gott zwei verschiedene Bünde initiiert hätte – einen originären mit Israel und einen anderen neuen Bund mit der nichtjüdischen Völkerwelt. Dieser Gedankengang könnte sich auf *Gal 4,21–31* stützen, wo Paulus anhand von Sarah/Isaak und Hagar/Ismael von zwei Bundesschlüssen spricht.

Die Gegenüberstellung von einem alten und einem neuen Bund, die sich an Gal 4 und andere neutestamentliche und alttestamentliche (z. B. Jeremia 31) Texte anschließen kann, hat eine insgesamt problematische Wirkungsgeschichte gehabt. Die Rede vom alten und neuen Bund ist eine Auslegung von *Gal 4*, wo Paulus den Bund Gottes mit der freien *Sarah* abhebt vom Bund mit ihrer Magd *Hagar*.

Für Leser und Leserinnen, die in griechisch-philosophischer Manier (Wahrheit ist prinzipiell und entweder-oder) zu denken gewohnt waren, bedeutet diese auch nach jüdischen Maßstäben gewagte Gegenüberstellung eine Art Heilsgarantie für Sarah (die Kirche) und einen Ausschluss vom Heil für Hagar (die Synagoge). Entsprechende Skulpturen findet man an Portalen gotischer Kathedralen.

Nach 70 Jahren jüdisch-christlichem Dialog und mit einem durch die Katastrophe von Auschwitz geschärften Blick erkennen wir in den biblischen Texten selbst die wegweisenden Stellen, an denen die Lesenden sich selbstkritisch fragen müssen:

Welche Lesart dieses Textes will ich heute *verantworten*? Von Israel als von der Sklavin und von der Kirche als der freien Herrin zu reden, ist Christen nicht erst nach Auschwitz untersagt.

Evangelikale Christen weisen hin auf sich selbst so nennende *„messianische Juden"* und fordern zu missionarischem Einsatz gegenüber Juden auf. Sie legen sich damit auf eine Interpretation der paulinischen Aussagen fest, deren Wirkungsgeschichte sie offensichtlich nicht in den Blick nehmen. Im Vorfeld des *Deutschen Evangelischen Kirchentags in Stuttgart 2015* gab die Evangelische Kirche in Deutschland (EKD) eine Stellungnahme heraus, in der sie die Judenmission erneut ablehnt (s. Materialpool im Internet). In der Liturgie der katholischen Kirche hatte eine Karfreitagsfürbitte jahrhundertelang von den „treulosen Juden" gehandelt. Seit dem 2. Vaticanum (1962–1965) lautet der Text: „Lasst uns auch beten für die Juden, zu denen Gott, unser Herr, zuerst gesprochen hat. Er bewahre sie in der Treue zu seinem Bund und in der Liebe zu seinem Namen, damit sie das Ziel erreichen, zu dem sein Ratschluss sie führen will." Für Proteste von jüdischer Seite sorgte Papst Benedikt 2008, als er im Rahmen der Wiederzulassung des alten tridentinischen Messritus zwar eine abgeschwächte Formulierung vorgab, aber sinngemäß wieder für die Erleuchtung der Herzen der Juden beten ließ, damit sie Jesus Christus als Heiland aller Menschen anerkennen könnten (www.domradio.de/themen/judentum/ 2015-06-22/neue-debatte-ueber-die-karfreitagsfuerbitte).

Heute muss der Blick über den jüdisch-christlichen Dialog hinaus den Islam einbeziehen. Nicht nur auf akademischem Niveau und auf Kirchentagen, sondern in und zwischen Kirchengemeinde, Synagoge und Moscheegemeinde muss es verbindliche Gespräche über Gemeinsamkeiten und Unterschiede im Glauben und beim Lebensstil geben. Die Integration der meistens muslimischen Flüchtlinge bietet dafür eine unverhoffte Chance!

Jan Assmann (Exodus. Die Revolution der Alten Welt, München 2015, 111ff.) unterscheidet für die Theologie Israels nach dem babylonischen Exil einen *„Monotheismus der Treue"* von einem *„Monotheismus der Wahrheit"*. Beim ersteren führe rund um den erzählten Mythos vom Exodus und Bundesschluss am Sinai samt Bilderverbot und Kampf gegen konkurrierende ‚Götter' (= Götzen, s. die Episode vom ‚goldenen Kalb') die Treue Israels zur u. U. gewaltsamen Exklusion derer, die JHWH durch Götzendienst die Treue aufkündigen oder in das Treueverhältnis erst gar nicht aufgenommen sind. Streng genommen könne man hier noch nicht von Monotheismus sprechen. Erst der „Monotheismus der Wahrheit", wie er von den exilischen und nachexilischen Propheten, insbesondere Deuterojesaja, vertreten wurde, sei Monotheismus im präzisen Sinn des Wortes: Es gibt nur einen Gott aller Menschen und Völker. – Assmanns Unterscheidung wirft ein überraschendes Licht auf Paulus in den galatischen Konflikten um Reinheitsgebote und Beschneidung. Mit seiner Betonung des Glaubens als in Treue gehaltene Bindung an den einen Gott, der ihm mit Jesus Christus offenbart wurde, führt Paulus auf der Linie eines „Monotheismus der

Wahrheit“ Israels Glauben auf die Spitze: Die von Paulus vertretene „Wahrheit“ des „Evangeliums“ verträgt sich weder mit der Exklusion der Fremdvölker, noch mit hierarchischen Unterscheidungen von Reinheit innerhalb des Bundesvolkes selbst (wie die nachexilische Priesterschrift sie im Zusammenhang der Bundestheologie einführt); denn der eine Gott Israels ist der Gott aller Menschen und Völker. Die ‚Treue‘, die dieser Gott nicht als Gegenleistung ‚fordert‘, sondern in seiner Liebe durch den Christus Jesus schenkt, ist nach Paulus der ‚Glaube‘ als das Vertrauen der Menschen in die Treue Gottes. Beispielhaft an der Figur Abrahams hat der eine Gott allen Menschen seine Treue erwiesen. Die Bindung an Jesus Christus im ‚Glauben‘ (gr. pistis) öffnet Paulus den Blick für die universale Inklusion der Welt in Gottes Treue. Der Glaube ist keine Heilsbedingung, schon gar nicht ein ‚Werk‘ des Menschen, auch kein Ersatz für gute Werke (die Paulus nach wie vor fordert), sondern ist die gelebte Beziehung zu diesem Gott der Treue. Röm 10,10f. formuliert mit Bezug auf Jes 28,16 in der Fassung der LXX: „... jeder, der an ihn glaubt, wird nicht zuschanden werden“. Der Gegensatz eines Monotheismus der Wahrheit zu einem Monotheismus der Treue ist bei Paulus aufgehoben. Die Exklusivität Israels ist aufgehoben, ohne dass Paulus Israels besondere Würde und Funktion als die ‚Wurzel‘ (Röm 9–11) aufgehoben sähe – als die Wurzel, aus der der Sohn Gottes als der Sohn Davids stammt und der sich als der Christus, als der Sieger über das Böse und den Tod erweisen wird.

4. *Methodisch*

4.1 Paulusbilder auslegen (10 Min.)

Das Bildmaterial finden Sie im Materialpool auf der Internetseite. Drucken Sie die Bilder in guter Qualität auf Fotokarton DIN A4 aus und legen Sie sie auf einem schlichten Tuch oder Teppich in der Mitte des Stuhlkreises aus. Es sollte eine Auswahl in gedruckter Form zur Verfügung stehen, so dass jede/r TN ein Exemplar in Händen halten kann.

Die Aufgabe ist ganz schlicht: „Nehmen Sie sich ein Bild, schauen Sie es sich an. Was fällt Ihnen an der Darstellung des Paulus auf? Was ist Ihnen evtl. neu? Was finden Sie ggf. befremdlich, weiteren Nachdenkens wert?“ – Austausch als Blitzlicht.

4.2 Die Wahrheit des Evangeliums (Gal 2,5) als die Wahrheit der einen und die Wahrheit der anderen (Gruppenphase und Plenum, insgesamt 60 Min.)

- Gruppenfindung zügig nach Wahl und Räumen. Gruppengröße von 8–10 Personen nicht überschreiten! 3 Min.
- L erzählen ihrer Kleingruppe das Nötige aus dem historischen und theologischen Hintergrund des antiochenischen Konfliktes. Max. 5 Min.
- Die Gruppe(n) lesen Gal 2,11–21 und denken sich in die Rollen und Charaktere Kephas und Paulus hinein.
- L beantworten Rückfragen zum Verständnis, soweit sie für das Verstehen der Rollen unerlässlich sind.

Insbesondere sollte als Information zur Verfügung stehen:

- Zeittabelle zu Paulus (s. o.)
- Vergleich der Unterschiede von Paulus' eigenen Aussagen und Apg in Bezug auf ein eventuelles „Dekret“ beim Aspostelkonvent: Apg 15,29 versus Apg 2,5f. („nichts auferlegt“)

- Austausch in der Gruppe über die Profilierung der Rollen des Paulus und des Kephas.
  - In Anbetracht der überaus komplexen Ausgangslage sollten L in die Rollen wenigstens von einem Kephas (in irgendeiner Gruppe, wenn es mehrere geben sollte) und einem Paulus schlüpfen.

Hier geht es nicht um echte bibliodramatische Einfühlung in Kephas und Paulus. Allerdings erlaubt auch ein positionelles Rollenspiel eine ungefähre Einfühlung bzw. für die Zuschauenden Wahrnehmungen auch auf der Gefühlsebene.

- Unterstützergruppen „für Paulus“, „für Kephas“ werden gebildet, deren im Spiel vorzutragende Argumente gesammelt und auf Karteikarten fixiert und verteilt.
- „Im Angesicht ihm entgegen“ – Konfrontation im Plenum – 20 Min.
  - Auftritt im Plenum: Alle Kephas und Paulus aus allen Gruppen bekommen ein Namensschild und setzen sich in ihren Parteien einander gegenüber (2 x nicht ganz durchgezogener Halbkreis). Hinter ihnen sitzen die ‚Hinterbänkler‘, die Anhänger(-innen) und Unterstützenden ihrer Galionsfigur.
  - Ein L spielt Gastgeber und eröffnet das kleine Symposion, sozusagen als inoffiziellen kleinen Apostelkonvent in Antiochia. L gibt zunächst Kephas, dann Paulus das Wort. Danach lädt L die Parteigänger(innen) ein, ihre Empfindungen und Argumente in den Disput einzubringen. Evtl. kann L spontan z. B. die Rolle des Jakobus übernehmen.

4.3 Das theologische Erdbeben (Auswertungsgespräch, 40 Min.)

L leiten die Auswertung.

4.3.1 Nachbereitung zum Spiel

(Auf Zeiteinteilung achten: höchstens 15 Min. für diesen Teil!)

- Frage an die Kontrahenten erster Reihe (Kephas und Paulus) nach
  - Befinden (Gefühl).
  - wie geht es nun weiter in Antiochia (Wunsch, Einschätzung, Prognose, Plan)?
  - Entsprechende Fragen an die Sympathisierenden.
  - Die Kephas-Gruppe und die Paulus-Gruppe formulieren je einen Wunsch bzw. eine Aufforderung an den Kontrahenten.

4.3.2 Das theologische Erdbeben

- L bringen Gal 4,21–31 ein (Lesen, Text verteilen – in einer Übersetzung Ihrer Wahl)
- L informieren über den jüdisch-christlichen Dialog in Deutschland nach 1945
- L formulieren aufgrund des vorhergegangenen Gesprächsprozesses eine Frage für das Schlussgespräch, z. B.(!): „Wie verstehen Sie des Paulus Ausführungen über Sarah und Hagar heute im Kontext des jüdisch-christlichen Dialogs?“

Dass die Diskussion nach 25 Min. wahrscheinlich mittendrin abbrechen wird und wohl keine alle befriedigende Lösung gefunden ist, gehört zur Sache und ist gewollt.

4.4 Lesung (10 Min.)

Lesung aus einem Wort der Evangelischen Kirche in Deutschland (EKD) vom November 2015 zu Luther und den Juden. Sie finden einen Textauszug sowie den Link zum Volltext im Internetpool.

Alternativ dazu kann der Text „Christen und Heiden“ von Dietrich Bonhoeffer vorgetragen werden, auch diesen Textauszug finden Sie im Materialpool im Internet. – Bonhoeffer stellt in traditionell abendländischer Diktion (also nicht im paulinischen Sinne!) ‚Christen‘ und ‚Heiden‘ (im Sinne von Nichtchristen) begrifflich gegenüber. Interessanterweise wird die christliche Freiheit und Wahrheit, der Glaube der Christen aber inhaltlich als Dienst an allen Menschen (auch den ‚Heiden‘) beschrieben: „Christen stehen bei Gott in Seinen Leiden.“ Und dieser Gott (Christus) „vergibt ihnen beiden“. Diese Teilnahme am Leiden Gottes in der und an der Welt ist das den Christen aufgetragene Gebot. Das ist ihr „Werk“. Sie nehmen damit teil an der permanenten Menschwerdung Gottes in und durch Jesus. Für Bonhoeffer sind Inkarnation, Kreuz und das Leben des Auferstandenen nicht geschehen damals vor 2000 Jahren, sondern was „ein für alle Mal geschehen ist“ (nach dem Hebräerbrief), geschieht heute und geschieht weiter in der Zeit, bis Gott die Zeit der Weltgeschichte eines Tages vollendet. Möglicherweise ‚funktioniert‘ Bonhoeffers Gedicht heute im Kontext der Diskussion um Christen und Muslime!

- Einmal vorlesen
- Pause
- Ein zweites Mal lesen.

IV. Ins Leben getauft

Übersicht (120 Min.)

Zeit	Phase	Methode und Sozialform	Inhalt
10 Min.	Einstieg, um ein Taufbecken	Blitzlicht Taufe Plenum	Assoziationen zum Thema
15 Min.	Erarbeitung I Konfrontation	Dramatisches Spiel Plenum	„alte" Taufliturgie
20 Min.	Erarbeitung II	Lesen von Auszügen aus Röm 6 nach Methode „Bibelteilen", Gruppen	Röm 6
45 Min.	Erarbeitung III	Erörterung Angeleitete Diskussion Gruppen	„dass unser alter Mensch mitgekreuzigt worden ist" – „in Christus sein" – „mit" Christus – Christusraum
20 Min.	Bündelung	Präsentation Plenum	Reflexion eines radikalen Taufverständnisses
10 Min.	Ausklang	Segenszeichen mit Wasser Plenum	

Werkzeuge und Material

- Wasserschale
- 2 Alben oder weiße Umhänge
- zwei verschiedene gute Duftöle in offenen Schalen
- blaue Tücher
- für die Teilnehmenden der Bibeltext Röm 6 (Materialpool)

Prolog

Paulus meint erfahren zu haben, dass der Geist Gottes (gr. pneuma) die Schöpfung durchweht und den Menschen in der Taufe neu schafft. Dieses radikale Verständnis von Geist und seinen Wirkungen wird heute als ‚charismatisch' gefeiert oder auch beargwöhnt. Möglicherweise gibt es Ambivalenzen im Verständnis von ‚Geist' und ‚Taufe', die bis in die Anfänge im Urchristentum bei Paulus hineinreichen.

1. Römer 6

3 Aber wisst ihr nicht, dass alle, die wir (hinein) in Christus Jesus getauft, in seinen Tod (hinein) getauft worden sind? 4 So sind wir ja mit ihm mitbegraben worden durch die Taufe in den Tod, damit wir, so wie Christus auferweckt worden ist aus (von) Toten (her) durch die Herrlichkeit des Vaters, in der Lebensneue wandeln.
5 Wenn wir nämlich mit ihm zusammengewachsen sind und ihm gleich in seinem Tod (in der Harmonie seines Todes), so werden wir gleich sein, in der Auferstehung.
6 Dieses indem wir wussten, dass unser alter Mensch mitgekreuzigt worden ist, damit entkräftet wurde der Leib der Sünde, so dass wir nicht länger mehr der Sünde dienen. 7 Der aber gestorben war, ist frei geworden von der Sünde. 8 Wenn wir aber gestorben sind mit Christus, so glauben wir, dass auch wir leben werden mit ihm,
9 wissend, dass Christus, nachdem er auferweckt worden ist aus Toten, nicht mehr stirbt; ein Tod über ihn nicht länger herrscht. 10 Was er nämlich gestorben ist, das ist er der Sünde gestorben, ein für alle mal; was er aber lebt, lebt er für Gott. 11 So auch ihr wisst, dass auch ihr tot seid gegenüber der Sünde und Lebende (für) Gott in Christus Jesus. 12 Nicht soll nun die Sünde herrschen in eurem sterblichen Leib, damit ihr seinem Verlangen nicht gehorcht. 13 Auch stellt Glieder nicht der Sünde als Waffen des Bösen zur Verfügung sondern stellt euch (nun) Gott zur Verfügung wie aus Toten lebend geworden und eure Glieder als Waffen der Gerechtigkeit. 14 Denn Sünde wird nicht Herr sein über euch. Weil ihr nicht unter dem Gesetz seid, sondern unter der Gnade.

2. Auf Spurensuche: zur möglichen Vorgeschichte der christlichen Taufe

Die christliche Taufe schöpfte nicht aus dem Nichts. Sie speiste sich aus unterschiedlichen Vollzügen ihrer rituellen Umwelt. Die paulinischen Briefe setzen die Taufe bereits voraus. Allerdings praktizierte die älteste Christenheit „nach allem, was wir wissen“ keine Kasualien (Avemarie, 858).

Im *hellenistisch-römischen* Umfeld wurden Mysterienkulte gefeiert (gr. mystérion = Geheimnis), die als geheime Initiationsriten (= Eingangszeremonien) gestaltet waren, z. B. im *Isis- oder Osiriskult*: Mit Vollzug des Ritus wurde der Anfänger Mitglied der Gruppe und gelangte so in den Bereich des Heiligen. Im Zusammenhang mit dem römischen *Mithraskult* (für 95 n. Chr. belegt), hat man in den Mithräen, den Stätten des Kultes, Taufbecken gefunden, die den christlichen ähnlich waren.

Diese antiken Initiationen wurden in einander ähnlichen Liturgien vollzogen:

- Eidesformel zur Wahrung des Geheimnisses
- Einweihungszeremonie verbunden mit Waschungen
- Simulation des Todes (z. B. als szenisch gestalteter Abstieg in ein Totenreich)
- Visuelle Offenbarung in einem Mysterienspiel durch Zeigen beleuchteter Gottheiten, heiliger Gegenstände
- Aufnahmeritual (heilige Speisen als Symbol der Wiedergeburt).

Die christliche Taufe ist aber wohl eher im *jüdischen* Umfeld, genauer im palästinisch-syrischen Raum entstanden. Rituelle Waschungen und Tauchbäder waren im Judentum üblich (auch bei den Essenern und in Qumran). Allerdings handelte es sich hier um rituelle Waschungen, die immer wieder neu und an sich selbst vorgenommen wurden (vgl. Alfons Fürst, in: Franz Xaver Bischof / Thomas Bremer / Giancarlo Collet / Alfons Fürst, Geschichte des Christentums, Freiburg 2014 (Fürst), 102).

Ein besonderes Ritual ist das Tauchbad der Proselyten (die sogenannten ‚Gottesfürchtigen', die – ohne Juden zu sein – am israelitischen Kult teilnahmen und sich der Tora verpflichtet fühlten). Über die Entstehungszeit gibt es unterschiedliche Vermutungen. Während Avemarie die *„Proselytentaufe"* frühestens für die Zeit nach der Tempelzerstörung (70 n. Chr.) für wahrscheinlich hält (Friedrich Avemarie, Art. Taufe II., NT, RGG 4, VIII, 2005, 52–59), wird anderweitig vermutet, dass Paulus dieses jüdische Ritual bereits kannte (Michael Wolter, Paulus. Ein Grundriss seiner Theologie, Neukirchen 2011 (Wolter), 131). Wer da wen befruchtet hat, kann dahin gestellt bleiben. In jedem Fall geben diese Beobachtungen Auskunft darüber, dass das Tauchbad als Eingangsritus auch dem Judentum nicht vollkommen fremd blieb. Ein wesentlicher Unterschied zur christlichen Taufe ist jedoch, dass der Mensch jeweils sich selbst untertauchte, keine taufende Person handelte.

Im babylonischen Talmud (jebhamot fol. 45–47) heißt es dazu: „Ein Mann wird beschnitten und, nachdem die Wunde der Beschneidung geheilt ist, zur Taufe geführt. […] Gebote werden ihm von Rabbinern vorgehalten […]. Danach taucht der Proselyt selbst ganz in das Wasser und steigt als vollkommener Israelit heraus. Eine Frau wird […] von Frauen ins Wasser geführt; hinter dem die Tür bildenden Vorhang stehen die […] gesetzlichen Zeugen. Die Proselytin wird bis an den Hals ins Wasser geführt; während sie so steht, halten jene, ohne sie zu sehen, jedoch für sie hörbar, die Belehrung über die Gebote. Dann taucht sie selbst auch den Kopf unter Wasser […]. (sammlungen.ub.uni-frankfurt.de/freimann/content/pageview/1221434.)

Das Aufnahmeritual der Proselyten wurde aus 2. Mose 19,10 hergeleitet („Da sprach der HERR zu Mose: Geh zum Volk und sorge dafür, dass sie sich heilig halten heute und morgen: Sie sollen ihre Kleider waschen" Z). Auch heute ist ein Ritualbad (Mikwe) bei der Konversion zum Judentum vorgesehen. „Eine Mikwe muss entweder aus fließendem Wasser (Quellwasser, Flusswasser) oder aus gesammeltem Regenwasser bestehen. Die erforderliche Wassermenge beträgt mindestens 500 Liter. In dem Bad muss man vollständig bis über den Kopf untertauchen“ (www.zentralratdjuden.de/de/article/4203.dasritualbad.html?sstr=Ritualbad).

Johannes der Täufer (Mk 1,4 par. Lk 3,3) steht in der Tradition der Taufbewegung des antiken Judentums. Er ist ein Bußprediger und predigt die Bußtaufe zur Sündenvergebung. Seine Taufpraxis gilt als eigentliches Vorbild für die christliche Taufe.

In Apg 19,1–7 wird von einer Begegnung des Paulus mit Jüngern Johannes des Täufers bei Ephesus berichtet: „Zu denen sprach er: Habt ihr den Heiligen Geist empfangen, als ihr gläubig wurdet? Sie sprachen zu ihm: Wir haben noch nie gehört, dass es einen Heiligen Geist gibt. Und er fragte sie: Worauf seid ihr denn getauft? Sie antworteten: Auf die Taufe des Johannes.“ (Apg 19,2–3 LT). Und Paulus schreibt in 1. Kor 10,2 von der Taufe Israels „auf Mose“ durch „die Wolke und durch das Meer“.

Die Verwendung des Begriffes „Taufe“ und „Täufer“ stellt eigentlich einen „Anachronismus dar, weil sie die mit dem christlichen Taufritual verbundene Semantik in die vorchristliche Zeit zurückprojiziert“ (Wolter, 130). Die Worte „bábtisma“ (Taufe) und „babtízein“ (taufen) waren in der weitgehend hellenistischen Umwelt nicht gebräuchlich. Sie sind Worte des christlichen Sprachgebrauchs (Fürst, 102).

Die christliche Taufe wurde in andere Deutungs- und Sinnzusammenhänge gestellt. Die Bindung an die taufende Person (vgl. die Taufe des Johannes) war nicht mehr entscheidend. Dies macht Paulus in 1. Kor 1,12ff. deutlich: „Oder seid ihr auf den Namen Paulus getauft?“ (LT). Die Einzigartigkeit der christlichen Taufe wurde nun durch ihren Bezug auf *Jesus Christus* bestimmt.

Das Taufverständnis des Paulus zeigt sich in seiner durchaus radikalen Sprache: „dass unser alter Mensch (bezieht sich auf den *Adam/Christus-Vergleich* aus Röm 5,12ff.) mitgekreuzigt worden ist“ (Röm 6,6) in Aufnahme des provozierenden Sprachbildes: „Ich bin mit Christus gekreuzigt“ aus Gal 2,19.

In seiner brutalen Symbolik ist das Kreuzmotiv vergleichbar heute z. B. mit der über die Internetplattform Youtube zur Schau gestellten Hinrichtung des Journalisten James Foley im Irak im August 2014. Genauso brutal, so blutig und so schamlos wie die öffentliche Inszenierung und zur Zurschaustellung des Todes dieses Menschen waren die Kreuzigungen der römischen Machthaber zu Paulus’ Zeiten. Für Juden war verflucht, wer am Kreuz hängt (Gal 3,13; 5. Mose 21,23). Für römische Bürger war diese Hinrichtungsart tabu. Paulus – römischer Bürger – geht mit seinen Bildern hinein in die Wucht dieses Tabus und nimmt die Adressaten seiner Briefe mit.

Vergleicht man die heute gängige Taufpraxis in den verfassten Kirchen – Säuglinge werden mit weißem Taufkleidchen und niedlichem Häubchen über Taufbecken gehalten, die häufig mit Blumen umkränzt sind – mit den Bildern des Paulus, der z. B.

den Galatern auch und gerade im Zusammenhang mit der Taufe „ Jesus Christus als gekreuzigt vor Augen“ (Gal 3,1 ES) malt und die Täuflinge mitten darin, wird der Kontrast deutlich.

3. *Frühe Taufliturgien*

3.1 Die Anfänge

Die Apostelgeschichte (Apg 8,26–36) erzählt von der spontanen Taufe des Kämmerers der Kandake, der Königin Äthiopiens. Nachdem Philippus dem Kämmerer den Spruch Jes 53,7 auf das „Evangelium von Jesus“ hin ausgelegt hatte und sie an eine Wasserstelle kamen, fragt der Kämmerer unvermittelt: „Was hindert’s, dass ich mich taufen lasse?“ und wird ohne Zögern getauft.

Über die frühesten Taufliturgien der Christinnen und Christen im 1. und 2. Jh. ist wenig bekannt. Die Didache (Lehrschrift ca. 100 n. Chr. für Gemeinden in Westsyrien, vermutlich auf älteren liturgischen Traditionen basierend (Fürst, 388), belegt eine dreigliedrige Taufformel:

7,1 Betreffs der Taufe aber: Tauft so: Nachdem ihr dies alles zuvor gesagt habt, tauft auf den Namen des Vaters und des Sohnes und des Heiligen Geistes mit lebendigem Wasser. 2 Wenn du aber kein lebendiges Wasser hast, taufe in anderem Wasser. Wenn du aber nicht in kaltem Wasser kannst, in warmem. 3 Wenn du aber beides nicht hast, dann gieße auf den Kopf dreimal Wasser auf den Namen des Vaters und des Sohnes und des Heiligen Geistes.

Der sog. *Taufbefehl* im Matthäusevangelium enthält ebenfalls eine dreigliedrige Taufformel: *„Taufet sie auf den Namen des Vaters und des Sohnes und des Heiligen Geistes“* (Mt 28,19b LT) und spiegelt eine in der Gemeinde praktizierte Taufpraxis wider (Schnelle, Theologie, 405).

In Röm 10,9 zitiert Paulus vermutlich ein *Taufbekenntnis*: „Denn wenn du mit deinem Munde bekennst den Kyrios Jesus, und in deinem Herzen glaubst, dass ihn Gott von den Toten auferweckt hat, so wirst du gerettet.“

Im 3. und 4. Jh. bilden sich dann Taufzeremonien heraus, die je im Einzelnen unterschieden etwa so gefeiert worden sind (nach einer Rekonstruktion des Taufformulars des Hippolyt – gest. um 235 n. Chr.):

Mit dem Hahnenschrei beginnt der Bischof mit einem Gebet über dem Wasser. Die Täuflinge legen Kleider und Schmuck ab, die Frauen lösen ihr Haar, denn in den Kleiderfalten, im Schmuck und in Haarspangen konnten sich Dämonen versteckt halten. Mit dem „Öl des Exorzismus" wird der Täufling vom Diakon oder Presbyter am ganzen Körper gesalbt, nachdem er etwa folgende Worte gesprochen hat: „Ich widersage dir, Satan, mit all deinem Pomp und all deinen Engeln." *(Man beachte die Dreigliedrigkeit dieser Formel als Entsprechung zur Tauffformel; d. Vff.).* Dann steigt der Täufling in das Taufbecken hinab und wird drei Mal untergetaucht oder mit Wasser übergossen, jeweils nach einer Tauffrage: „Glaubst du an Gott den allmächtigen Vater? An Jesus Christus seinen einzigen Sohn, der geboren wurde und litt? Auch an den Heiligen Geist: die Heilige Kirche, die Vergebung der Sünden, die Auferstehung des Fleisches?" Nach einigen Überlieferungen wird der Täufling nach dem Taufbad mit dem „Öl der Danksagung" wiederum am ganzen Körper gesalbt und hiermit Christus (gr. chírein = salben, davon: Christus = der Gesalbte) übereignet und in weiß eingekleidet. Danach signiert der Bischof die Stirn des Getauften mit dem Kreuzzeichen (dem griechischen T), legt die Hände auf und betet (Fürst, 131ff.). Der Taufe ging ein Katechumenat voraus, in dem den Anwärtern die Grundsätze des neuen Glaubens vermittelt wurden.

3.2 Die Kindertaufe

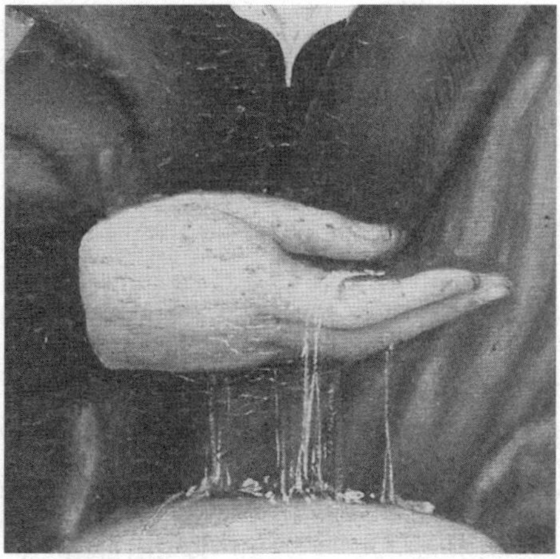

Die Kindertaufe wurde um 200 n. Chr. Praxis und ist aus verschiedenen Kirchengebieten überliefert. Irenäus, Hippolyt, Tertullian und Origenes setzten in ihren jeweiligem Argumentationen für oder wider die Kindertaufe diese voraus; allerdings sei „die Taufe von Kleinkindern in der frühesten Kirche auf Grund der neutestamentlichen Schriften weder ausgeschlossen noch bewiesen" (Edmund Schlink, Die Lehre von der Taufe, Kassel 1969, 110–118). Tertullian schreibt ca. 195 n. Chr. in seiner Abhandlung „De Baptismo": „so ist denn je nach dem Zustande einer Person, nach ihrer Disposition und auch nach ihrem Alter ein Hinausschieben der Taufe ersprießlicher, vornehmlich aber hinsichtlich der Kinder." Gleichzeitig entwickelte sich die Praxis des *Taufaufschubs,* weil die Annahme, dass mit der Taufe alle bisherigen Sünden vergeben seien, viele zu dem ganz pragmatischen Schluss veranlasste, sich erst kurz vor dem Tod, am besten auf dem Sterbebett, taufen zu lassen. Bekanntester Vertreter dieser Taufpraxis ist Kaiser Konstantin, der sich 337 n. Chr. auf dem Sterbebett taufen ließ. (Die Abbildung ist ein Ausschnitt aus dem Wittenberger Altarbild von Lucas Cranach d. J.)

Ab dem 4. Jh. wurde die Kindertaufe insbesondere in Zusammenhang mit der Erbsündenlehre des *Augustinus* (im Rückgriff auf Röm 5,12) häufig. Allerdings verbreitete sich die Kindertaufe auch in der Ostkirche unabhängig von dieser Lehre. Nach Karl Barth hat die konstantinische Wende einen nicht unerheblichen Anteil an der Etablierung der Kindertaufe, gerade nicht aus einem pneumatischen Grund, sondern durch ein Kirchenverständnis, dem die Vorstellung der Identität von Staatsbürgern und getauften Christen zugrunde lag (Karl Barth, Kirchliche Dogmatik, Zürich 1932ff. (Barth, KD), IV/4, 185f.).

Martin Luther und mit ihm die Vertreter der lutherischen Lehrtradition sind Verfechter der Kindertaufe. Im Augsburger Bekenntnis heißt es im Art. 9: „Von der Taufe wird gelehrt, dass sie heilsnotwendig ist und dass durch sie Gnade angeboten wird; dass man auch die Kinder taufen soll, die durch die Taufe Gott überantwortet und gefällig werden, d. h. in die Gnade Gottes aufgenommen werden. Deshalb werden die verworfen, die lehren, dass die Kindertaufe nicht richtig sei." Auch *Johannes Calvin* vertrat die Kindertaufe insbesondere gegen die Täuferbewegung. Die Kindertaufe mache deutlich, dass der Mensch von sich aus nichts tun kann für sein ewiges Heil, dafür ganz auf die Gnade Gottes angewiesen sei. Das Kind steht in seiner Unmündigkeit für den Menschen als den schlechthin Empfangenden.

4. *Paulus und die römische Gemeinde*

4.1 Der Römerbrief: Ein Zwischenstopp, der es in sich hat

Hatte Paulus mit seinen Briefen an verschiedene Gemeinden i. d. R. auf konkrete Fragen und Nöte reagiert und daran seine theologischen Ausführungen situativ entwickelt, so scheint er diesmal – vermutlich um 56 n. Chr. aus Korinth schreibend – selbst Unterstützung für eigene Pläne zu benötigen. Er befindet sich an einem Wendepunkt. Offensichtlich sieht er „von Jerusalem bis nach Illyrien" (Röm 15,19) seinen Auftrag erfüllt. Er möchte seine Arbeit nun im Westen fortsetzen. Nach einem Abstecher nach Jerusalem, wo er die Kollekte abliefern will „für die Armen unter den Heiligen" (Röm 15,26), plant er über Rom seine Missionsreise in *Spanien* fortzusetzen, auf dass er sich „zuvor ein wenig [...] erquicke" (Röm 15,24). Die Reise nach Jerusalem steht ihm offensichtlich bevor; er ahnt eine tödliche Gefahr (Röm 15,30).

Er gibt seinen Brief der Gemeindeleiterin Phöbe aus Kenchreä (Hafenstadt bei Korinth) mit (Röm 16,1). Aus den weiteren Grußbotschaften lässt sich entnehmen, dass er in Rom einige der „Heiligen" persönlich kennt. Insbesondere lässt er Priska und Aquila grüßen, die vermutlich nach dem Tod des Kaisers Claudius (54 n. Chr.)

wieder von Korinth (Apg 18,2) bzw. Ephesus (1. Kor 16,19) nach Rom zurückgekehrt waren und eine Hausgemeinde führten (Röm 16,5a). In Rom gibt es diverse Hausgemeinden. Paulus lässt verschiedene Hausväter *und -mütter (! – auch ein Kommentar zum Thema: „Das Weib schweige in der Gemeinde")* grüßen (Röm 16,3ff.). Den größten Anteil in den römischen Gemeinden stellten wohl Menschen nicht jüdischer Abstammung (Udo Schnelle, Paulus. Leben und Denken, Berlin/Boston 2. Aufl. 2014 (Schnelle, Paulus), 317). Dies lässt sich auch aus den im Brief erwähnten griechischen Namen schließen.

Paulus stellt sich in diesem Brief den römischen Gemeinden theologisch vor und knüpft erneut an die Auseinandersetzungen an, die es im Anschluss an den Apostelkonvent speziell in den galatischen Gemeinden um die Beschneidungsfrage und insbesondere um das Zusammenleben von Menschen mit jüdischem und hellenistischem Hintergrund gegeben hatte. Einige Auslegende gehen davon aus, dass Paulus mit dem Brief an die Römer auch andere Gemeinden, insbesondere die in Jerusalem, im Blick hatte, da die Briefe des Paulus wohl unter den Gemeinden als Rundbriefe auch ausgetauscht wurden.

Offensichtlich ist in den Gemeinden der Streit um die Beschneidungsfrage und Inklusion weiterhin akut. Paulus mahnt zur Einheit und zur Toleranz untereinander: Der im Glauben Starke soll den Schwachen nicht beschämen. Es geht um *Demut als Selbstrücknahme in Freiheit*. Gerade die Kapitel 14 und 15 atmen einen Geist der Freiheit, der für heutige Ohren modern klingen kann, wenn man die verhandelten Themen nicht nur innerchristlich liest und sie in Beziehung setzt zu heutigen gesellschaftlichen Normen und Zwängen.

In *Römer 9–11* befasst sich Paulus ausführlich mit der Frage der Erlösung Israels, die ihn nicht loslässt. Seine Antwort traut der Dóxa (Glanz, Herrlichkeit – schön übersetzt auch mit „Anmut") und Treue Gottes. In Rom existierte trotz des Claudiusedikts eine große jüdische Gemeinde (erstmals erwähnt 139 v. Chr.) (Schnelle, Paulus, 316).

Der für Paulus und „sein Evangelium" allein entscheidende Christusglaube scheint weiterhin gefährdet. Michael Theobald spricht sogar von einer „Wiederaufnahme der Kampfepistel (er meint den Galaterbrief, d. Vff.) unter neuen Bedingungen" (Michael Theobald, Der Römerbrief (EdF 294), Darmstadt 2000, 114). Programmatisch ist neben der Identifikation des Christus Jesus als des Davidsohns in 1,3f. die im Präskript (Vorrede) ausgeführte Eröffnungsthese des Römerbriefes:

„Denn ich schäme mich des Evangeliums nicht; denn es ist eine Kraft Gottes, zur Rettung für jeden, der glaubt, für den Juden zuerst wie für den Griechen. Denn die Gerechtigkeit Gottes wird in ihm offenbart aus Glauben und auf Glauben hin, wie geschrieben steht: Der aus Glauben Gerechte wird leben." (Röm 1,16f.).

Dem schließt sich die Gerichtsrede des Paulus über die „Heillosigkeit der Welt" an (im engeren Sinne 1,18–32). Der offenbarten Gottesgerechtigkeit (1,17) wird die Ungerechtigkeit „der Menschen, die die Wahrheit [...] niederhalten" gegenübergestellt, wobei Paulus sich in der Konsequenz seiner Rede von der Sicht jüdischer Apokalyptiker in einem wesentlichen Punkt unterscheidet: Er teilt die Welt nicht ein in Fromme und Gottlose, sondern: *„Da ist keiner, der gerecht ist, auch nicht einer"* (3,10, s. a. Koh 7,20) und macht damit auch deutlich, dass er Erlösung nicht exklusiv, sondern universal denkt. Mit dem „Nun aber" in 3,21 markiert Paulus eine Zeitenwende: Die Gerechtigkeit ist erschienen (Luther übersetzt „ist offenbart") im Christusgeschehen. In Röm 3,20ff. liegt diesbezüglich die Mitte des Römerbriefs:

Röm 3,21: „Nun aber ist ohne das Gesetz die Gerechtigkeit Gottes offenbart (sichtbar gemacht) worden, von Gesetz (Tora) und Propheten bezeugt, 22 und zwar die Gerechtigkeit Gottes durch den Glauben Jesu Christi (an Jesus Christus) für alle, die glauben; denn es ist kein Unterschied: 23 Alle haben gesündigt und mangeln der Herrlichkeit Gottes. 24 Sie werden gerecht (gemacht/gesprochen) geschenkweise durch seine Gnade durch die Erlösung in Christus Jesus. 25 Diesen hat Gott öffentlich aufgestellt als *hilastérion* (s. u.) durch den Glauben („durch den Glauben": Höchstwahrscheinlich eine spezifisch paulinische Einfügung in einen ihm ansonsten bereits vorliegenden theologisch eher traditionellen Text; vgl. Ingolf U. Dalferth, Der auferweckte Gekreuzigte, Tübingen 1994 (Dalferth), 276) in (!) seinem Blut zum Aufzeigen seiner Gerechtigkeit wegen der Nichtbeachtung (!) der vorher geschehenen Sünden 26: unter der Geduld Gottes zum Aufzeigen seiner Gerechtigkeit in der jetzigen Zeit, dazu, dass er (Gott!) gerecht ist und den aus dem Glauben Jesu (Übersetzungsmöglichkeit!) gerecht macht/spricht."

Zur Metapher ‚*hilastérion*' gibt es eine breite Auslegungsdebatte, die sich insbesondere in der lutherischen Auslegungs-Tradition am Opfergedanken abarbeitet (Thomas Söding, Sühne durch Stellvertretung, in: Jörg Frey / Jens Schröter (Hg.), Deutungen des Todes Jesu im Neuen Testament, Tübingen, 2. Aufl. 2012, 375–396, hier: 380 m. w. Nachweisen). In der Septuaginta, aus der Paulus zitiert, wird dieser Begriff vornehmlich für das hebräische Wort „kapporeth" verwendet. Das ist die Bezeichnung für die goldene Deckplatte der Bundeslade im Allerheiligsten. Diese ist in 2. Mose 25,17–20 beschrieben: Sie wird von den Flügeln zweier goldgewirkter Cherubim beschirmt. Diese Deckplatte diente dem Hohepriester einmal im Jahr am Versöhnungstag *als ein Ort,* an dem er in komplexen kultischen Handlungen u. a. für „das ganze Volk der Gemeinde" „Sühne erwirken" sollte (3. Mose 16 Z). Vergleichbar dem Bild „in Christus" nimmt Paulus mit dem Begriff *hilastérion* einen *Ort* in den Blick. Ihm steht vor Herz und Sinn, dass es diesen Ort im Tempel gibt, einen Ort der *Gottespräsenz*, an dem der Hohepriester einmal im Jahr Kulthandlungen nach priesterlichen Regeln vollzieht, die ein dynamisches Beziehungsgeschehen in Gang setzen, an deren Ende immer wieder neu die Versöhnung mit Gott steht. Wenn Paulus nun vom *hilastérion* spricht, dann meint er wohl zunächst einmal nur den ‚Ort', an dem sich Versöhnung ereignet: Das ist der „dahingestellte" Christus (eigentlich der öffentlich Aufgestellte. Er ist im Gegensatz zum Allerheiligsten im Tempel von Jerusalem, in das nur der Hohepriester am Versöhnungstag treten durfte, vor aller Welt sichtbar.) Paulus greift mit *hilastérion* eine Passage, ein Moment, ein Bild aus einem umfassenden Versöhnungsszenario heraus, aber eben den Ort, an dem die *Gottespräsenz sich zeigt und also* geglaubt wird. In diesem *Versöhnungs-Ort* ist Gott selbst. Paulus assoziiert in diesem Bild das gesamte Versöhnungsgeschehen im Tempel, legt aber den Schwerpunkt auf *Versöhnung und Gottespräsenz,* nicht auf das Opfer. Mit dem Verb „dahingestellt" oder auch „aufgestellt" – in der griechischen Verbform des Aorist – weist Paulus auf ein einmaliges geschichtliches Moment hin, das *dort im Kreuzesgeschehen* von Gott weltöffentlich gemacht wird. *Luther* übertrug auf hilastérion in einer eigentümlichen Wortschöpfung die Idee eines *„Gnadenstuhls"*. Damit ist auch bei Luther *hilastérion* als sichtbarer Ort benannt. Allerdings ist bei ihm dieser Begriff verbunden mit dem Sühnegeschehen und assoziiert den Gnadenstuhl als den Thron Gottes als des Vaters und des Weltenrichters – bildlich dargestellt z. B. von Lucas Cranach. Wer sich bei dieser Passage auf die Debatte um das Für und Wider der Sühneopfervorstellung beschränkt, verpasst den wesentlichen Gedanken (s. o.): Es geht bei ‚hilastérion' um den Ort Gottes in der Welt, von wo aus Gott sich mit der Welt solidarisiert und in Christus mit der in Sünde verstrickten Welt identifiziert. „Durch den Glauben" nimmt der Mensch an diesem Geschehen teil (Dalferth, 276).

Wir gehen davon aus, dass der Römerbrief nicht als Vermächtnis oder gar Testament des Evangelium des Paulus zu lesen ist. Im Römerbrief zeigt Paulus einen Denk- und Argumentationsprozess, der an eine Wegmarke gelangt ist. Er ist keineswegs als ein Fazit oder gar als eine abgeschlossene Dogmatik zu lesen, da Paulus zwar einen *Zwischenstopp* in Rom plante, aber sich nach eigenen Angaben zu neuen Ufern nach Spanien aufmachen will.

Der Römerbrief enthält neben scheinbar logisch aufgebauten, durchaus sich selbst unterbrechenden Argumentationsketten eine faszinierend dynamische Bildsprache, die so mit heutiger Sicht- und Denkweise nicht eins zu eins übertragen werden kann, sondern beim Hörenden und Lesenden kreative Prozesse freisetzt, die überraschend Horizonte eröffnen.

4.2 „In Christus Jesus getauft"

Angesichts der geistigen Sensibilität des Paulus und seines kreativen theologischen Talents wird man davon ausgehen können, dass Paulus im weiteren Missionsprozess mit den ihn zunächst in Rom und dann in Spanien erwartenden Herausforderungen zu noch ganz anderen theologischen Aspekten, Fragen und Antworten zum Christusgeschehen gekommen wäre. Leider bricht Paulus' Kommunikation mit dem Römerbrief ab und es bleibt unsere Herausforderung, mögliche Denkprozesse, die sich aus unseren Fragen heute ergeben, aus möglichen Grundlinien paulinischen Glaubens und Denkens zu entwickeln und damit in einen Dialog zu treten. Das beginnt mit der Arbeit an einzelnen von Paulus verwendeten Begriffen, Schlüsselworten und poetischen Sätzen.

Wir nähern uns der Bedeutung von Worten wie „mit Christus gekreuzigt" (Gal 2,19; s. a. Röm 6,6), „én Christo" (Gal 3,28) oder auch „eis Christo Jesu" (Röm 6,3b), „hilastérion" (Röm 3,25), auch dem Kyrie in Röm 7,24 oder dem unvermittelten Gotteslob in Röm 11,33 am ehesten, wenn wir diese Stücke *liturgisch* hören und nachvollziehen. Wir verstehen solche Passagen leichter, wenn wir die Bewegung und *metaphorische* Ebene der Begriffe wahrnehmen, ihnen auch *rhythmisch* nachspüren, die Texte des Paulus als Hörende quasi durchschreiten. Was für uns normalerweise ein statischer Begriff ist – ein Sachverhalt –, ist für Paulus Umschreibung und Bezeichnung für ein *Geschehen*, genauer gesagt: Ein *Beziehungsgeschehen*, eine Ortsangabe mit dynamischer Aufladung, in dem möglicherweise mitschwingt, was Paulus an anderer Stelle mit der *Dynamis* (im allgemeinen starr übersetzt mit „Macht" Gottes) oder der *Cháris* Gottes, Gottes schöpferischer Gnade benennt:

„*In Christus*" ist für Paulus eine *dynamische Ortsbezeichnung*: Wer „in Christus" „eingetaucht" ist, bewegt sich und lebt „in" Christus, im Christusraum (Schnelle, Paulus, 519), hält also nicht in einem dogmatischen Standpunkt inne, sondern bleibt in ständiger geistiger Bewegung, hat Anteil an Christus, seinem Geist, seiner Kraft, seinem Leiden und Kreuz und lebt in der Hoffnung seiner Auferstehung.

„Und sogleich fiel es ihm wie Schuppen von seinen Augen, er wurde wieder sehend, stand auf und ließ sich taufen und nahm Speise sich zu stärken" (Apg 9,18f.). Von seiner eigenen Taufe berichtet Paulus nur indirekt. Von seiner Berufung (Bekehrung, je nach Lesart) gleich mehrfach. Paulus selbst hat nur wenige getauft (1. Kor 1,14). Man könnte also meinen, dass für Paulus das Thema Taufe nicht wesentlich sei, Paulus den Taufakt also lediglich als einen christlichen *„boundary marker"* (ein nach außen abgrenzendes Merkmal der eigenen Identität) verstünde, als einen formalen Akt, der die Zugehörigkeit des Getauften zur Familie der Christinnen und Christen besiegelt. Keinesfalls! würde Paulus schreiben.

Der englische Theologe James Dunn vertritt die „new perspective on Paul" und meinte zeitweilig, es ginge bei den von Paulus im Galaterbrief abgelehnten Werken des Gesetzes nicht um die Tora Israels, sondern nur um die äußeren Erkennungszeichen der Juden, die sie von ihrer kulturellen Umgebung am ehesten sichtbar unterschieden, insbesondere Reinheitsvorschriften und Beschneidung. In diesem Sinne wertete Dunn des Paulus heftige Reaktion gegen die Befürworter der Beschneidung von Männern ‚aus den Völkern', die Christen werden wollten, als Gefährdung für sein Evangelium, das alle äußeren Markierungen und Grenzziehungen zwischen Juden und Nichtjuden aufhob. In der Linie dieses Gedankens läge es, nun auch die Taufe analog zur Beschneidung nur als ‚boundary marker' zu verstehen. (Für die Verwendung des Begriffs ‚boundary marker' in Bezug auf das nach-makkabäische Judentum des 2. Tempels vgl. James D. G. Dunn. The Theology of Paul the Apostle, Michigan 1998 (Dunn, Theology), 349ff. und ders., Jesus, Paul and the Law, London 1990 (Dunn, Jesus), 181–208, insbes. 191.)

Dass die Taufe für Paulus weit mehr ist als ein Identifikationsmerkmal, wird an den drastischen Bildern sichtbar, die Paulus bereits im Brief an die Galater verwendet. Von sich selbst schreibt er dort „Ich bin mit Christus gekreuzigt, und es lebe nicht mehr ich, es lebt aber Christus in mir“ (Gal 2,19).

In Gal 3 thematisiert Paulus die Taufe unter dem Aspekt von *Identifikation* und *Partizipation* (vgl. Edwin P. Sanders, Paul and Palestinian Judaism, London 1977, 434f.).

Denn ihr alle, die ihr auf Christus getauft (in Christus eingetaucht) worden seid, ihr habt Christus angezogen. Da ist nicht Jude noch Grieche, da ist nicht Sklave noch Freier, da ist nicht Mann und Frau; denn ihr alle seid einer in Christus Jesus. Wenn ihr aber des Christus seid, so seid ihr damit Abrahams Nachkommenschaft (und) nach Verheißung Erben. (Gal 3,27–29).

Von *Alexander dem Großen* (356–323 v. Chr.) wird berichtet, dass er sich die heiligen Kleider der Götter anzog; er war dann „Artemis, Hermes, Herakles“ (Walter Bauer, Wörterbuch des Neuen Testaments, Berlin / New York 6. Aufl. 1988, endúo, 2b). Den *„Christus anziehen“* überbietet diese Art von Identifikation bis zum *Identitätswechsel.* Nicht nur der äußere Mensch verkleidet sich, sondern der ganze Mensch wird *verwandelt* ohne Unterschied von Herkunft, Status und Geschlecht: Teilhabe am Leib Christi. Paulus versteht das In-Christus-Sein nahezu sinnlich: ein-Leib-sein, ein mystisches Moment, das sich unter und mit dem sakralen Taufgeschehen ereignet (Werner Zager in: https://www.bibelwissenschaft.de/de/stichwort/53957/). Der Begriff „Mystik“ ist hier unterschieden von einer nur individuell-subjektiven Erfahrung. Hier wird eine Einheit der vielen „in Christus“ gezeichnet, die nicht nur den einzelnen Getauften meint, auch nicht nur die *Gemeinde*, sondern den gesamten *Kosmos* im Blick hat. Es entsteht ein Christusraum, in dem die Einzelnen nicht mehr durch ihre Verschiedenheit definiert sind, sondern durch den einen Geist (Pneuma) Christi: Sie sind nun „Pneumatikoi“: *Geistliche.*

4.3 Die Herausforderung

Im Römerbrief entwickelt Paulus seine Theologie aus der Taufe, wobei die Taufe der Ort ist, an dem Gottes universelles Handeln für den Einzelnen erfahrbar wird. Mit der *Adam-Christus-Typologie*, die er in Röm 5 entfaltet, bereitet Paulus den Boden für das Spannungsfeld Sünde-Gnade (hamartía-cháris). Aus dieser Typologie entwickelte (nicht nur) lutherische Dogmatik eine *Denkkette* mit dem logischen Charme eines Rechenschiebers, an dessen Ende die Erlösung des sündigen Menschen durch den Opfertod des einzig Sündlosen steht. Diese Logik geht etwa so, plakativ zugespitzt und verkürzt:

Im „Sündenfall" entscheidet sich Adam „für die Sünde" (Paulus). Mit dem Rauswurf aus dem Paradies setzt Gott eine Gnadenfrist: Der adamitische Stammbaum beginnt und das Verhängnis der Erbsünde (Augustinus), die dem Menschen anhaftet. Getrennt von Gott hat der Mensch keine Möglichkeit zur Wiedergutmachung. Aus eigenen Werken wird er nicht gerecht (Luther): Eine wie auch immer gesetzte Ethik hilft nicht. Der Mensch in Adam ist per se verworfen. Ein neuer Stammvater muss her, der nicht sündigt und nicht von Adam abstammt und so das Verhängnis durchkreuzt. Es ist der dem Abraham angekündigte eine Same (Gal 3,16, Singular!) Jesus Christus (nicht Isaak). Um dessen Sündlosigkeit willen wird Maria zur reinen Leihmutter erklärt. Den Tod am Kreuz stirbt Christus stellvertretend „für uns". Seine Sündlosigkeit zieht Adams Sünde sozusagen auf sich und neutralisiert sie. Am Ende vergreift sich ähnlich, wie sich Adam an der Frucht der Erkenntnis vergriffen hat, nun der Tod an Christus Jesus und verschluckt sich an ihm zu Tode.

Paulus lag es fern, eine Dogmatik zu entwickeln. Er war kein systematischer Theologe. Seine theologische Intelligenz ist eine kreative. Mit der *Adam-Christus-Typologie* bereitet er den Boden für weitere Denkbewegungen im Beziehungsgeschehen von Sünde und Gnade, Gerechtigkeit und Freiheit. Seine Bildsprache elementarisiert ohne zu verkürzen.

In *Römer 6* vermittelt Paulus, dass in der Taufe, im *Herrschaftswechsel* von der Sünde zur Gnade, Neuschöpfung geschieht und gleichzeitig in Aussicht steht: Vergangenes Heilsgeschehen, wie es sich am Kreuz und in der Auferstehung Jesu Christi ereignet hat, wird für den Menschen gegenwärtig (Avemarie, 617) wirksam: Er wird in (griech. en) Christus, in „seinen Tod" hineingetauft, mit ihm „mitbegraben". In der Antike wird das Sterben erst mit dem Begrabenwerden definitiv (Gerhard Barth, Die Taufe in frühchristlicher Zeit, in: Biblisch theologische Studien, Neukirchen 1981, 100). Er ist nun tot „gegenüber der Sünde". In Blick auf die Auferstehung ist die „Lebensneue" bereits jetzt hineingenommen in das Leben, ein Sein „mit" Christus (griech. syn) steht allerdings noch aus und meint die zukünftige Auferstehung der Getauften (1. Thess 4; 1. Kor 15). „Paulus geht es hier um eine wirksame Übertragung konkreter Konsequenzen von Tod und Auferstehung. Damit legt sich über die reine Analogie hinaus zumindest eine räumlich-zeitliche Kontiguität (Beziehung zwischen zeitlich benachbarten Ereignissen) zwischen dem Schicksal Christi und dem der Gläubigen nahe" (Avemarie, 618). Hier, in der Taufe, geschieht für Paulus *Transformation.*

Können wir dieses radikale Taufverständnis des Paulus heute teilen? *Karl Barth* z. B. sieht in seiner „kirchlichen Lehre von der Taufe" die Taufe selbst nicht als Heilsgeschehen, sie sei lediglich Abbild und Gleichnis von Tod und Auferstehung Jesu Christi. Ihr

Sinn sei die Verherrlichung Gottes und die Inpflichtnahme des Menschen. In der KD IV/4 bezeichnet er die Taufe als Darstellung der freien menschlichen Tatantwort auf Gottes Gnadenwerk. Die Wassertaufe als menschliche Antwort auf die Geisttaufe durch Gott. – Auch das Verständnis des Paulus von einem „Herrschaftswechsel", einer deutlichen Fremdbestimmung des Menschen, mag uns widerstreben, mit den Worten des Paulus: vom „Sklaven der Sünde" (Röm 6,16) nun zum „Sklaven der Gerechtigkeit" (Röm 6,19). „Ich lebe aber; doch nun nicht ich, sondern Christus lebt in mir" (Gal 2,20) *kränkt* unser berechtigtes Verlangen nach Individualität und Identität mit uns selbst. Soll mir diese Gerechtigkeit Gottes, dieser Christus so nah auf – ja: in – den Leib rücken?

5. *Glauben und Leben*

Eine Transformation in der Taufe müsste eine Diskussion über eine Ethik eigentlich überflüssig machen, denn: Wäre der Getaufte „Sklave der Gerechtigkeit", lebte er gerecht. Aber „nicht, was ich will, das tue ich, sondern was ich hasse, das übe ich aus" (Röm 7,14).

Paulus ist sich des bleibenden Dilemmas des Menschen in den Bezügen des Alltags bewusst. Das erklärt seine eigenartige Spannung zwischen dem ‚*Indikativ*' des Taufgeschehens: Du bist „tot gegenüber der Sünde" und dem ‚*Imperativ*' des Danach: „Nicht soll nun die Sünde herrschen". In vielen anderen Briefpassagen, die sich dezidiert mit der Rechtfertigung des Menschen befassen, haben wir immer wieder das Nebeneinander von Zusage und Forderung. Sie hat Generationen von Theologen beschäftigt und lässt Christinnen und Christen nicht zur Ruhe kommen. Soll wohl auch nicht: denn sie spiegelt die Spannung im Bleiben zwischen Sarx und Pneuma (Fleisch und Geist), dem der Mensch nach Paulus' Ansicht (noch) ausgesetzt ist. Obwohl bereits im Christusraum und ein Leib (für Paulus hat der Mensch nicht nur einen Leib, er „*ist*"„soma" = Leib) (Rudolf Bultmann, Theologie des Neuen Testaments, Tübingen, 9. Aufl. Tübingen 1984 (Bultmann), 195), bleibt der Mensch dem Irdischen mit all seinen Verfänglichkeiten verhaftet. Nach *Bultmann* (Rudolf Bultmann: Das Problem der Ethik bei Paulus, ZNW 23 1924, 123f.) kann die Einheit von Indikativ und Imperativ wie auch die Einheit des empirischen Menschen mit dem Gerechtfertigten *nur geglaubt* werden. Der Indikativ begründet dabei den Imperativ (Bultmann, 335). – Auch hier haben wir wieder ein statisches Auslegungsschema, das der Intention und der Dynamik paulinischen Denkens nicht gerecht wird.

Günther Bornkamm (Günther Bornkamm, Das Ende des Gesetzes, in: Ernst Wolf (Hg.), Beiträge zur evangelischen Theologie Bd 16, München 1961, 45f.) erklärt die „Antinomie" (Bultmann) von Indikativ und Imperativ, altem und neuem Menschen mit der Fortdauer das alten Äons: Die Glaubenden leben noch im alten Äon und das, was sie im Glauben bereits jetzt erfahren, muss sich erst durchsetzen. Darum sei ihr ethisches Handeln gefordert. Avemarie bindet die geforderte Lebensführung an den Sklavenbegriff des Paulus: Der Herrschaftswechsel von der Sünde zur Gerechtigkeit schafft die „Lebensneuheit", die zugleich ein Statuswechsel ist und auf ein diesem Status „entsprechendes, dauerhaftes Tätig-Sein" (Avemarie, 861) verweist.

Der schönste und kreativste Versuch, die Spannung zwischen Heil und Lebensführung zu halten und dennoch in Einklang zu bringen, findet sich bei Jürgen Moltmann. Nach ihm ist die paulinische Ethik „wie die Ethik der gesamten frühen Christenheit, Tauf- und Abendmahlsparänese" also „sakramentale Ethik". Christliche Praxis feiert und vollzieht die verborgene Gegenwart Gottes in Gottesdienst (Jürgen Moltmann, Politische Ethik, Mainz/München 1984, 163) und in der Geschichte. Die Getauften wären dann als Zaungäste in die Liturgie des Reiches Gottes immer schon hineingestellt und als Feiernde gehalten, Schritte des Lebens zu üben (und nicht des Todes), immer wieder neu.

6. *Methodisch*

6.1 Blitzlicht Taufe (Plenum, 10 Min.)

L sammeln die TN um ein Taufbecken – wenn das nicht möglich ist, stehend um eine mit Wasserschale gestaltete Mitte. L bitten die TN in „Blitzlichtern", kurz und prägnant zum Thema Taufe zu assoziieren. Was gesagt wird, bleibt unkommentiert.

6.2 Konfrontation im Plenum (15 Min.)

Die unter „Frühe Taufliturgien" geschilderte Taufzeremonie nach Hippolyt aus dem 3. Jh. wird szenisch nachgespielt. L übernehmen dabei die Rollen der mit Wasser taufenden Diakone und des segnenden Bischofs. Als Täuflinge werden 2 TN ausgewählt, die vorher nicht in den Ablauf eingeweiht werden. Als „Wasser", in das die Täuflinge steigen, dienen auf dem Boden ausgebreitete blaue Tücher. Die Täuflinge werden gebeten, ihren Schmuck abzulegen, möglicherweise ihre Haare zu öffnen und sowohl ein Kleidungsstück als auch die Schuhe auszuziehen. Für die Salbung mit Öl nehmen L zwei verschiedene Duftöle. Das Öl wird jeweils vor und nach der symbolischen Wassertaufhandlung von den Handinnenflächen ausgehend bis zu den Ellenbogen und unter den Ohrläppchen aufgetragen. Die mögliche Distanzverletzung gehört zum Spiel (die L sollten einschätzen können, inwieweit das den TN zumutbar ist). Als weiße Kleidung dienen Tücher oder – wenn vorhanden – Alben.

Nach dem Spiel werden die Täuflinge zu ihren Eindrücken befragt.

6.3 Bibelteilen (Gruppenarbeit, 20 Min.)

- Gruppenfindung zügig nach Wahl und Räumen
- TN und L nehmen im Stuhlkreis platz
- Mit dem Bibeltext Röm 6 wird nach der Methode „*Bibelteilen*" (s. Materialpool im Internet) gearbeitet.

6.4 Angeleitete Diskussion in Gruppen (45 Min.)

L führt von den Wahrnehmungen der TN zu einer Diskussion über folgende Themen:

- Paulus radikales Verständnis von: „dass unser alter Mensch mitgekreuzigt worden ist". Können wir dieses radikale Taufverständnis des Paulus heute teilen?
- Was bedeutet für Sie „in Christus" (sein, leben) bzw. „mit" Christus?
- Soll mir diese Gerechtigkeit Gottes, dieser Christus so nah auf, ja in den Leib rücken?

6.5 Vorstellung des Ertrags im Plenum (20 Min.)

Bei 2 Gruppen: je zwei TN berichten zusammenfassend ca. 10 Min. über die Gruppendiskussion.

6.6 Segenszeichen auf Handinnenflächen und Stirn mit Wasser (10 Min.)

Die TN bilden mit den L einen Kreis. Zwei L gehen mit einer Wasserschale zu jedem einzelnen TN und fragen: „Möchten Sie gesegnet werden?" L nimmt je eine Hand des TN und zeichnet ein Kreuzzeichen mit Wasser auf die Handinnenfläche, zuletzt auf die Stirn, und spricht: „Ich segne dich im Namen des Vaters, des Sohnes und des Heiligen Geistes. Amen."

V. Religion und Gewalt

Übersicht (120 Min.)

Zeit	Phase	Methode und Sozialform	Inhalt
20 Min.	Einführung	Plakate und Präsentation Plenum	Selbstvorstellung der Gemeinde von Korinth
30 Min.	Erarbeitung I	1. Kor 5: bibliologisches Rollenspiel Plenum	Texterfassung
20 Min.	Vertiefung	Reflexion Kleingruppen	Inklusion/Exklusion
10 Min.	Erarbeitung II	Vorstellung der Wandzeitungen, Plenum	historische Information
35 Min.	Vertiefung	Geleitete Diskussion Gruppen	1. Kor 5 und Gewalt
5 Min.	Ausklang	Gebet oder Lied Plenum	frei

Material:
- Flipchart mit vorbereiteter Wandzeitung (Zeigestock)
- 5 vorbereitete Papierbögen an Flipcharts oder auf Pinnwänden
- Optisch schöne Bibelausgabe

Prolog

Im Namen Gottes wurden und werden Menschen traktiert, exkludiert, verdammt und auch getötet. Auch bei Paulus finden sich Spuren religiös-theologisch legitimierter Gewalt. Wir raten auch und gerade dieses Mal zu einem *spielerischen* Umgang mit den *komplexen* Inhalten. *Exemplarisch* soll einerseits Paulus' dunkle Seite erfahren, andererseits die langen Schatten angeschaut werden, die die *Rezeption* der Texte geworfen haben und die bis heute nachwirken. Mit der Gruppe wird erspielt und erarbeitet, was gerade in diesen zwei Stunden möglich ist. Kein Anspruch auf unmögliche und detaillierte Korrektheit kann und soll erfüllt werden. Allerdings sollte eine sorgfältige Vorbereitung der Leitenden selbstverständlich sein. Auch sollten dabei eigene ‚Leichen im Keller' zumindest wahrgenommen werden.

1. *Das ewige Pessach*

1. Kor 5,1–8.11.13b	2. Mose 12 in Auszügen aus der LXX Deutsch
1 Insgesamt hört man bei euch von Unzucht (porneia), die nicht einmal bei denen aus den Völkern vorkommt, nämlich, dass jemand eine Frau seines Vaters nimmt. 2 Und ihr seid darüber erhaben und nicht vielmehr so traurig darüber geworden, auf dass der, der diese Tat getan hat, aus eurer Mitte genommen wird. 3 Ich nämlich, obwohl ich körperlich abwesend, doch mit dem Geist anwesend bin, habe schon geurteilt über den, der das getan hat, so als wäre ich persönlich anwesend: 4 indem ihr zusammen kommt im Namen des Herrn und meines Geistes und mit der Kraft Jesu, 5 sollt ihr diesen dem Satan überantworten zur Vernichtung des Fleisches (sarx), damit der Geist (pneuma) gerettet werde, am Tage des Herrn. 6 Euer Rühmen ist nicht gut. **Wisst ihr nicht, dass wenig Sauerteig den ganzen Teig verdirbt?** 7 **Reinigt euch von dem alten Sauerteig, damit ihr ein neuer Teig seid. Schließlich seid ihr doch schon frei von Sauerteig. Denn auch wir haben ein Pessachschaf, das ist Christus, der (von gr. thyo, schlachten/opfern) geschlachtet ist.** 8 Lasst uns feiern **nicht im alten Teig** und nicht in einem Teig der Bosheit und Verkehrtheit, sondern im **ungesäuerten der Lauterkeit und Wahrheit**. (…) **11 (…) der sich Bruder nennen lässt (…) 13 (…) verstoßt den Bösen aus eurer Mitte!**	1 Der HERR aber sprach zu Mose und Aaron im Land Ägypten: 3 Sprich zu der ganzen Gemeinschaft der Israeliten: „Am Zehnten dieses Monats sollen sie ein Schaf nehmen, jeder nach Vaterhäusern, ein Schaf pro Haus. 5 Ein vollkommenes **männliches, einjähriges Schaf** soll es für euch sein. Von den Lämmern und den Kitzen sollt ihr es nehmen. 6 Und soll für euch aufbewahrt sein bis zum vierzehnten (Tag) dieses Monats und **die ganze Menge der Gemeinschaft der Israeliten**: Sie sollen es gegen Abend **schlachten**. 7 Und sie sollen etwas **von dem Blut** nehmen und es anbringen an die beiden **Pfosten und am Türsturz in den Häusern**, in denen sie es essen wollen. 11 So aber sollt ihr es verzehren: eure Lenden (sollen dabei) gegürtet sein und die Schuhe an den Füßen und die Stäbe in den Händen. Und ihr sollt es in Eile essen: **ein Pascha** für den Herrn. 12 Und ich werde durch das Land Ägypten ziehen **in dieser Nacht** und jede Erstgeburt im Land Ägypten schlagen, vom Menschen bis zum Vieh, und an allen Göttern Ägyptens werde ich **Rache nehmen:** ich, der Herr. 13 Und **das Blut** soll ein **Zeichen** für euch an den Häusern sein, in denen ihr seid, und ich werde das Blut sehen und **euch schützen, und keinen Vernichtungsschlag wird es unter euch geben**, wenn ich zuschlage im Land Ägypten. 15 Sieben Tage sollt ihr Ungesäuertes essen, vom ersten Tag an **sollt ihr aber Sauerteig aus euren Häusern entfernen. Jeder, der Sauerteig verzehrt – ausgerottet wird jener Mensch aus Israel** – vom ersten bis zum siebten Tage der Woche. 23b Und der Herr wird an der Tür **vorbeigehen,** und er wird nicht zulassen, dass **der Verderber zum Schlagen** in eure Häuser hineingeht.

Setzt man 1. Kor 5, den Abschnitt, der uns zum Thema ‚Gewalt' begleiten soll, in Beziehung zu 2. Mose 12,1ff., fällt auf, dass Paulus in seinem Brief auf der Bildebene den Beginn des Auszugs Israels aus Ägypten vor Augen hat. Der Abschnitt steht im Kontext zentraler jüdischer Tradition. Die Verse 6–8 knüpfen an die Exoduserfahrung Israels an. Paulus parallelisiert die Situation der Gemeinde in Korinth mit der

Situation Israels in der Nacht vor der Flucht aus Ägypten. Er verwendet die Sauerteigmetapher und die Erinnerung an das Pessach. Das Pessach wird hier in einen Zusammenhang mit dem „Satan“, dem Widersacher gesetzt. Erinnert und vergegenwärtigt wird insbesondere die Sedernacht (2. Mose 12,15 LXX deutsch), die die Feier des Pessach einleitet. Diese Feier soll nach 2. Mose 12 einmal im Jahr als Erinnerung an die Heilstat JHWHs an seinem Volk begangen und tradiert werden.

Bei Paulus wird dieses jährliche Pessach Israels zum ewigen Pessach. Es bestimmt die christliche Existenz. Das Pessachschaf ist nun Christus selbst: ein für alle Mal, ewig, ohne zeitliche Begrenzung.

In 2. Mose 12,23b nimmt Gott Israel von dem Zugriff des von ihm beauftragten „Verderbers“ gegen die Erstgeburt der Ägypter aus, wobei es in 2. Mose 12,13 noch Gott selbst ist, der die Ägypter schlägt. In dem Paulus bekannten Jubiläenbuch aus dem 2. vorchristlichen Jh. ist vom „Satan“ (hebr. mastema) und seinen Mächten die Rede, die die Erstgeborenen töten. Offensichtlich war den Autoren die frühere Erzählung von einer mörderischen Seite Gottes anstößig geworden.

Hinter 1. Kor 5 steht das Verständnis einer „Gemeinde der Heiligen“, die in einem Schutzraum lebt und zwar geschützt durch das ewige Pessach Christi. Das Blut dieses Pessach verschont sie vor den Nachstellungen Satans, der „draußen“ außerhalb des geschützten Raumes der Gemeinde sein Unwesen treibt. Das Böse versinnbildlicht Paulus mit dem Sauerteig, von dem der Schutzraum gereinigt werden müsse. Der Sauerteig ist der „Böse, der sich Bruder nennen lässt“ (1. Kor 5,11) und für Paulus das Einfallstor des Satans. Der von Paulus als „böse“ dämonisierte ‚Heilige‘ muss aus dem Christusraum vertrieben werden.

Paulus nutzt Aussagen der hebräischen Bibel aus seinem vom Christusereignis her geprägten Blickwinkel. Allerdings kann er dabei auch die Sache und das Bildmaterial der Vorlage in einen völlig neuen Interpretationsrahmen stellen und dabei den Sinn der Vorlage u. U. geradezu ins Gegenteil verkehren, jedenfalls massiv verändern. Die Vorlage 2. Mose 12,15 warnt vor dem Verzehr des Sauerteigs als einem Symbol für Israeliten, die nicht dem Ruf in den Exodus folgen, sondern bei den Fleischtöpfen Ägyptens bleiben wollen, sozusagen am Sauerteig kleben bleiben. Diese stellen sich gegen Gottes Verheißung.

2. *Was für Typen!*

Die Gemeinde in Korinth, um ca. 50 n. Chr. von Paulus selbst mit gegründet und seinem Herzen besonders nah, spiegelt die bunte Bevölkerung einer moralisch freizügigen Stadt wieder. Korinth war als Hauptstadt der römischen Provinz Achaia mit seiner besonderen Lage ein wirtschaftliches Zentrum zwischen Asien und Rom.

> „Korinth führt den Beinamen ‚die Reiche', weil es ein an dem Isthmus (Landenge) gelegener Handelsplatz und Herr von zwei Häfen ist, von denen der eine nach Italien, der andere nach Athen zu liegt, wodurch den so weit voneinander entfernten Völkern der Austausch der Waren erleichtert wird." (Schnelle, Paulus, 198, Fußnote 3).

Neben den aus anderen Provinzen des Reichs zugewanderten römischen Veteranen wird der griechische und der orientalische Bevölkerungsanteil groß gewesen sein. Es gab eine Vielzahl hellenistisch-orientalischer Kulte (Schnelle, Paulus, 198). Vermutlich gab es auch eine größere jüdische Kolonie (so auch Apg 18,4). Paulus sieht aufgrund der unterschiedlichen Herkunft der „Heiligen" Spannungen in der Gemeinde auf theologischen, sozialen und ethischen Feldern und fürchtet für das Konzept des *einen* Leibes Christi.

Dietrich Bonhoeffer rechnet in seiner Schrift „Sanctorum Communio" aufgrund seiner Sicht auf Christus als einer „Kollektivperson" mit fruchtbarer Spannung, die entsteht, wo „eine sich am anderen stößt": „Die Geist-Einheit der Gemeinde [...] ist nicht durch [...] Gleichartigkeit (oder) Seelenverwandtschaft ermöglicht oder mit Stimmungseinheit zu verwechseln, sie ist vielmehr gerade dort wirklich, wo die scheinbar härtesten äußeren Gegensätze walten, wo jeder sein ganz individuelles Leben führt, und sie ist vielleicht gerade dort nicht, wo sie am meisten zu walten scheint. Sie kann aus dem Kampfe der Willen viel heller leuchten als aus der Einigkeit. Da, wo der eine sich am anderen stößt, könnte es leicht dahin kommen, daß sie an den erinnert werden, der über ihnen beiden Einer ist, und in dem sie beide einer sind. Dort, wo Jude und Grieche streiten in der völligen Verschiedenartigkeit ihrer psychologischen Struktur, ihrer Empfindung und Erkenntnis, gerade dort ist durch Gottes Willen die Einheit gesetzt." (DBW 1, 128f.)

Die verschiedenen Parteiungen in der korinthischen Gemeinde lassen sich etwa so beschreiben:

- Da ist die Gruppe der „*Pneumatikoi*" (gr. pneuma = Geist), die wir heute vielleicht „Charismatiker" (von gr. charisma = Gnadengabe) nennen würden. Mit der Taufe als Ort und Zeitpunkt des Geistempfangs glauben sie ihre *Seelen* bereits als partizipierend an der himmlisch-kosmischen Herrschaft des erhöhten Christus. Sie schätzen die ekstatische Zungenrede hoch als Ausdruck ihrer Verbundenheit mit dem Geist Christi und wähnen sich *schon jetzt* im Heilsstatus und dieser Welt enthoben. Es geht ihnen auch um ihre individuelle Verbundenheit mit dem Erhöhten, die im Abendmahl, im charismatischen Gottesdienst und schließlich beim individuellen Tod sich erweist, wenn sich die Vereinigung der Seele mit dem Christusgeist auf ewig vollendet.
- Daneben gibt es die „*Apostelfraktionen*". Die einzelnen Getauften fühlen sich ihrem jeweiligen Täufer verbunden und folgen diesem in seiner „*Weisheitslehre*" in einem Schüler-Lehrer-Verhältnis in Nachahmung griechischer Philosophieschulen nach. Mit „Ich gehöre zu Paulus! Ich zu Apollos! Ich zu Kephas!" brandmarkt Paulus dies als Personenkult (1,12; 3,4).

- Schließlich setzt sich die Gemeinde vor allem aus sozial Schwachen – darunter zahlreiche Sklaven – und wenigen Gebildeten zusammen (1. Kor 1,26). Aber es gibt auch „lokale Oberschichtsmitglieder“ (Schnelle, Paulus, 153). Hierzu gehörten Gaius (1. Kor 14), Phoebe (Röm 16,1), Stephanas (1. Kor 1,16) und Philemom (Phlm 2) sowie freie Handwerker-Unternehmer, die die Gemeinde unterstützten (Aquila und Prisca).

3. *Exegetische Notizen*

In 1. Kor 5 behandelt Paulus Motive von „in“ und „out“. So öffnend „sein“ Evangelium hinsichtlich der „Heiligen“ für „die aus den Völkern“ besonders auch im Brief an die Galater ist, so sehr setzt er hier Grenzen, ja grenzt eindeutig aus. Sein oben beschriebenes Bild einer Gemeinde der „Heiligen“, die sich schützen muss vor dem „Satan“, zeugt von einer *dualistischen* Sicht, die Paulus *auch* zu Eigen ist.

„Dualistisch“: Der Macht und Kraft Gottes entgegengesetzt und in gewisser Weise von Gott nicht gehindert, also scheinbar unabhängig agieren die bösen Mächte, agiert der Satan in der Welt.

Ausgehend von dem „Wir“ der Getauften als der Teilhabenden am Reich Gottes beschreibt er hier einen Heils- und Unheils-Bereich. *Innen*, dort wo gefeiert wird, ist nur Platz für „Ungesäuertes“. Als Bild nimmt Paulus die Hausreinigung vor der Sedernacht (2. Mose 12,1–27).

Bei Paulus wird diese Feier für die Heiligen mit *Christus* als dem ewigen *Pessachschaf* (1. Kor 5,7) zu einer ausnahmslosen, zeitlich unbegrenzten Sedernacht. Als Motiv wählt er den Sauerteig, der vor dem Pessach ausgekehrt werden muss. Wer davon isst, wird getilgt, ausgemerzt aus dem Haus (2. Mose 12,15). Es ist ein streng dualistisches Weltbild, das Paulus hier zeichnet: „Wir“ drinnen mit Christus als dem bewahrenden Pessachschaf, „die“ *draußen* mit „Satan“ (gr. satanas = Widersacher).

Luther übersetzt das Verb thyo/thyein (7b, hier im Aorist Passiv) mit „geopfert“, während im Wörterbuch von Bauer thyo in Vers 7b unter „schlachten“ geführt wird (Bauer, 746, 2.a.). Durch die Übersetzung mit „geopfert“ wird der Schwerpunkt auf eine kultische Funktion des Pessachschafes gelegt, wobei dann die Verbform Aorist auf das einmalige (Ein-Für-Alle-Mal) Opfer hinweist. Der Ausschluss des „Sünders“ aus der Gemeinde hat zwar nicht seinen physischen Tod zur Folge, aber der Hinweis auf den geopferten Christus konnotiert, dass sein Geist (pneuma), der durch die Taufe unverbrüchlich zu Christus gehört, zur Rettung von Geist, Seele und Leib des Heilstods Christi als Sühnemittel bedarf. Im ursprünglichen Verständnis von 2. Mose 12 dienen die Pessachschaf- und -ziegenböcke und dient insbesondere das Blut der geschlachteten Tiere an den Pfosten der Häuser Israels ausschließlich der Markierung als Schutzzeichen (2. Mose

12,3f.), auf dass JHWH an diesen so markierten Häusern vorüberziehe. Die Schlachtung der Tiere hat in diesem Kontext keine sühnende Funktion. Im Mittelpunkt der korrespondierenden Textstellen steht u. E. auch im paulinischen Text nicht der Sühnegedanke, sondern der der *Bewahrung sowohl der Gemeinde, aber – in 1. Kor 5 – wohl auch des Sünders.*

Ein Getaufter, ein eigentlich Geretteter, vergeht sich aus Paulus' Sicht eklatant. Paulus beruft sich bei seiner Ächtung ausdrücklich darauf, dass diese sexuelle Verfehlung selbst bei denen „aus den Völkern" (gr. ethne) nicht vorkomme. Allerdings wird Unzucht (gr. porneia) auch im sog. Aposteldekret in der Version der Apostelgeschichte (Apg 15,22–29, Jakobusklausel) tabuisiert, was auf eine Abgrenzung von aus jüdischer Sicht gebrandmarktem Verhalten in den Völkern schließen lässt (s. o. Kap. III). Die spezielle sexuelle Verbindung des nach Paulus Auszuschließenden steht unter den in 3. Mose 18 aufgelisteten Tabus: „Die Scham der Frau deines Vaters sollst du nicht aufdecken. Sie ist die Scham deines Vaters" (8) und unter dem besonderen Fluch des Mose (5. Mose 27,20). Unzucht bildet „zusammen mit Götzendienst und Blutvergießen jene […] Trias von Kapitalsünden, die Israeliten selbst dann nicht begehen dürfen, wenn sie dadurch das eigene Leben retten könnten" (Avemarie, 792).

Der Übeltäter hat mit einer Stiefmutter ein Verhältnis, das er nicht aufgeben möchte; und offensichtlich scheint die eher freizügige Mehrheit der korinthischen Gemeinde, in der Mehrzahl aus dem hellenistischen, nicht jüdischen Hintergrund, sich nicht sonderlich daran zu stören. Viele Mitglieder der Gemeinde in Korinth sehen sich durch die Taufe offenbar bereits soweit der Welt enthoben, dass ihnen dieser mögliche Frevel unter ihnen nichts anhaben kann. Es ist wohl kein Zufall, dass Paulus hier eine sexuelle Verfehlung zum Anlass nimmt, mit aller Schärfe gegen den Übertreter vorzugehen. Sexuelle Tabus eignen sich in besonderer Weise zur Disziplinierung.

Paulus setzt hier ein drastisches Exempel. Die andauernde eklatante Verfehlung des Unzüchtigen ist für ihn das Einfallstor, durch das der Satan von außen in den Heilsbereich der Gemeinde eindringen kann. Seine Lösung: die Ausstoßung des Übeltäters, die radikale Entfernung des „Sauerteiges", also all dessen, was des „Satans" ist.

Interessant ist, dass bei Matthäus 13,33 und Lukas 13,20–21 in der Gleichnisrede Jesu der Sauerteig Metapher für das Himmelreich, also wegen seiner Potenz, den ganzen Teil zu durchsäuern, positiv konnotiert ist.

Die Übergabe dieses ‚Unzüchtigen' an „Satan" ist einmalig in den paulinischen Briefen. Es handelt sich nicht um einen Exorzismus. Der Satan wird nicht ausgetrieben; vielmehr soll ein Mensch, ein Getaufter, dem Satan übergeben werden. Paulus sorgt sich anscheinend nicht nur um die Reinheit der Gemeinde, sondern auch um den Ausgestoßenen; denn über dessen Pneuma, seinen Geist hat der Satan keine Macht, lediglich sein nicht durch Christus bestimmter alter „Adam“ (gr. „sarx“ = der Leib, insofern er zum Bösen tendiert, vgl. anders gr. „soma“ = Leiblichkeit des Menschen) wird der Vernichtung preisgegeben. Durch die Taufe bleibt sein „Pneuma“ als der Neue Mensch mit Leib und Seele im Christusraum (vgl. 11,29 ff). Ein Ausschluss aus der Gemeinde war allerdings eine folgenreiche Entscheidung, denn die Mitglieder des Neuen Weges hatten sich weitgehend von ihren alten sozialen Bindungen gelöst, so dass ein Ausgestoßener es schwer hatte, erneut Fuß zu fassen.

4. *Ausschluss und Gewalt*

Lucas Cranach d. Ä., Sündenfall des Menschen (1530): Die Schlange ist liebreizend weiblich. Das wusste auch Shakespeare: „Frailty, thy name is woman!“ (Hamlet, 1. Akt, Scene II)

Die aggressive Kraft in 1. Kor 5 hat in der Wirkungsgeschichte verheerende Spuren hinterlassen. Letztlich dient Paulus der Ausgestoßene als *Sündenbock*, um die „Heiligen“ zu disziplinieren. Paulus schürt so – ohne es zu ahnen – das Feuer für die *Scheiterhaufen,* auf denen 1000 Jahre später Hexen (bis ins 18. Jh. hinein, s. unten) und Häretiker brennen werden. Die Inquisition berief sich auf diesen Abschnitt und insbesondere auf Vers 5. (Kurt-Victor Selge (Hg.), Texte zur Inqusition (Texte zur

Kirchengeschichte Heft 4), Gütersloh 1967, S. 14, Anm. 18; G. Deluz, A Companion to I Corinthians, edited and tranlated by G. E. Watt, London 1963, 53: „On the authority of such a text, the Inquisition burned thousands of heretics"; Hans Conzelmann, Der erste Brief an die Korinther (KEK V), Göttingen 1969, 118, Anm. 36 u. ö.).

Was die schamlose Geschichte der Verfolgung und Ermordung weiblicher Hexen noch befeuerte, war die unselige Verbindung des 1. Kor 5 mit frauenfeindlichen Texten, die sich insbesondere im absoluten Rede- und Verkündigungsverbot für „die Frau" (1. Kor 14,34–35) und in der frauenfeindlichen Auslegungstradition des 2. Schöpfungsberichtes finden (s. das Bild von L. Cranach, wenn auch hier in eher charmanter Art).

Das Denkmuster, dass Menschen auszugrenzen und auszustoßen seien, um das ‚Heil' der *eigenen* Gruppe zu gewinnen, unter Zuhilfenahme eines verwerfenden Gottes, bereitet schließlich neben und mit diversen Spielarten opfertheologischer Ansätze *auch* den Boden für die heillose Geschichte des 20. Jahrhunderts. Allerdings sind die Umwälzungen des „langen 19. Jahrhunders", das „tief im 18. Jahrhundert begann und weit bis ins 20. Jahrhundert reicht" (Jörg Lauster, die Verzauberung der Welt. Eine Kulturgeschichte des Christentums, München 2014, 501), die mit der Industrialisierung grundlegende Umgestaltung der Lebenswelt der Menschen und der umstürzende Einschnitt der Katastrophe des ersten Weltkriegs als wesentliche Faktoren mitzudenken.

Eine fundamentale Sinnzuschreibung von Menschenopfern sieht der Kultur- und Literaturwissenschaftler *René Girard* (geb. 1923). „Es ist die Gewalt, die Herz und Seele des Heiligen ausmacht" (René Girard, Hiob. Ein Weg aus der Gewalt, Zürich 1990 (Girard), 51). Mit dieser provakanten These stößt er eine kontroverse Diskussion über die Funktion des Opfers und insbesondere des Sündenbocks in der Entwicklung menschlicher Gemeinschaftsordnungen an. Die Frage, wie menschliches Zusammenleben auf Dauer möglich sei, ziele darauf ab, dessen Grundbedingungen zu klären, denn der Ausgangspunkt sei die kollektive Gewalt (Girard, 39). Gruppeninterne Rivalitäten äußerten sich in Konkurrenz und Nachahmung (gr. mimesis). Begehren erzeuge „Aneignungsmimesis" (verifiziert am Beispiel Kain und Abel: Kain will das haben, was Abel hat). Dabei wirke die *mimetische Gewalt* selbstverstärkend. Diese Gewaltspirale könne nur durchbrochen werden durch die Aussonderung eines *Sündenbocks,* dem die Gewalt der Gruppe gemeinschaftlich aufgeladen werde. *Die Heiligung, ja Vergöttlichung des Opfers schaffe neues Heil* für die Gruppe. Religion entstehe so in der Gewalt durch die Sakralisierung des Opfers, das getötet werden müsse um letztlich Frieden zu bringen. Dadurch verhindere Religion ungehemmte Gewalt, weil sie Gewalt in Ritualen transformiere und Rituale ein gewaltfreies Zusammenleben ermöglichten. Religion werde das Element menschlicher Kultur, indem es Gewalt befriede. (s. auch: Heinz-Günther Stobbe, Religion, Gewalt und Krieg, Stuttgart 2010, 74ff.). Nur in den Evangelientexten werde die menschliche Gewalt angemessen und hinreichend problematisiert. Hier nimmt Girard des Paulus *Wort vom Kreuz* aus 1. Kor 1,18–25 am Ende als den Fluchtpunkt seiner Betrachtung auf (René Girard, Ich sah den Satan vom Himmel fallen, Berlin 2008, 227ff.).

Das Thema „Innen und Außen", das hier in 1. Kor 5 durch Paulus verhandelt wird, fragt auch nach dem Absolutheitsanspruch des *neuen Weges* der Christusglaubenden, den Paulus mit „seinem" Evangelium eröffnet. Das eigene ‚Heil' in Abgrenzung zu anderen Heilskonzepten (das Thema hat uns bereits in der Einheit zur Wahrheit beschäftigt) stellt auch die Wahrheitsfrage und birgt darin Gewaltpotenzial.

Nach dem Ägyptologen und Kulturwissenschaftler *Jan Assmann* bringt die Unterscheidung zwischen wahr und unwahr eine Ausgrenzung Andersgläubiger mit sich: Unwahr seien die Anderen, die Irrlehrer. Diese Sichtweise sei vor allem bei monotheistischen Religionskonzepten ausgeprägt: Die monotheistischen Religionen Judentum, Christentum und Islam führen sich auf einen Akt der Offenbarung und Stiftung einer alleinigen Gottheit zurück. Die vielen Götter polytheistischer Konzepte werden durch die eine Gottheit abgelöst, die dann absolut und exklusiv gesetzt wird. Dies führt zur Unduldsamkeit anderen Gottheiten gegenüber und zur Unterscheidung von falscher und wahrer Religion. Anderen Religionen wird ‚Heidentum', Götzendienst und Aberglauben vorgeworfen. Diese „mosaische Unterscheidung" – so der zum Schlagwort gewordene Titel einer Veröffentlichung Assmanns – sei Quelle religiös motivierter Gewalt (Jan Assmann, Die mosaische Unterscheidung oder der Preis des Monotheismus, München 2003, vgl. auch Ders., Exodus. Die Revolution der Alten Welt, München 2015).

5. *Methodisch*

Sie finden die Texte zu *5.1 Selbstvorstellung* und zu *5.2 Bibliologisches Rollenspiel* im Materialpool.

5.1 Selbstvorstellung der Gemeinde von Korinth (20 Min.)

Zur Einführung und für die Vorbereitung des später erfolgenden bibliologischen Rollenspiels stellen sich den Teilnehmenden verschiedene „Typen" der Gemeinde in Korinth zunächst plakativ vor:

1. Die korinthische ‚Charismatikerin':
   Zungenrede und Ekstase, Geist des erhöhten Christus steht im Mittelpunkt, durch die Taufe der Welt und deren Regeln enthoben, Ziel: Vereinigung der Seele mit dem Christusgeist im Tod.
2. Der Apollosschüler:

Kommt aus jüdisch-hellenistischem Umfeld, gebildet und redegewandt, steht in der Tradition der Bußtaufe des Johannes und der Philosophie Philos von Alexandrien (gest. ca. 40 n. Chr.): „Gleiches kann nur durch Gleiches erkannt werden", Seele als Braut Christi, Ziel: Befreiung der Seele zur Gottesschau durch tugendhaftes asketisches Leben. Absage an Sinnesfreuden.

3. Der Paulusschüler:
   Die Weisheit Gottes als Torheit, Evangelium versus Apostelweisheit und Weisheit der Welt, das Evangelium vom Kreuz (Schwäche) steht im Mittelpunkt, geißelt außereheliche Sexualität als „Unzucht" (porneia) – entweder exklusiv Christus oder (außerehelicher) Sex (6,12–20), Ehe dient gezügelter Sexualität.
4. Der Sklave:
   Unfrei, Diener, möglicherweise Schreiber, in der Taufe Bruder, aber: Schuster, bleib bei deinen Leisten.
5. Phoebe aus Kenchreä (südöstlicher Vorhafen von Korinth):
   Eine wirtschaftlich und religiös Unabhängige, Griechin, Gemeindevorsteherin und Mäzenin, mutige Frau (Röm 16,1f.).

Auf 5 Flipchartbögen werden die „Typen" mit o. g. Stichworten beschrieben und die Bögen sichtbar im Raum ausgehängt. Noch schöner ist es, wenn sich für jede Rolle eine Person findet, die die Vorstellung mit einfachen Mitteln, vielleicht mit klar identifizierbaren Attributen ‚spielt':

- Charismatikerin: wehendes Tuch, tanzende Bewegung, Arme hoch
- Apollosschüler: Eine Anleitung der Redekunst (Rhetorik): gebastelter Buchdeckel mit Aufschrift: Cicero, Quintilian o. ä.
- Paulusschüler: Ein Kreuz, ein Schwert oder eine Schriftrolle
- Sklave: Notizblock
- Phoebe: Auftritt als selbstbewusste Unternehmerin und Gemeindevorsteherin

Nach der Vorstellung ist nur wenig Zeit für Rückfragen und Klärungen. Mut zur Lücke!

5.2 Bibliologisches Rollenspiel im Plenum: Die Reise nach Korinth (30 Min.)

Die Gruppe wird eingeladen in Anlehnung an eine Mischung der Methoden des Bibliologs und des Rollenspiels den Bibeltext selbst auszulegen. Wir nennen diese Methode bibliologisches Rollenspiel. Mit den bibliologischen Elementen kommen die Teilnehmenden ohne nähere Vorkenntnisse mit der Bibel ins Gespräch, statt *über* den Text zu reden, gehen sie direkt hinein *in* den Text.

Das geschriebene Wort des Lesetextes, die Worte und Sätze der Bibellesung bleiben als sog. *„schwarzes Feuer"* unangetastet. Was im Dialog mit dem „schwarzen

Feuer“ erfahren wird, wird als *„weißes Feuer“* beschrieben und entsteht im dialogischen Spiel mit der Bibel. In der jeweiligen beschriebenen Rolle der vorgegebenen „Typen“ lassen sich die Teilnehmenden auf die korinthische Gemeindesituation ein. L erklärt zunächst die Methode, führt dann mit einer Zeitreise in die Situation des Geschehens ein und übernimmt die *Rolle der Moderatorin* (M).

5.2.1 Raumgestaltung

Je nach Größe der Gruppe ein Stuhlkreis oder Kinobestuhlung mit genügend Zwischenraum, sodass M mit jedem Teilnehmenden direkt Kontakt aufnehmen kann. Eine „schöne“ Bibelausgabe (Lutherübersetzung) liegt geschlossen vis á vis zu den Teilnehmenden auf einem Stuhl (Pult).

5.2.2 Die Rolle der Moderatorin

Im Verlauf des Spiels nimmt M die Bibel für die zu lesende Textstelle jeweils in die Hand und legt sie dann dem Plenum zugewandt geöffnet auf den Stuhl (das Pult) zurück.

Die jeweilige Frage wird gestellt.

Antwortet jemand, wendet sich M ihr zu, stellt sich neben oder vor sie und hört zu. Dann wiederholt M die Antwort, so, wie M sie verstanden hat, mit eigenen Worten (wie ein Echo). Wenn M etwas nicht versteht, fragt M noch einmal nach. Wichtig: Die Teilnehmenden sollen in der Rolle, also (hier als Paulus), antworten: „*Ich* bin sauer. *Ich* bin wütend.“ *Nicht*: „Paulus ist vielleicht sauer.“

Wenn so geantwortet wird, korrigiert M nicht direkt, sondern nimmt das Gehörte im Echo „richtig“ auf in der Rolle des Paulus. M wiederholt also: „*Ich* bin wütend“.

5.2.3 Zeitreise bis in die Gemeindeversammlung

M: „Wir brechen auf zu einer Zeitreise: Wir machen uns auf die lange Reise zu Lande und zu Wasser und nähern uns den Jahren 54/55. Wir folgen den Spuren des Paulus, die er zu Anfang des Jahres 50 hinterlassen hat, als er die Gemeinde der Heiligen gemeinsam mit unterschiedlichsten Menschen gegründet hat, mit Frauen und Männern, Griechen und einigen Juden und Freunden des jüdischen Glaubens, Freien und Sklaven.

Wir landen mit dem Schiff in Lechäum, dem Hafen am Golf von Korinth, und nähern uns Korinth – der „Reichen“ – vom Westen her. Im Süden erhebt sich der mächtige Akrokorinth-Berg und wir nehmen den Tempel der Aphrodite schemenhaft wahr. Durch die verstreuten Vororte wandern wir bis zur weithin bekannten Agora von Korinth. Überall sind lateinische Inschriften zu finden – Rom lässt grüßen. Westlich erkennen wir zwei weitere Tempel, einer ist der Frau des Augustus – Livia – gewidmet, und in der römischen Basilika am Ostrand des Forums sind die

Gerichte untergebracht. Fast zieht es uns rechterhand hin zu den Kolonnaden, in denen wir zahlreiche Läden entdecken – aber wir sind ja nicht touristisch unterwegs: wir suchen die christlichen Hausgemeinden und es ist uns berichtet worden, dass in einer, der größten, sich heute die Heiligen versammeln, um einen Brief des Apostels Paulus zu hören.

Unterwegs begegnen uns die unterschiedlichsten Menschen, Kaufleute und Händler, Reisende aus fremden Kulturen unterwegs zum Festland, und jemand spricht uns an: Wir sollten doch den Tempel der innigst geliebten Aphrodite besuchen, in dem wir als Anhänger des „Neuen Weges" Tempelsklavinnen vermuten – so ist es uns zumindest berichtet worden. Wir weisen dieses Ansinnen selbstverständlich entschieden und entrüstet von uns.

Wir fragen uns durch nach dem Haus eines gewissen Stephanas, dort in der Nähe soll die Versammlung der Heiligen stattfinden, außerdem gibt es da sicher was zu essen, denn das lieben die Heiligen: gemeinsames Essen und Trinken.

Durch einen Torbogen kommen wir in das Atrium des uns genannten Hauses. Es sind schon ca. 30 Leute versammelt. Wir kommen dazu und werden herzlich begrüßt. Die Gemeinde von Korinth ist nun komplett.

Leider finden wir, die wir später gekommen sind, die Schalen, in denen Essen auf die Tische gestellt war, bereits so gut wie leer, nur noch einige Krüge mit Wasser sind da. Die Versammlung ist offenbar im vollen Gange: Die Frauen und Männer stehen konzentriert da und hören jemandem zu, der aus einem Papyrus liest."

5.2.4 In der Gemeindeversammlung

M nimmt die Bibel, schlägt sie ruhig auf und liest:

Überhaupt geht die Rede, dass Unzucht unter euch ist, und zwar eine solche Unzucht, wie es sie nicht einmal unter den Heiden gibt:

M legt die Bibel hin und sagt:

„Ihr seid eine ‚korinthische Charismatikerin'. Gerade warst du ekstatisch abgehoben, in Singen und Zungenreden versunken. Und nun dieser Brief. Was geht jetzt in dir vor?" – Antworten der TN – M nimmt die Antworten als Echo auf und beendet mit: „Danke dir, Schwester."

M nimmt die Bibel auf und liest:

dass einer die Frau seines Vaters hat. Und ihr seid aufgeblasen und seid nicht vielmehr traurig geworden,

M legt die Bibel hin und sagt:

„Ihr gehört zu Apollos. Deine Seele wird Braut Christi sein. „Sex", das ist nicht dein Leben. Seit du in der Gemeinde bist, lebst du asketisch und keusch. Entrüste dich!" – Antworten der TN (ff. s. o.) – M: „Danke dir, Bruder."

M nimmt die Bibel auf und liest:

sodass ihr den aus eurer Mitte verstoßen hättet, der diese Tat begangen hat? Ich aber, der ich nicht leiblich bei euch bin, doch mit dem Geist, habe schon, als wäre ich bei euch, beschlossen über den, der solches getan hat:

M legt die Bibel hin und sagt:

„Ihr seid „die Geliebte“ des „Sünders“. Plötzlich sind alle Augen auf dich gerichtet. Was schießt dir durch den Kopf?“ – Antworten der TN (ff. s. o.) – M: „Danke, Geliebte.“

M nimmt die Bibel auf und liest:

Wenn ihr in dem Namen unseres Herrn Jesus versammelt seid und mein Geist samt der Kraft unseres Herrn Jesus bei euch ist, soll dieser Mensch dem Satan übergeben werden zum Verderben des Fleisches, damit der Geist gerettet werde am Tage des Herrn.

M legt die Bibel hin und sagt:

„Ihr seid „der Sünder“. Ertappt! Was nun?“ – Antworten der TN (ff. s. o.) – M: „Danke, Sünder.“

M legt die Bibel hin und sagt:

„Danke: Sünder, Geliebte, Bruder, Schwester! Die Versammlung ist aus. Wir ziehen uns zurück. Langsam verlassen wir das Atrium und gehen durch das Tor Richtung Hafen. Besteigen das Schiff. Reisen zu Wasser und zu Land zurück. Wir sind angekommen, jetzt und hier.“

M nimmt erneut die Bibel auf und bittet eine/n TN, die Textstelle noch einmal vorzulesen.

5.3 Reflexion in Kleingruppen (20 Min.)

Im Anschluss an das bibliologische Rollenspiel reflektieren die TN das Erlebte im Blick auf die Themen: Inklusion/Exklusion, Mobbing, Sündenbock, in Gruppen zu ca. 8 Personen. Die Ergebnisse bleiben in den Gruppen.

5.4 Diskussion zum Thema ‚Gewalt‘ (insgesamt 45 Min.)

5.4.1 Vorstellung der Wandzeitung (10 Min.)

L hat auf der Flipchart eine Wandzeitung vorbereitet, die bisher verdeckt war. Darauf stehen folgende Nachrichten:

‚Kirchenvater‘ Tertullian sagt um 205 frei nach 1. Kor 5 über die Frau: „Du bist das Tor des Teufels. Du bist diejenige, die als Erste jenen verbotenen Baum entsiegelt hat und als Erste das göttliche Gesetz verlassen […]. Wegen der Folgen dieses Verrats,

der den Tod in die Welt gebracht hat, musste selbst Christus sterben.“ (De cultu feminarum, I,1,2. = Vom Putz der Frauen)

Nachrichten aus der Amtskirche: Papst Gregor IX setzt den Sonderbevollmächtigten Konrad von Marburg († 1233) als ersten Inquisitor gegen Ketzer und Häretiker ein. Die Ketzer sollen endlich gewaltsam ausgerottet werden.

24. April 1751 aus den Gerichtsakten: „Die 68jährige Anna Trütten hatte bei dem Ausräuchern ihres Stalles eine Feuersbrunst veranlasst, und unter den Schmerzen der Folter das Bekenntnis abgelegt, sie habe einen Bund mit dem Teufel geschlossen und häufig Zusammenkünfte der Hexen besucht. Nachdem die Richtigkeit des gegen sie eingeleiteten Verfahrens auch durch die theologische Fakultät zu Freiburg gutgeheißen worden war, wurde sie aus ihrem Gefängnisse zu Endingen vor das Breisacher Thor auf den Juden-Buck geführt und hier, weil sie sich wie rasend den Scharfrichtern widersetzte, geknebelt auf den Holzstoß geworfen und lebendig verbrannt“.

25. Juni 2015, Heribert Prantl in der SZ: Exorzismus gegen Terrorismus: „Der Innenministerkonferenz liegt ein Plan von Bundesinnenminister Thomas de Maizière vor, wie den deutschen Dschihadisten, wenn sie Doppelstaatsbürger sind, die deutsche Staatsbürgerschaft entzogen werden könnte. […] Terrorismus lässt sich nicht mit Exorzismus bekämpfen, selbst dann nicht, wenn der Exorzist CDU-Minister wäre. […] Das wäre eine Art von Ausstoßung, die eher in eine fundamentalistische Religion passt als in ein rechtsstaatliches System.“

L verliest die Nachrichten und zeigt mit dem Stab auf die einzelnen Abschnitte wie ein Bänkelsänger.

5.4.2 Gruppendiskussion (35 Min.)

In den Gruppen wird bearbeitet:

1. der Zusammenhang von 1. Kor 5 und kirchlicher Gewalt (Hexen, Häretiker)
2. das Thema Sündenbock
3. Gewalt und Religionen

5.5 Gemeinsamer Schluss im Plenum (5 Min.)

Gebet oder Lied nach Wahl.

VI. Vorbildlich leben

Übersicht (120 Min.)

Zeit	Phase	Methode und Sozialform	Inhalt
15 Min.	Einstieg	Texttheater im Plenum	Phil 2: Ein frühchristliches Lied über das Vorbild Jesu Christi
25 Min.	Erarbeitung I	Struktur-Lege-Aufgabe (Aufstellung) zu Phil 2,5–11	Die ‚Figuren' des Textes Phil 2
15 Min.	Erarbeitung II	Vorführung im Plenum (Fotos auf Tablets, ggf. per Beamer)	Tanz der Figuren Phil 2
30 Min.	Erarbeitung III	Textarbeit in Gruppen	Wirklichkeit der Nachfolge 1936 / 1944 (Texte von Dietrich Bonhoeffer)
30 Min.	Bündelung	Diskussion im Plenum	Poesie und die Wirklichkeit von heute
5 Min.	Loslassen	Lesung	Abendlied oder Gebet

Werkzeuge und Material

- Figuren: Holzklötze (aus Kanthölzern, allseitig beschriftet)
- Die Texte der szenischen Lesung Phil 2
- Kopien von Phil 2,1–11 und den beiden Bonhoeffertexten (aus ‚Nachfolge' = DBW 4 und ‚Widerstand und Ergebung' = DBW 8)
- Zwei Tablets (für 2 Gruppen) mit Fotofunktion und ausreichend großen Displays, besser: zusätzlich Beamer und Leinwand für luxuriösere Präsentation.

Prolog

Fragte man uns, was das Allerwichtigste am christlichen Glauben sei, das, was in keinem interkulturellen und interreligiösen Dialog unter den Tisch fallen darf, sondern zentral auf diesen Tisch gehörte, dann antworteten wir: Es ist die Idee Gottes, bei der sich Gott in die allerletzte Verlorenheit des menschlichen Daseins begibt und darin tatsächlich untergeht und aufgeht und sich dann daraus erhebt und den Menschen und all sein Elend, seine Sünde, aber auch seine Hinfälligkeit, seine Schwäche, seine Verlorenheit, aber auch seine Herrlichkeit, seine Größe, seine Tapferkeit mit sich nimmt in ein neues Äon hinein, in die Neuschöpfung Gottes, wo Gott abwischen wird alle Tränen und wo geklärt wird, was hier unklar bleiben musste oder sollte, jedenfalls ungeklärt blieb. Es ist die Idee, die hinter der Theologie des Kreuzes des Paulus stand, in den Evangelien mit ihren Passions- und Ostererzählungen entfaltet wird, in der kirchlichen Trinitätslehre weiterentwickelt wurde, in ihrer philosophischen Begrifflichkeit und Erklärungswut z. T. auch wieder entfernt vom Geist der biblischen Texte, aber doch noch erkennbar fasziniert von diesem unmöglichen Gedanken einer radikalen Demut Gottes. Darum geht es in diesem Kapitel, das bewusst auf das vorhergehende Kapitel folgt und die eine Antwort auf die Frage nach Religion und Gewalt versucht – mit Paulus gegen Paulus.

1. *Vorbild und Nachfolge*

Im Philipperbrief verwebt Paulus kunstvoll das Lied vom Christus (Phil 2,6–11) mit seiner eigenen Situation im Gefängnis, seinen Ängsten und Hoffnungen. Am Leiden des Apostels sollen die Adressaten Anteil haben, so wie er Anteil bekommt am Leiden des Christus. Zusammen mit Paulus sollen die ‚Heiligen' dem Christus praktisch nachfolgen. Die innere Gemeinschaft mit Jesus Christus und das Handeln nach Vorbild erweisen sich für Paulus als zwei Seiten einer Bewegung (vgl. dazu auch Biser, der vom „Identitätsglauben" spricht, bei dem Christus aus der Starre verordneter ‚Lehre' heraustritt und sich in den Glaubenden als der „inwendige Lehrer" erweist (Biser, 161f., vgl. auch Petr Pokorný, Die Entstehung der Christologie, Berlin 1985, 97). Der Weg aus der Gewalt ist von Paulus her gesagt der Weg Gottes an das Kreuz.

In der Forschung wird diskutiert, ob es sich bei dem uns vorliegenden Brief um ein einheitliches Schreiben handelt, oder vielmehr um eine nachträgliche Zusammenstellung mehrerer Schriften. Insbesondere Phil 3,2ff. wird von einigen Forschern als eigenständiger „Kampfbrief" verstanden, der auf eine besondere Gemeindesituation reagiert. Schaut man sich allerdings die Selbstvorstellung des Paulus in den Versen 3,5–12 an, so scheinen diese dem Lied vom Christus in Phil 2,6–11 in ihrer Dynamik nachgestaltet: der stolze Jude Paulus, ein Pharisäer und Gerechter, entledigt sich freiwillig all dessen, was ihm bisher wichtig war, um durch Glauben Christus zu gewinnen. Er ist dessen Tod gleichgestaltet, mit der Auferstehungshoffnung und ihm nachjagend bereits ergriffen von Christus Jesus. Der Schluss liegt daher nahe, dass Paulus den Brief an die Philipper eher als ganzen um die ihm bereits vorliegenden Traditionsstücke des Phil 2 herum komponiert hat.

Paulus schreibt aus dem *Gefängnis*, das von kaiserlichen Prätorianern geführt wird (Phil 1,13). Die Exegeten sind nicht einig, ob der Brief in einer Gefangenschaft in Ephesus geschrieben (ca. 53 /54) oder ob das Schreiben aus dem Gefängnis am Amtssitz des römischen Statthalters in Caesarea Maritima versandt wurde. Dann wäre der Philipperbrief der letztgeschriebene uns erhaltene Paulusbrief (ca. 60/61). (Für Näheres vgl. Paulus Handbuch, 203–210.) Ort und Datum der Abfassung werden wichtig, wenn man nach möglichen gedanklichen Entwicklungen im paulinischen Denken fragt (z. B. im Blick auf seine Vorstellungen von einem „Bei Christus sein" nach seinem möglicherweise nahen Tod, Phil 1,23). Für unseren thematischen Schwerpunkt und methodischen Zugang können wir diese Diskussion vernachlässigen.

Im Sommer 1944 schickt *Dietrich Bonhoeffer* aus dem *Gefängnis* an seinen Freund Eberhard Bethge einen „Entwurf für eine Arbeit". Auf wenigen Seiten entwirft er die Grundzüge einer geplanten ca. 100-seitigen Schrift, in der es Bonhoeffer um nicht weniger als um einen Anstoß zur Erneuerung von Kirche und Theologie nach dem Krieg gehen sollte (vgl. DBW 8, 556–561).

In Bonhoeffers ‚Entwurf' lesen wir eine Passage, die fast wie ein Reflex auf den Philipperbrief Kapitel 2 klingt. Es heißt dort:

„Speziell wird *unsere* Kirche den Lastern der Hybris, der Anbetung der Kraft und des Neides und des Illusionismus als den Wurzeln allen Übels entgegentreten müssen. Sie wird von Maß, Echtheit, Vertrauen, Treue, Stetigkeit, Geduld, Zucht, Demut, Bescheidenheit, Genügsamkeit sprechen müssen. Sie wird die Bedeutung des menschlichen ‚Vorbildes' (das in der Menschheit Jesu seinen Ursprung hat und bei Paulus so wichtig ist!) nicht unterschätzen dürfen; nicht durch Begriffe, sondern durch Vorbild bekommt ihr Wort Nachdruck und Kraft. (über das ‚Vorbild' im NT: schreibe ich noch besonders! der Gedanke ist uns fast ganz abhanden gekommen!)" (DBW 8, 560f.).

In einem geradezu ‚mystisch' klingenden Text, der acht Jahre zuvor geschrieben wurde (1936) – nicht im Gefängnis, sondern in dem Refugium, das der Direktor des ‚illegalen' Predigerseminars der Bekennenden Kirche Dietrich Bonhoeffer in Finkenwalde mit seinen Vikaren teilte – hieß es ebenfalls mit Bezügen zu Paulus und zum Philipperbrief:

„Das Leben Jesu Christi ist auf dieser Erde noch nicht zu Ende gebracht. Christus lebt es weiter in den Leben seiner Nachfolger. Nicht von unserem christlichen Leben, sondern von dem wahrhaftigen Leben Jesu Christi in uns ist nun zu reden. ‚Nun aber lebe nicht ich, sondern Christus lebt in mir' (Gal 2,20). Der Menschgewordene, der Gekreuzigte, der Verklärte ist in mich eingegangen und lebt mein Leben. ‚Christus ist mein Leben' (Phil 1,21). Mit Christus aber wohnt der Vater bei mir, und Vater und Sohn durch den Heiligen Geist. Es ist die heilige Dreieinigkeit selbst, die in dem Christen Wohnung gemacht hat, ihn erfüllt und ihn zu ihrem Ebenbilde macht. [...] Nun wird begreiflich, daß das Neue Testament immer wieder davon spricht, daß wir sein sollen, ‚wie Christus' [...]. Weil wir zum Ebenbilde Christi gemacht sind, darum sollen wir sein wie Christus. Weil wir Christi Bild schon tragen, darum allein kann Christus das ‚Vorbild' sein, dem wir folgen. Weil er selbst sein wahrhaftiges Leben in uns führt, darum können wir ‚wandeln gleichwie er gewandelt ist' (1. Joh 2,6), ‚tun, wie er getan hat' (Joh 13,15), ‚vergeben wie er vergeben hat' (Kol 3,13), ‚gesinnt sein wie Jesus Christus auch war' (Phil 2,5), darum können wir dem Beispiel folgen, das er uns gelassen hat (1. Ptr 2,21), unser Leben lassen für die Brüder, wie er es für uns gelassen hat (1. Joh 3,16). Allein darum können wir sein, wie er war, weil er war, wie wir sind. Allein darum können wir sein ‚wie Christus', weil wir ihm gleichgemacht *sind*. [...]" (DBW 4, 304f.).

2. *Die paradoxe Karriere des Kyrios*

Sprachwissenschaftliche Untersuchung macht wahrscheinlich, dass Paulus in den stilistisch deutlich von den Versen 1–5 unterschiedenen Versen *6–11* ein frühchristliches Lied zitiert und ergänzt („bis zum Tod am Kreuz"). Wie er es in den Kontext seines Briefes einstellt, macht es zu einer Art ‚Lehrgedicht'.

Unter Exegeten gibt es einen jahrzehntelang geführten Streit um den literarischen Charakter dieses ‚Lobliedes'. Viele sprechen mittlerweile nicht mehr von einem auf die Liturgie bezogenen ‚Hymnus'. Vielleicht kann man die Verse 6–11 als eine ganz eigene Komposition aus *Loblied und Lehre* in poetischer Kurzform bezeichnen (vgl. zum Folgenden Nikolaus Walter, Der Brief an die Philipper (Walter), in: Das Neue Testament Deutsch (NTD) Band 8/2, Göttingen 1998, 11–101, speziell 56–63 sowie Paulus Handbuch, 209ff.).

Phil 2,6–11 lässt sich auch als poetische Verdichtung christlicher Urerfahrung verstehen. Inhaltlich geht es um die *„paradoxe Karriere"* (Walter, 59) einer zunächst kaum definierten Gestalt, die am Ende von Gott den Titel „Kyrios" (Herr = Herr Jesus Christus) über allen Namen (und Mächten) erhält.

Der Gedankengang ist eine Gegenbewegung zu 1. Mose 3: Während Adam (Eva) *wie* (1. Mose 3,5 LXX: griech. ho) Gott sein will, sich die Gottesebenbildlichkeit zu „rauben" versucht (um den Preis der Treue Gottes und des Lebens), verzichtet der Kyrios (zunächst inkognito) aus freien Stücken auf – seinen „Raub", seine Beute – seine Gottgleicheit (gr. isa deo), und nimmt „Knechtsgestalt" (LT) an bis zum Tod am Kreuz. Man könnte bei dieser Selbstentäußerung geradezu von einer Demut Gottes bzw. einer Gottesdemut sprechen.

Dieser übers Kreuz gehende Gedanke: Der Gott-Gleiche ist gerade der, der sich dieses Gott-Gleich-Seins entledigt (wörtlich = ‚entleert', Luther: entäußert) hat, ist ein gedankliches Paradox, im besten Fall keine bloße Behauptung, sondern Ausdruck einer tiefen Erfahrung derer, die das Loblied auf diesen Kyrios singen, an der sich die Geister schieden und offensichtlich noch heute scheiden.

„Auf dem Hintergrund einer kolonial-römisch geprägten Gemeinde gewinnt Phil 2,1–11 eine *politische* Dimension" (Schnelle, Paulus, 403). Es ist die bei Paulus expliziteste Herrschaftskritik (Hierarchiekritik): Der durch Rom gekreuzigte *Jesus* erhält durch das Eingreifen Gottes einen unüberbietbaren Status als *Kyrios. Ihm allein* gebührt Ehre und Anbetung, während „Könige und Herrscher ihre Macht durch Gewalt und räuberischen Zugriff erlangen" (Schnelle, Paulus, ebd.).

Die Verse bzw. der Gebrauch, den Paulus von ihnen macht, sind nicht ganz eindeutig bei der Frage, ob diese Gestalt, von der die Rede ist (Jesus Christus) wirklich ganz und gar Mensch geworden ist oder nur „wie" (im Griechischen steht ‚hos' = wie) ein

Mensch! Bei der Interpretation solcher ‚christologischer' Passagen müssen wir genau auf den Text, seinen Zusammenhang und seine mutmaßliche Funktion sehen. Die Jahrhunderte später entwickelte Dogmatik zur Trinität und zur Zwei-Naturen-Lehre über Jesus Christus (er sei zugleich ganz göttlicher und ganz menschlicher ‚Natur' gewesen) sollte nicht in Paulus hineingelesen werden! Der Text thematisiert auch nicht die Auferweckung, sondern die ‚Erhöhung' des Gekreuzigten in die Sphäre Gottes. Damit steht der Text dem viel späteren Johannesevangelium nahe (Joh 3,14; 12,32–34 usw.).

Paulinische Texte haben spätere Überlegungen in der kirchlichen Lehrentwicklung ausgelöst und inspiriert. Bei Phil 2,6–11 ist das speziell der Fall. Es bleiben von diesem Text aus auch wichtige dogmatische Fragen offen: In welchem exakten Verhältnis stehen das Gott-gleich-Sein Jesu Christi zu seinem Sklave-Sein? Und: Ist mit letzterem nur ein anderes Wort für das Menschsein gemeint, weil alle Menschen letztlich dem Tod unterworfen sind; oder meint Paulus in Bezug auf Jesus Christus doch einen sehr spezifischen ‚Sklaven' (den Gottesknecht in Deuterojesaja, Jes 53) und seinen Weg, nämlich den freiwilligen Gang Jesu an das Kreuz?

Die Gemeinde in Philippi war eine überwiegend ‚heidenchristliche' Gemeinde. Die Leser und Hörer des Briefes werden sich die vielfältigen Bezüge zu Texten des Tanach (unseres AT) kaum selbst erschlossen haben: Paulus (bzw. die vom ihm zugrunde gelegte Tradition) spielt in V. 10f. auf Jes 45,23f. an (fast wörtliches Zitat nach der Fassung der Septuaginta), evtl. auch auf Jes 52,13 „Siehe, mein Knecht wird's verstehen; und er wird sehr erhöht werden" und weiterhin auf das Gottesknechtslied in Jes 53, vielleicht auch auf Psalmverse (Ps 9,14; 148,13, auch Hiob 5,11). Möglicherweise aber hat er der ihm sehr verbundenen Gemeinde (gr. ekklesia = die Herausgerufenen) der ‚Heiligen' (Phil 1,1) manche Bezüge in die Textwelt des Tanach auch erläutern können.

Das ‚Lehrgedicht' fügt Paulus fast in der Mitte seines Briefes ein und genau dort, wo Paulus von seinem eigenen Vorbild im Leiden für Christus aus (Phil 1,12ff.) die Adressaten stärken und orientieren möchte, dem Christus Jesus nach zu leben und nach seinem Geist ihre Gemeinschaft auszurichten. Paulus möchte seine von ihm geliebte Gemeinde ermuntern, nach seinem Vorbild ganz im Sinne der Gemeinschaft in Christus Jesus zu leben. Die persönliche Bindung zwischen dem am Leben bedrohten gefangenen Apostel und dem zu ihm geflohenen Sklaven (refugee) Onesimus nutzt er, um die Gemeinde in Philippi neu an den Christus Jesus zu binden, genauer: Paulus versetzt seine Adressaten mithilfe des Liedes in eine Atmosphäre ‚in Christus'. Seine Adressaten sollen denken und handeln nach dem, was sie glauben, nämlich dass sie ‚in Christus Jesus' sind. Insbesondere sollen sie sich inspirieren lassen von der „Niedrigkeits-Gesinnung" (gr. tapeino phrosýnê, im traditionellen Sprachgebrauch ‚Demut') des Jesus Christus und sich nicht über andere erheben, sondern für andere da sein.

Die Gemeinde, die sich in den Spirit des Jesus Christus hineinziehen lässt, ist (ganz im Sinne des Kirchenbegriffs von Dietrich Bonhoeffer: „Kirche für andere“) nicht die Schar der Geretteten auf Kosten der untergehenden Welt. Sie ist nicht privilegiert (DBW 8, 434, 560), sondern ‚entäußert‘ sich eigener Machtentfaltung. Was in ihr vorbildlich gelebt wird, gilt nicht für sich selbst, sondern dem Leben aller. Was an ihr ‚heilig‘ ist, ist kein abgesonderter Bereich für sich und kein eigenes Gebäude (wie heute ‚Kirche‘ für die meisten für das Gebäude steht), sondern gelebter Alltag im Geist Jesu. Essen und Trinken, mit anderen, für andere da sein, im Bewusstsein von unbedingtem Sinn und von der Bedeutung der drängenden Zeit ‚in Christus‘. Die ekklesia ist herausgerufen nicht im Sinne von Elite, sondern im Sinne von Nachfolge, dem Vorbild Jesu nach: „Seid so unter euch gesinnt wie …“ (LT).

> „Bei den Griechen hieß *ekklésia* die Versammlung der freien Bürger, gesamtes Volk, der *démos*, der von einem Herold aus den Häusern gerufen wurde – ein ganz profanes Wort. Die *ekklésia* kann im griechischen Sprachempfinden nie einen besonderen, sich von anderen abgrenzenden Verein darstellen, keine Gruppe Glaubender, auch keine Kultgenossenschaft. Das alles meint Paulus nicht, sonst hätte er wohl von *synodos* oder *koinon* gesprochen, Worte, die dafür zur Verfügung standen. Paulus redet ja auch nie von ‚den Christen‘, als präge dies ein Attribut, ein Merkmal, das sie von anderen religiösen Gruppierungen als ‚christliche‘ unterschiede. Nein: *ekklésia* ist nichts *unter anderem*, sie ist *etwas anderes* – eine plötzliche Veränderung, nichts, was man kennt“ (Christian Lehnert, Korinthische Brocken. Ein Essay über Paulus, Berlin 2. Aufl. 2014 (Lehnert), 31ff.).

Von der Entwicklung des „Ereignisses“ zum praktischen Leben „in Christus“ damals in Korinth, in der Vorläufigkeit einer Gemeinde ohne den Anspruch, sich auf Dauer in dieser Welt einzurichten, schreibt Lehnert: „Wie verfestigt sich ein Ereignis? Wie wird die Christusverstörung haltbar?“ (Die „sich im Namen des Christus Jesus versammelten“) „hocken um einen Krater, vielleicht sage ich besser: um eine Freifläche, wo etwas war, das es jetzt nur noch im Raum der Erzählung gibt, wie das Haus der Kindheit des Vaters in der Vorstellung des Sohnes, und die davon Zeugnis gibt, dass etwas war. Und indem sie hier hocken, wird dieser leere Flecken zur Stätte der Erwartung: ‚Die Zeit ist kurz‘ (1. Korinther 7,29). So stehen sie auf und gehen ihren Geschäften nach, als gingen sie ihren Geschäften nach, sie kaufen ein, als kauften sie ein, sie leben in ihren Familien, als lebten sie in ihren Familien … aber sie kehren immer wieder zurück zu dieser leeren Fläche, auf die sich nun alles bezieht. Spur und Stätte – hier war der Christus, hier wird er sein.“ (Lehnert 31f.). – Ein Traum von ‚Ekklesia‘.

3. *Der Text: Phil 2,1–11*

Wenn nun irgendein (so etwas wie) Zuspruch in Christus, wenn irgendeine Tröstung aus Liebe, wenn irgendeine Geistesgemeinschaft, wenn irgendeine Herzlichkeit und Barmherzigkeit (unter euch ist, dann) macht meine Freude vollkommen (dadurch, dass), ihr dasselbe denkt, dieselbe Liebe habt, einmütig das Eine denkt, nichts (tut) in Rechthaberei und nicht in eitlem Geltungsbedürfnis, sondern (indem ihr) in der Demut einander für größer als euch selbst haltet, ihr nicht (auf) das Eigene seht, sondern auch das von jedem anderen [im Blick habt].

Habt im Sinn unter euch, was ihr auch in Christus Jesus denkt:

Der in einer Gestalt Gottes seiend,
nicht als einen Raub sah er an
das Gott-gleich-Sein.

(Vielmehr) entäußerte (wörtlich: entleerte) er sich,
nahm die Gestalt eines Sklaven an,
(und) wurde den Menschen gleich.

(Der) Erscheinung (nach) gefunden wie ein Mensch,
erniedrigte er sich selbst,
(ist) gehorsam geworden bis zum Tod,
(zum) Tod am Kreuz.
Deswegen auch hat Gott ihn über alles Maß erhöht
und ihm den höchsten Namen geschenkt,
der über jeden Namen (erhaben ist).

damit in dem Namen Jesu jedes Knie sich beuge
der himmlischen und der irdischen und der unterirdischen (Mächte)
und jeder preise:
Herr Kyrios (ist) Jesus Christus
zur Ehre Gottes des Vaters.

4. *Die Überwindung von Grenzen*

Anlässlich der Verleihung des Friedenspreises des Deutschen Buchhandels hielt Navid Kermani eine bemerkenswerte Rede. Sie endete mit der Einladung zu einem öffentlichen Gebet für bedrohte Christen und den Frieden in Syrien (s. Link im Internetpool). Ein Muslim öffnet die Augen für die mögliche Schönheit und Wahrheit des Christusglaubens. Er erzählt von Pater Jaques, einem katholischen Priester und Mönch, der 2015 zeitweilig Geisel des „Islamischen Staates" war und am Ende durch die Intervention von Muslimen die Freiheit wiedererlangte.

„Ich habe Pater Jaques im Herbst 2012 kennengelernt [...] Er betreute die katholische Gemeinde von Qaryatein und gehörte zugleich dem Orden von Mar Musa an, der sich Anfang der achtziger Jahre in einem verfallenen frühchristlichen Kloster gegründet hat. Das ist eine besondere, eine wohl einzigartige christliche Gemeinschaft, denn sie hat sich der Begegnung mit dem Islam und der Liebe zu den Muslimen verschrieben. So gewissenhaft die Nonnen und Mönche die Gebote und Rituale ihrer eigenen, katholischen Kirche befolgen, so ernsthaft beschäftigen sie sich mit dem Islam und nehmen bis hin zum Ramadan teil an der muslimischen Tradition. Das klingt verrückt, ja aberwitzig: Christen, die sich nach ihren eigenen Worten in den Islam verliebt haben. Und doch war diese christlich-muslimische Liebe noch vor kurzem Wirklichkeit in Syrien und ist es in den Herzen vieler Syrer noch immer. Mit ihrer Hände Arbeit, ihrer Herzen Güte und ihrer Seelen Gebete schufen die Nonnen und Mönche von Bar Musa einen Ort, der mir utopisch anmutete und für sie selbst nichts Geringeres als die endzeitliche Versöhnung – sie würden nicht sagen: vorwegnahm, aber doch vorausfühlte, die kommende Versöhnung voraussetzte: ein Steinkloster aus dem siebten Jahrhundert mitten in der überwältigenden Einsamkeit des syrischen Wüstengebirges, das von Christen aus aller Welt besucht wurde, an dem jedoch zahlreicher noch Tag für Tag Dutzende, Hunderte arabische Muslime anklopften, um ihren christlichen Geschwistern zu begegnen, um mit ihnen zu reden, zu singen, zu schweigen und auch, um in einer bilderlosen Ecke der Kirche nach ihrem eigenen, islamischen Ritus zu beten [...]" (www.friedenspreis-des-deutschen-buchhandels.de/819312/Aufruf 26.10.2015).

„Habt im Sinn unter euch, was ihr auch in Christus Jesus denkt ..." Navid Kermani ist fasziniert von der Schönheit dieser Menschen, die ihre anders glaubenden Nachbarn nicht als Feinde, auch nicht als Objekte ihrer Mission, sondern ausschließlich als Menschen im Sinn haben, als Menschen, in denen ihnen der von ihnen geglaubte Gottessohn Jesus Christus begegnet, sie herausfordert aus klösterlicher Selbstgenügsamkeit hinein in ein mutiges und lebensbedrohliches Engagement für die Menschen.

Was gelang in der Frankfurter Paulskirche an dem Tag dieser Rede? Ein Grenzübertritt gelang. Für Momente wurde spürbar und nicht allein denkbar, dass es wahr sein könnte: Ein Gott und eine Menschheit, so unterschiedlich, ja scheinbar heillos zerstritten sie ist. Es gelang der interkulturelle Brückenschlag und viel mehr als das: Nicht ‚multi-kulti', nicht ‚postmoderne' Beliebigkeit (hier kann doch jeder denken, was er will, oder?), sondern das so persönliche wie kunstvolle Bekenntnis eines Intellektuellen, dem es gelingen kann, ganz elementar und konkret zu sprechen, nicht von oben herab, aber geistig beziehungsreich und anspruchsvoll, nicht allein intellektuell, sondern auch rituell. Die Rede, die mit einem Gebet endet. Und dies nicht als Zeugnis, erst recht nicht als Bemächtigung über alle Andersglaubenden, Atheisten und Agnostiker im Saal (wie die Kritik in den Feuilletons lautete), sondern als Einladung, der Kraft der „Wünsche" etwas zuzutrauen, dem Irrsinn des IS den Sinn einer tiefen Humanität entgegenzusetzen.

Die Hingabe des Gottessohnes an die Welt entspricht der hingebungsvollen Liebe der christlichen Nonnen und Mönche. Der Namen Jesu wird geehrt von einem Menschen, der seinerseits geehrt wird für seinen Einsatz für Frieden. Navid Kermanis Rede lässt sich als Interpretation von Phil 2 lesen.

5. *Methodisch*

5.1 Einstieg mit Texttheater (15 Min.)

L haben sich vorbereitet und den Text Phil 2, 1–11 als *Texttheater* aufbereitet.

Die Methode des Texttheaters ist in verschiedenen Publikationen nachlesbar. Lesen Sie in der Vorbereitungsgruppe (L) den Text mehrfach laut, zunächst von Anfang bis Ende, dann zeitversetzt von mehreren gelesen, z. B. im Raum umhergehend. Sprechen Sie über Ihre Höreindrücke. Wählen Sie aus, wer welche einzelnen Worte, Sätze, Passagen sprechen möchte. Experimentieren Sie mit einem spontanen Vortrag, mit Lautstärke, Wiederholungen, Gesten, Auftritten und Abgängen einzelner Stimmen. Werten Sie das Ergebnis aus. Möglicherweise entscheiden Sie sich für einen teilweise improvisierten Vortrag im Plenum oder auch für ein genau fixiertes Skript, das sie dann auch vorab mindestens ein Mal aufführen, ggf. verändern und neu festhalten.

Kurze Runde, in der sich das ‚Publikum' äußern darf.

5.2 Aufstellung zu Phil 2,5–11 mithilfe von ‚Figuren' (25 Min.)

In den Bildungszusammenhängen, für die dieses Werkbuch geschrieben ist, kann es nicht um eine ‚systemische Aufstellung' im therapeutischen Sinn gehen. Uns schwebt Analoges vor, wie es die sogenannte Struktur-Lege-Aufgabe (Brigitte Scheele / Norbert Groeben, Dialog-Konsens-Methoden zur Rekonstruktion subjektiver Theorien: die Heidelberger Struktur-Lege-Technik (SLT), konsensuale Ziel-Mittel-Argumentation und kommunikative Flussdiagramm-Beschreibung von Handlungen, Tübingen 1988) vorsieht, ergänzt um Spurenelemente aus systemischer und Gestalttherapie: Die Wahrnehmung und Gestaltung von Beziehungen. Die leitende Idee ist, dass ein poetischer Text wie Philipper 2 ein unbewusst oder bewusst hergestelltes Textgewebe ist, ein Textraum, in dem die Worte derart sinnvoll angeordnet sind, dass die Hörenden in den Textraum persönlich hineinsteigen und sich dort versuchsweise verorten können. Möglicherweise fließen tagesaktuelle Stimmungen mit ein. L sollten das im Blick haben, aber auch dazu ermutigen, dieses kleine Experiment zu wagen. Die großen Worte lösen möglicherweise auch Gefühle aus. Jede/r darf sich aber auch selbst schützen und sich in dem Raum der Textwelt sozusagen verbergen. Der Text und die gestellte Struktur wirken so oder so.

L haben z. B. im Baumarkt ausreichend Kanthölzer (ca. 30) zusägen lassen (ca. 30 cm lang bzw. hoch bei Standfläche in üblichen Maßen) und an allen 4 Schauseiten z. B. mithilfe von Markierungsstiften mit den ihrer Auffassung nach wichtigsten Worten und Begriffen aus Phil 2,5–11 (der sogenannte ‚Hymnus' mit der Einleitung in V.5) versehen. So liegen zu Beginn der Gruppenarbeit z. B. 20 beschriftete Kanthölzer ungeordnet, aber lesbar in der Mitte:

Ermunterung – Christus – freundliches Zureden – Geistesgemeinschaft – Herz – Barmherzigkeit – Freude – Liebe – Rechthaberei – eitles Geltungsbedürfnis – Demut – das Eigene – der Andere – Gottes Stand – Raub – Sklaven-Stand – sich selbst entleeren – der Erscheinung nach wie ein Mensch – Tod – Tod am Kreuz – Gott – höchster Rang – der Name über allen Namen – jedes Knie, das sich beugt – die himmlischen Mächte – die irdischen Mächte – die unterirdischen Mächte – jede Zunge lobpreisend – Herr ist Jesus Christus – zur Ehre Gottes des Vaters.

Aufgabe:
- TN nehmen sich 1–2 Hölzer (Worte/Begriffe aus Phil 2, s. o.):
- L liest den Text Phil 2,1–11 vor. TN stellt, wenn sein Stichwort fällt, sein Holz dorthin, wo er ihm passend scheint.
- Betrachtung des entstandenen Bildes. Reflexion I: Was sehen wir? Welche Text-Struktur bzw. Text-Gestalt bildet sich dort ab? Gibt es Unterschiede zum geschriebenen Text?
- Die Holzklötze können einen neuen Platz bekommen.

- Reflexion II: Ist eine ‚Ordnung' zu erkennen? Bildet die gestellte Ordnung den Text anders/besser ab? Ist (noch) etwas zu verändern, möglicherweise klarer zu stellen, pointierter, provokanter …?
- Betrachtung des neuen Bildes = Reflexion III:
- Foto des zuletzt stehenden Bildes z. B. schräg von oben (so dass man die Beschriftung erkennt) mithilfe eines Tablets, ggf. mit Beamer zu projizieren:

5.3 Präsentation der Figurenkonstellationen im Plenum (15 Min.)

Präsentation und kurze Runde: Was sehe ich im Bild der anderen Gruppe? – nur nachfragen, um besser verstehen zu können. Die Beobachtungen nicht kommentieren oder bewerten!

5.4 Arbeit an Texten Dietrich Bonhoeffers (zwei Texte, zwei Gruppen, 30 Min.)

Die Texte aus ‚Nachfolge' und ‚Widerstand und Ergebung' (s. o.) werden laut gelesen. L erläutern kurz (!) den zeitgeschichtlichen Kontext der Passagen, geben aber nicht die Interpretation der Texte vor!

Es ist wichtig, zunächst diese Texte rein im Bonhoefferschen Kontext zu lesen und zu verstehen. Eine weiterführende Frage kann sein: Sehen Sie gedankliche Verbindungen zwischen diesem Text (und der Situation, in der er geschrieben wurde) und Phil 2?

> Als Hintergrundinformation zu Bonhoeffer empfehlen wir einen Blick in die entsprechenden Ausgaben der Dietrich Bonhoeffer Werke, DBW 4 und 8. Wer keinen Zugriff auf die Bücher hat, kann versuchen, im Internet Informationen zu den Passagen zu finden. Noch gibt es keine vollständige digitale und für alle Nutzer zugängliche Fassung von Bonhoeffers Werken.

5.5 Poesie und die Wirklichkeit von heute (30 Min.)

Möglicherweise hat es schon in den vorlaufenden Gesprächsrunden Bezüge zu politischen und sozialen (ethischen) Fragen gegeben – was ganz im Sinne von Phil 2 wäre. In diesem abschließenden (konkretisierenden und bündelnden) Gesprächsgang können solche Gesprächsfäden noch einmal genannt, miteinander verknüpft und auf den Punkt gebracht werden.

L sollten ein *aktuelles Thema*, evtl. einen Zeitungsartikel, eine Meldung aus den Tagesnachrichten o. ä. parat haben. Leitende Frage für das Gespräch (Diskussion): Welche Bedeutung könnte Phil 2 oder eine Übertragung von Phil 2 in der aktuellen tagespolitischen Diskussion bekommen?

Eignet sich der Text zur Analyse politischer Vorgänge heute? Wäre er in dieser oder anderer Form einsetzbar in politischen ‚Nachtgebeten', im Bußtagsgottesdienst usw.? Zum Zeitpunkt der Fertigstellung dieses Buches war die Frage des Umgangs mit den Flüchtlingen das die Nachrichten beherrschende Thema. Zu dieser Thematik sind leicht Bezüge zu Phil 2 zu erkennen.

Es geht wieder nicht um eine simple Anwendung des Textes auf die aktuelle Situation. 1:1 lässt sich die Textwelt von damals mit der Situation von heute nicht in Deckung bringen. Worum es stattdessen geht, ist: dem Spirit und *Drive* des Textes, den provozierenden Spitzen, der Intention nachzuspüren und in diesem Sinn durch den Text transformiert neu auf die aktuelle Situation zu schauen. Und umgekehrt: Die Situation stellt Fragen an den Text, möglicherweise auch kritische. Z. B. ließe sich fragen, ob die von Paulus geforderte Demut der Gemeindeglieder jemals Realität war. Eine andere Frage ist, ob nicht die Demut der anderen zur Festigung der eigenen Herrschaft missbraucht wurde.

5.6 Loslassen (5 Min.)

Ein Lied, ein Gebet, eine Zeit der Stille, ein Segenskreis – je nach Situation und Gruppe.

VII. Freiheit

Übersicht (120 Min.)

Zeit	Phase	Methode und Sozialform	Inhalt
15 Min.	Einstieg	Lesung im Plenum	Der hohe Gesang der Freiheit
50 Min.	Erarbeitung I	Gesprächsgruppen	Die Freiheit des Sklaven
50 Min.	Erarbeitung II	Plenum	Freiheit und Mammon im 21. Jahrhundert
5 Min.	Ausklang	Lied	Im Schauen auf dein Antlitz … (2. Kor 3,18)

Werkzeuge und Material
- Flipchart und Filzstifte
- Für Interessierte die Texte der Textcollage

Prolog
,Freiheit' lautet das Losungswort des ,Westens'. Die Französische Revolution, die US-amerikanische Verfassung setzen sich mehr (Frankreich) oder weniger (USA) von der Tradition der ,Freiheit' nach kirchlich-christlichem Verständnis ab, basieren aber notwendig beide auf dem jüdisch-christlichen Fundament des ,Abendlandes'. Lassen sich bei Paulus neue Horizonte der Freiheit aufspüren, die uns im 21. Jahrhundert den Blick erweitern und schärfen auf das, was der Geist der Freiheit ist?

1. Paulinische Texte zu ,Freiheit' kurz kommentiert

1.1 Für Freiheit befreit (Gal 5,1)

„Für die Freiheit hat uns Christus befreit. Steht also fest und seid nicht wieder belastet mit einem Joch von Sklaverei!" (Gal 5,1)

Im Kon-Text des Galaterbriefes (Paulus Handbuch, 194ff.) steht der Vers als Spitzensatz am Höhepunkt der Argumentation des Apostels gegen die von den Galatern vorgebrachten Gründe, warum sie Gesetze und Regeln aus Tora und jüdischer Lehre als für Christen verbindlich einführen wollen.

Unmittelbar vorher hat Paulus mit dem Verweis auf Abraham, Hagar und Sarah sowie deren Kinder Ismael und Isaak argumentiert: Ihr (Galater) seid Nachfahren

Sarahs, „der Freien" (4,31), d. h. lasst euch nicht wieder unter das Gesetz knechten! In großer Freiheit legt Paulus 1. Mose 16 / 1. Mose 21 als Schriftbeweis dafür vor, dass die galatische Gemeinde der Christusgläubigen Kind = Erbe Isaaks sei.

Des Paulus Argumentation ist komplex und kann zu Missverständnissen einladen. Näheres haben wir diskutiert in Kap. III.

Die Befreiungstat Christi bedeutet für die Glaubenden eine spürbare Freiheit. Sie ist nicht nur gedacht, sondern existenziell. Sie zeigt sich im Leben derer, die von Christus „für" diese Freiheit befreit sind. „Steht ihr also fest!", d. h. ihr seid nicht bloß passiv Empfänger der Freiheit, sondern ihr sollt der Freiheit entsprechend leben und sie verteidigen. Von Christusgläubigen die Beschneidung zu fordern, die jüdischen Reinheits- und Speisevorschriften oder sonstige Regeln und Feste der nichtjüdischen Umwelt (Gal 4,10) verpflichtend zu machen – das würde für Paulus bedeuten, dass Christus vergeblich gekommen, am Kreuz gestorben und auferstanden sei.

Luther übersetzt: „*Zur* Freiheit hat euch Christus befreit …" Im Griechischen steht wörtlich „der Freiheit" (Dativ) … Das lässt Spielraum für die Übersetzung „für die Freiheit".

Die Maxime des Paulus im Streit mit den Kontrahenten in Antiochia und bei den Galatern: Wechselseitige Rücksicht – unbedingt! Forderungen des ‚Gesetzes', die faktisch zur Aufgabe der eigenen Identität zwingen (ihr Nichtjuden müsst praktisch erst Juden werden, bevor ihr dem Christus folgen könnt) – niemals!

1.2 Frei für Christus (Phil 1,19f.)

„[…] ich weiß nämlich, dass mir dies zur Rettung ausgehen wird […] nach der festen Erwartung und einer Hoffnung von mir, dass ich in nichts zuschanden werde, sondern in aller Freiheit Christus wie allezeit so auch jetzt an meinem Leib groß gemacht werden wird, es sei durch Leben oder Tod."

Paulus sitzt im Gefängnis (Paulus Handbuch, 91ff., 203ff.). Prozess, Folter, Verurteilung und gewaltsamer Tod sind möglich. Um seiner Mission und Gemeinde willen möchte Paulus aus dem Gefängnis in die Freiheit entlassen werden (1,24–26). Andererseits könnte er auch sterben. Er sehnt sich geradewegs danach; denn Sterben heißt für ihn *Gewinn* des Lebens in und mit Christus (1,20.22f.). So oder so hofft er, Christus an seinem Leib groß machen = verherrlichen zu können. Seine „Freiheit" (V. 20) ist im Kontext des Gefängnisses seine Unerschrockenheit und Redefreiheit. Er wird den Christus bezeugen lebend oder sterbend, im Gefängnis oder in Freiheit von den äußeren Ketten. Seine Freiheit transzendiert Gefängnismauern und Todesangst. Vielleicht ist er auch schlicht erschöpft, müde genug zum Sterben, zum Abschied. Doch um seinen Auftrag zu erfüllen möchte Paulus das Gefängnis überleben.

1.3 Die Freiheit des Gefangenen Jesu Christi

„Paulus, ein alter Mann, nun aber auch ein Gefangener Christi Jesu …" (Phlm V. 9)

Der kurze Philemonbrief sollte ganz gelesen werden. (für Hintergründe vgl. Paulus Handbuch, 210ff.; Peter Wick, Paulus, Göttingen 2006, 85–123; Marcus J. Borg / John Dominic Crossan, The first Paul, London 2008, 31–48). Die in ihm verhandelte Frage ist die nach der Freiheit des Sklaven Onesimus. Onesimus war von seinem Besitzer zu Paulus in das Gefängnis geflohen. Welche Freiheit denkt sich Paulus für sein „Kind", das er „in der Gefangenschaft gezeugt" habe (V. 10), d. h. der sich bei Paulus zum christlichen Glauben bekannt hat, vielleicht sogar im Gefängnis getauft wurde? Rhetorisch geschickt führt Paulus den Adressaten Philemon mit einer Bitte dahin, sich genau zu überlegen, was es in seinem eigenen Verhalten für diesen bedeuten wird, wenn er jetzt von Paulus zu seinem Besitzer zurückgeschickt wird. Paulus bittet für Onesimus. „Ich schicke ihn dir zurück und damit mein eigenes Herz" (12). Nicht aus Zwang, sondern freiwillig möge Philemon „das Gute" tun (14) und Onesimus nicht mehr als Sklaven, sondern als geliebten Bruder empfangen (16). Onesimus sei auch ein geliebter Bruder vor der Welt und vor dem Herrn (Jesus Christus). „Wenn du mich für deinen Gefährten hältst, so nimm ihn auf, wie du mich aufnehmen würdest" (17). Paulus bietet sogar die Begleichung etwaiger Schulden oder Verluste an: „Stelle es mir in Rechnung" (19). Zuletzt aber doch noch ein Hinweis darauf, dass Paulus auch anders könnte, als auf die herzliche Freiwilligkeit des Philemon zu setzen: „Im Vertrauen auf deinen Gehorsam …" (21). Wie wird Philemon diesen Brief gelesen und verstanden haben? Wie stellen wir uns das weitere Leben des Sklaven und nun geliebten ‚Bruders' Onesimus im Hause des Philemon vor? Welche Freiheit hat sich Paulus ausgedacht für sein „Kind" und seinen „Bruder"? Was soll „vor der Welt" sichtbar anders sein als vor dessen Bekenntnis zu Christus (mögliche Taufe durch Paulus)? Müssen wir uns das so denken, dass er tagsüber für seinen Herrn als Sklave arbeitet und nach Feierabend als Bruder zur Abendmahlzeit und zum Tisch des Herrn Jesus Christus eingeladen ist?

Paulus *delegitimiert* die Sklaverei *theologisch,* nicht politisch. Die Person des Sklaven ist gleichberechtigtes Glied der Gemeinde. In seiner Funktion bleibt er Sklave seines Besitzers. Es sind letztlich *pragmatische* Gründe, die Paulus davon abhalten, etwa gegen das Institut der Sklavenhaltung öffentlich anzugehen. Ähnlich ist für Paulus die Herrschaft des römischen Imperators nur legitim als ein zeitbedingter göttlicher Auftrag (Röm 13). Keineswegs möchte Paulus zum Obrigkeitsgehorsam auffordern, wie er Jahrhunderte lang selbstverständlich als christliche Tugend galt. – Es bleibt uns nichts anderes übrig, als die grundsätzliche theologische Argumentation des Paulus im Kontext ihrer Zeit zu verstehen, um sie dann in unsere Kontexte zu transferieren, was im Kontext von heute zu material anderen Aussagen führen kann, ja in der Regel muss.

Der Philosoph *Giorgio Agamben* (geb. 1942) kommentiert Paulus anhand der ersten Worte des Römerbriefs. Dieser beginnt in der Übersetzung von Agamben: *„Paulus, zum Sklaven des Messias Jesus berufen, als Apostel ausgesondert für die Verkündigung Gottes"* (Giorgio Agamben, Die Zeit, die bleibt. Ein Kommentar zum Römerbrief, Frankfurt a. M. 2006 (Agamben), 17). „Sklave" dieses Messias Jesus zu sein, bedeutet, Freiheit neu zu erfahren und Freiheit neu zu definieren. Diese Freiheit zu leben, den ‚Kairos' der ‚messianischen Zeit' aktiv zu ergreifen, sie als ‚operative Zeit' zwischen Vergangenheit und Zukunft zu nutzen, statt sich schmollend und scheinbar ohnmächtig einer verhängnisvollen Zukunft zu ergeben, wäre Heilung für die Menschheit (Agamben, bes. 30ff., 75ff.).

1.4 Der Geist der Freiheit

„Der Herr aber ist der Geist, und wo der Geist des Herrn ist, da ist Freiheit! Nun aber schauen wir alle mit aufgedecktem Angesicht die Herrlichkeit des Herrn wie in einem Spiegel, und wir werden verklärt in sein Bild von einer Herrlichkeit zur anderen von dem Herrn, der der Geist ist" (2. Kor 3,17f., LT).

Die ‚Doxa' (Herrlichkeit, Lichtglanz) Gottes liegt für die Heiligen wie offen zutage. Wer ihr glaubt, wird in sie hinein verwandelt „von einer Herrlichkeit zur anderen". Der Mensch im Innersten Gottes. Paulus zitiert an dieser Stelle sich selbst (1. Kor 13,12) und führt seinen Gedanken – wir werden erkennen, wie wir von Gott erkannt sind – auf die Spitze: Wir werden „verklärt" in das Bild des Sohnes Gottes und damit letztendlich in die ‚Doxa' Gottes selbst.

Die weitere systematisch-theologische Entwicklung wird diesen Gedanken der Verklärung in das Bild des Sohnes Gottes, der „der Geist ist", trinitätstheologisch zum Ausdruck bringen.

Von hier aus nimmt sich Paulus die Freiheit, (wieder einmal) eine Vorlage aus dem Tanach auf Christus ‚kreativ' zu interpretieren: Mose hat nach 2. Mose 34,29–35 nach der Gottesbegegnung auf dem heiligen Berg einen übernatürlichen Abglanz von Gottes ‚Doxa' auf seinem Antlitz. Die Erzählung legt nahe, dass nur er schadlos im Direktkontakt mit Gott sein konnte, die anderen Israeliten aber selbst den Abglanz auf seinem Gesicht jedenfalls auf Dauer nicht ertragen konnten. Paulus argumentiert in den vorangehenden Versen 3,12–15 nun aber so: Die Decke, die als Schutz vor der gefährlichen Doxa Gottes diente, wird bei Paulus zu der ‚Decke' über dem ‚alten Bund' (V. 14), d. h. die Israeliten verstehen ihre eigene Tora nicht mehr; denn diese als das Kerndokument des Bundes ist nur noch ‚in Christus' „aufgedeckt" = zu verstehen. Die ‚Decke' liegt laut Paulus nun auf dem „Herzen" aller derer, die die Lesungen aus *Mose hören und nicht verstehen, dass in ihnen von dem Christus Jesus die Rede ist!* Wer sich aber zum Herrn (kyrios) „umgewendet" hat (oder noch umwenden wird) erfährt die Freiheit, die mit dem Geist des Herrn ihn erfüllt. Wer ‚in Christus' frei ist, sieht, begreift und gestaltet das Leben nicht durch die Forderungen der Tora, sondern mit einer unmittelbaren Präsenz von Christusgeist. Paulus zielt mit dieser atemberaubenden Exegese von 2. Mose 34 auf die Erneuerung der ‚Herzen'.

Die große kritische Anfrage an die Christen und insbesondere die Kirchengeschichte bleibt offen: Wo ist eure Präsenz, eure von Paulus als Liebe definierte Freiheit, eure Gebundenheit an das Wohl des Mitgeschöpfes? Was hat sich positiv verändert in der Welt durch das Dasein der Christen? Nicht nur für Juden und für Religionskritiker, nicht nur für Kirchenhasser, auch für ernsthafte Christen bleibt die Frage, wo sie konkret im Alltag die christliche Freiheit leben.

2. *Martin Luther: Von der Freiheit für andere*

„Ein Christenmensch ist ein freier Herr über alle Dinge und niemand untertan. Ein Christenmensch ist ein dienstbarer Knecht aller Dinge und jedermann untertan. Diese Sätze sind klar bei S. Paulus zu finden, 1. Kor 9,19: „Ich bin frei in allen Dingen und habe mich zu jedermanns Knecht gemacht."; ferner Röm 13,8: „Ihr sollt niemand zu etwas verpflichtet sein, außer dass ihr euch untereinander liebet." Liebe aber, die ist dienstbar und untertan dem, das sie lieb hat; so auch von Christus, Gal 4,4: „Gott hat seinen Sohn ausgesandt, von einem Weib geboren und dem Gesetz untertan gemacht" (Martin Luther, Von der Freiheit eines Christenmenschen, in: Martin Luther, Die Hauptschriften, 4. Aufl. Berlin o. J., 96–110, ebd. 96). – Sie finden den Textauszug auch im Internetpool.

Christen leben insofern widersprüchlich, als sie ein existenzieller Widerspruch von „Seele" und „Fleisch und Blut" sind. Das Evangelium von Christus allein verschafft der „Seele" Leben, Freiheit und Gerechtigkeit vor Gott. Da helfen keine äußeren Kleider, Zeremonien und Werke. Jesus Christus „vor Augen" wird der Christ frei. Luther überträgt Röm 1,17 so: „Ein gerechtfertigter Christ lebt nur von seinem Glauben" und Röm 10,4: „Christus ist das Ende und die Fülle aller Gebote denen, die an ihn glauben".

Luthers Begriff von ‚Seele' bleibt hier unscharf. Er meint anderes als des Menschen Psyche, eher den inneren Menschen, den Personkern.

Die Freiheit der Kinder Gottes von der Herrschaft von Sünde und Tod zeigt sich in der *absichtslosen Liebe* für andere Menschen. Sie fließt frei heraus ohne egoistische Absichten. Ein vieldeutiger und nicht ganz klarer Spitzensatz in Luthers Freiheitsschrift ist diesbezüglich sein Rat und seine Ermahnung, es müsse der Christ den Nächsten so lieben wie Christus die Menschen liebt, d. h. sogar seine eigene Gerechtigkeit, die er vor Gott hat, *einsetzt, sozusagen aufs Spiel setzt,* „um seine Sünden zu decken".
Soll der Christ bereit sein, die Sünden des Nächsten zu verbergen? Oder soll er vor Gott um Vergebung der Schuld des Nächsten bitten? Die Sünden des anderen zu „decken" meint mehr, auf jeden Fall die Bereitschaft, sich (im Sinne von Phil 2) selbst rückhaltlos für Wohl und Heil des Nächsten einzusetzen. Die Sünden zu „decken", solidarisch mit den „Sündern" zu sein,

für sie einzutreten – das eben wäre theoretisch eine Möglichkeit gewesen im Umgang mit den Bauern und ihrem unglücklichen Anführer Thomas Müntzer.

1520 stellt Luther in grundlegenden Schriften die Grundzüge seiner Neuentdeckung eines christlichen Glaubens auf dem Boden der Rechtfertigung der Menschen „aus Glauben allein" dar. Als Adressaten hat er die ‚Obrigkeiten' in Kirche und Politik sowie mögliche Mitstreiter im Blick. Die Gegner hatten Luthers Schriften schon verbrannt. Dieser revanchierte sich mit der demonstrativen Verbrennung der Bannandrohungsbulle. Doch noch ist die Zeit des geistigen Ringens, des Versuchs, den anderen zu überzeugen mit den Argumenten aus Schrift (Bibel) und Vernunft (Luther vor dem Reichstag in Worms 1521). Noch ist nicht die Zeit gegenseitiger Verteufelung.

Luthers Doppelsatz von der „Freiheit eines Christenmenschen" hat eine vielfältige und tiefgreifende Wirkung. Nicht nur der Inhalt, auch Luthers Sprache hat sprachbildend, bewusstseins- und erkenntnisleitend gewirkt. *Freier* und *dienstbarer Herr*, niemandem und jedermann *untertan*. Jedes Wort lässt sich in einer Geschichte des protestantischen Milieus nachweisen.

Luthers Freiheitsverständnis führte zunächst zu sozialer Verbesserung und Erneuerung. Luther ermahnte die Bürgermeister und sonstigen Obrigkeiten, sich der Armen anzunehmen. Die Einrichtung der ‚Gotteskästen' war konkrete gemeindliche Diakonie. Politische Freiheit und insbesondere die Selbständigkeit der deutschen Fürsten gegen Papst und Kaiser war Luther wichtig, insofern die neuen Verhältnisse das von ihm wieder freigelegte Evangelium durch die deutschen Lande laufen ließen. Freiheit als Freiheit z. B. der unterdrückten und rechtlosen Bauern lag nicht in seinem Blick. Im Bauernkrieg rief er die Fürsten in wüster Weise zu tödlicher Gewalt gegen die unter Thomas Müntzers Führung vor Frankenhausen untergehenden Bauern auf.

Vgl. dazu Martin Luther, Ein Brief an die Fürsten zu Sachsen von dem aufrührerischen Geist, in: Ludwig Fischer (Hg.), Die lutherischen Pamphlete gegen Thomas Müntzer, Tübingen 1976, 1ff., und Ders., Ein schrecklich Geschicht und Gericht Gottes über Thomas Müntzer, in: ebd., 17ff.

Unmittelbar nach dem Gemetzel ging Luther seine Schuld heftig an die Nieren. Letztendlich meinte er aber doch, dass er nicht anders hätte handeln können. Das Ende der Weltzeit schien ihm nahe zu sein. Die Aufrechterhaltung der äußeren und *gottgesetzten Ordnung (vgl. Röm 13)* lag Luther von Charakter und Sache her näher als die revolutionäre Leitfigur eines Umsturzes zu einer neuen politischen Ordnung zu werden.

Es war im Rahmen evangelischer Ethik völlig neu, als *Dietrich Bonhoeffer* 1939 – über 400 Jahre nach Luther! – begann, im Rahmen seiner Ausarbeitungen zur ‚Ethik' über ‚*Verantwortung*' als Leitmotiv sittlichen Handelns nachzudenken. Lutherische Ethik war bis dahin an ‚*Ordnungen*', gesellschaftlichen ‚Ständen', am ‚Beruf' und an sittlichen *Gesinnungen* für das Leben jedes einzelnen Christen interessiert. Auch darum war die evangelische Kirche insgesamt hilflos gegen den Nazismus, der im Namen einer Neuordnung Deutschlands die nach ‚oben' hin dienstbare protestantische Mentalität für seine Zwecke zu instrumentalisieren wusste. Bonhoeffer demaskierte dies 1942 als die „Maskerade des Bösen": Unter scheinbar dem protestantischen Milieu entsprechenden Begriffen wie ‚Tugend', ‚Pflicht', ‚Gehorsam', ‚Beruf' werteten die Nazis die damit einmal gemeinten Inhalte in ihrem Sinne um. Von ‚Freiheit' und von ‚Verantwortung' in der vom christlichen Glauben inspirierten Kombination war hier allerdings nicht die Rede (in: Nach zehn Jahren, DBW 8, 19ff.).

Gerade im Kontrast zur *problematischen Wirkungsgeschichte* lutherischer Ordnungstheologie wird die eigentliche Stärke von *Luthers Freiheitsverständnis* als Freiheit ‚für andere' (Bonhoeffer) deutlich.

3. *Leben, Freiheit, Glück und Mammon*

Fremd ist der von Luther mitgeprägten deutschen Mentalität bis heute die US-amerikanische Variante des Freiheitsverständnisses:

„We hold these truths to be self-evident, that all men are created equal, that they are endowed by their Creator with certain unalienable Rights, that among these are Life, Liberty and the pursuit of Happiness." [...]

Die erste deutsche Übersetzung der Unabhängigkeitserklärung veröffentlichte einen Tag nach ihrer Verabschiedung die deutschsprachige Zeitung Pennsylvanischer Staatsbote in Philadelphia. Sie gab diesen Abschnitt folgendermaßen wieder:

‚Wir halten diese Wahrheiten für ausgemacht, daß alle Menschen gleich erschaffen worden, daß sie von ihrem Schöpfer mit gewissen unveräußerlichen Rechten begabt worden, worunter sind Leben, Freyheit und das Bestreben nach Glückseligkeit [...].' (Präambel der Unabhängigkeitserklärung der USA 4. Juli 1776; de.wikipedia.org/wiki/unanhängigkeitserklaerung_der_vereinigten_staaten. Auszug d. Vff.)

Die werdenden Vereinigten Staaten von Amerika zogen ihre Konsequenz aus den konfessionell begründeten Kriegen in Europa. Sie setzten auf diejenigen geistigen Ideen des christlichen Abendlandes, die geeignet erschienen, einen echten gesellschaftlichen und kulturellen Neuanfang zu machen. Insbesondere naturrechtliche Kategorien schienen geeignet zu sein. Das Streben nach Glück(-seligkeit) war außerdem nach calvinistischer Frömmigkeit durchaus auf das irdische diesseitige Glück hin gedacht. Nicht die lutherisch gedachte staatliche Ordnung galt als das wichtigste Gestaltungsprinzip der Gesellschaft, sondern das persönliche Leben der Individuen. So wurde Amerika das Sehnsuchtsland der Hungernden und Verfolgten, der konfessionell oder politisch Abtrünnigen. Die dunkle Seite der Vereinigten Staaten ist die Kehrseite des stolzen Selbstbewusstseins, ‚God's own country' zu sein: Der vernichtende Krieg gegen die indianischen Ureinwohner und der Rassismus der Weißen gegenüber den Afro-Americans.

Mit der Neuentdeckung des *Naturrechts* („all men are created ... with certain unalienable rights") statt der *Konfession* als Grundlage des Gemeinwesens verband sich eine in Teilen revolutionäre neue Sicht auf biblische Texte. Mochten die Katholiken weiterhin offiziell darauf hören, was die Kirche (der Papst) sagte, und die vielen verschiedenen protestantischen Denominationen weiterhin auf der Erlösung von Sünde, Tod und Teufel pochen: Nun war in einem konstitutionellen Zusammenhang zum ersten Mal und grundsätzlich die Rede von so etwas wie unveräußerlichen Menschenrechten und hier im Text von dem Recht auf Streben nach Glück („the pursuit of happiness"). Leben und Freiheit und Glück bzw. Glücksstreben als Lebensziel und Lebensmaximen im Namen des Schöpfers: Das war neu.

Die Vereinigten Staaten von Amerika gingen von Anfang an die Wette darauf ein, dass sich der von der großen Mehrheit (jedenfalls in den USA) bis heute gelebte christliche Glaube nicht nur verträgt mit irdischem Glück, sondern dass beides zusammengehört. Liberty, happiness und belief gingen eine Melange ein bis hinein in die Liturgien vieler Kirchen: Gut unterhalten zu werden (entertainment), Spaß (fun) zu haben, über die Erlösung von Sünde und Tod nachzudenken, gehört in den USA zusammen. Solidarität mit den Benachteiligten soll ganz aus der freien Aktion der Individuen fließen. Ein großes Engagement für ‚charity' (allerdings nicht unter diakonischen, sondern primär unter missionarischen Vorzeichen) und ein erbarmungsloser Rassismus gegenüber der afroamerikanischen Minderheit gingen – und gehen teils bis heute – dabei Hand in Hand.

Mittlerweile führt die Globalisierung zu einer Verflachung der ehemals scharf konturierten Verfassungswerte wie ‚Freiheit' und ‚Glück'. Kirchliche und theologische Bildung verlieren an Einfluss. Täglich gibt stattdessen die unsichtbare Hand des globalen Marktes Werte und Parolen aus, die heute gelten sollen: Die Freiheit des Eigentümers, des Konsumenten, vor allem des Kapitaleigners. Der Abgott Mammon scheint die Weltregierung übernommen zu haben (Matthäus 6,24). Wie wäre Freiheit im genuin christlichen Sinn wieder zu erlangen?

4. *Zukunft*

In seinem Wort zu Pfingsten 2015 fragt der Chefredakteur der Süddeutschen Zeitung Heribert Prantl nach dem Grund einer zukunftsfähigen Freiheit (den Link finden Sie im Internetpool). – In der Debatte des Deutschen Bundestages um die gesetzliche Regelung des sogenannten assistierten Suizides (9.11.2015) ging es zentral um die Selbstbestimmung des Menschen als Freiheit, das eigene Leben möglicherweise unter Zuhilfenahme von Ärzten und / oder sogenannten Sterbehilfeeinrichtungen zu beenden. Von welcher ‚Freiheit' ist da die Rede?

5. *Methodisch*

5.1 Lesung (15 Min.)

Als Einstieg erfolgt eine Lesung einiger Passagen aus den Freiheitstexten (s. o.). Ein hoher Gesang der Freiheit. Dazu keine Kommentare; die Texte würdigen und wirken lassen.

Vorschlag: Einen Paulustext (z. B. 2. Kor 3,17f.), einen Abschnitt aus Luthers Freiheitsschrift, den oben zitierten Abschnitt aus der Unabhängigkeitserklärung und eine Passage aus Heribert Prantls Kommentar zu Pfingsten, z. B. von „Pfingsten sagt …" bis zum Schluss.

5.2 Gruppenarbeit am Philemonbrief (50 Min.)

Gruppenbildung, Raumvergabe, L mischen sich in die Gruppen. Textblatt mit dem Philemonbrief (wahlweise ausreichend Bibeln für alle). In der Gruppe:

- Den Philemonbrief reihum lesen lassen.
- Diskussion unter der Leitfrage: Welche Vorstellung von Freiheit hat Paulus für beide: Onesimus und Philemon? Wie sieht ihr praktisches Alltagsleben konkret aus?

Wichtig ist, dass L die Gruppen arbeiten lassen und dabei das paulinische Freiheitsverständnis, evtl. Luther, Agamben usw. einspielen.

5.3 Freiheit und Markt im 21. Jahrhundert (50 Min.)

Entweder der Prantl-Artikel, in dem es der Sache nach zentral um Freiheit und Markt geht (unter der Frage: Welche Visionen, Träume, Vorstellungen von Leben und Zukunft haben wir?), oder ein aktueller Zeitungsartikel wird kopiert. Auch die 2015 geführte Debatte um *Freiheit* als Selbstbestimmung am Lebensende eignet sich. Mögliche Leitfragen:

- Was könnte die Herrschaft des Marktes (Mt 6,24) infragestellen?

- Welche Widerstandskräfte, welche Alternativen sehen wir, um Freiheit anders zu leben?
- Wie kommt es, dass es in einer (einstmals) christlich geprägten Kultur keine Selbstverständlichkeit zu sein scheint, ‚Freiheit' und ‚Gerechtigkeit' zusammen zu denken?
- Was verbindet und unterscheidet Freiheit mit und von Autonomie / Selbstbestimmung?
- Welche Rolle spielt unser christlicher Glaube? Verstummen wir? Äußern wir uns? Wo und wie? Bewirkt das etwas?

5.4 Ausklang: Ein Lied zu 2. Kor 3,18 (5 Min.)

Das Material dazu (Liedblatt zum Kanon „Im Schauen auf dein Antlitz") finden Sie im Internetpool.

VIII. Evangelium und Gebot

Übersicht (120 Min.)

Zeit	Phase	Methode und Sozialform	Inhalt
20 Min.	Intro mit Bild Erarbeitung I: Luther	Plenum: Bildmeditation	Rettung aus Sünde, Hölle, Tod und Teufel: Luthers Lebensgefühl und theologische Frage als Ausgangspunkt einer langen Tradition der Paulusinterpretation
50 Min.	Erarbeitung II: Paulus	Textarbeit in Gruppen	Römer 7,14–8,1.14
45 Min.	Erarbeitung III	Textarbeit in Gruppen	konkretes Gebot Gottes heute
5 Min.	Schluss	Plenum Musik: J. S. Bach, „Nun seid ihr wohl gerochen“	

Werkzeuge und Material

- Flipchart und Filzstifte
- Szenenbild aus dem Spielfilm von Eric Till „Luther“ (2004)
- Evangelisches Gesangbuch (EG 341)
- Übersetzung Römer 7 auf ausreichend Kopien
- Musikanlage und CD: J. S. Bach, Weihnachtsoratorium (Schlusschor)

Prolog

‚*Gesetz und Evangelium*‘ – in dieser Unterscheidung und Reihenfolge – das war (und ist?) der Kern lutherischer Theologie. Der Mensch, der die unerfüllbare Härte des göttlichen ‚Gesetzes‘ gespürt hatte, die Gebote Alten und Neuen Testaments, denen er oder sie nicht ‚gerecht‘ geworden war, dieser Mensch konnte sich Gott in die Arme fallen lassen, dem Evangelium trauen. Menschen *können* ‚an‘ das ‚Evangelium‘ glauben (wie es lange hieß), wenn und insofern ihnen dieser Glaube ‚rein passiv‘ geschenkt wurde. Machen oder sich verordnen lassen kann man den Glauben nicht. Das Problem heute: Weder die Sitznachbarin in der U-Bahn noch der Gymnasiast mit Prüfungsfach Evangelische Religion verstehen, wovon die Rede ist. Für viele sind Vorstellung und Gefühl eines Lebens ‚vor Gott‘ (lat. coram deo) fortgefallen. Das ‚*Extra nos*‘ (*außerhalb von uns* liegt unsere Rettung), auf dem Luthers Gedankengebäude ruhte, in dem er lebte und mit ihm die Christen beider großer Konfessionen über Jahrhunderte, ist heute bei vielen einer persönlichen Selbstbestimmung und Selbstabwägung gewichen. Das mag anstrengend sein, zuweilen überfordernd, Stress und Angst erzeugen; aber für die meisten Zeitgenossen funktioniert es meistens – und auch bei vielen Christen. Was bedeutet das theologisch? Und methodologisch? Mehr noch als bei den anderen ‚Themen' drängt sich bei diesem Kernstück christlicher, speziell evangelischer Lehre die Frage auf, ob und wie sich ein innerchristliches Gespräch öffnen lassen kann für interessierte Nichtchristen, Menschen anderer Bekenntnisse und Orientierungen, ob und wie elementare theologische Einsichten – gewonnen an der Arbeit mit Paulustexten – in unserer Gesellschaft verständlich und vielleicht auch für Nichtchristen plausibel sein können.

1. *Luther, Paulus und wir heute*

Szenenfoto aus Eric Till, Luther (2004) – Luther im Gewitter vor Stotternheim (mit Dank an Matthias-Film München)

Die Hände schützend vor das Gesicht geschlagen. Ein hilfloser Mensch im Dreck. *Martin Luther* (1483–1546) erfährt die Naturgewalt des Gewitters als Kraftäußerung des zornigen Schöpfergottes, dessen Bild ihm in diesem Moment wie das des Teufels erscheint. Luther betet zu seinem Gott, fleht, stößt das Gelübde aus, Mönch werden zu wollen, wenn er hier lebend herauskomme. Es ist ein *Handel* mit Gott, dem Schöpfer und dem Richter über das Leben des Geschöpfes und des Sünders Martinus. In einer Tischrede vom 16. Juli 1539 erinnert er sich vor seinen Gästen an die Geschichte, „wie er [...] von einem Blitz niedergestreckt in Angst und Schrecken („in terrore") gesagt habe: ‚Hilf du, S. Anna, ich will ein monch werden!'" (Heinz Schilling, Martin Luther, München 2012, 77). Ein *Handel* aus Höllenangst. Die Reformation wird folgerichtig ihren Ausgang beim *Ablasshandel* nehmen. Luther machte sein

Lebensthema zur Mitte seiner Theologie. In großer Prägnanz bringt er es auf den springenden Punkt:

„Der Gegenstand der Theologie ist der schuldige (angeklagte) und verlorene Mensch und der rechtfertigende Gott oder (gar) Heiland (Retter)." (WA 40/2, 328,1f.).

Luther konnte sich Glauben ohne *Anfechtung* nicht denken. Die erste und entscheidende Anfechtung ist der den Menschen richtende Gott, ist subjektiv gewendet die anklagende Stimme im Gewissen des Menschen. Die Anfechtung mache den Christen, sagte Luther; und die höchste Anfechtung seien nicht körperliche Leiden, sondern das *bedrohte Gewissen* und die Höllenangst. So integriert er die Angst vor der Hölle produktiv in seine Biografie (vgl. z. B. im „Sermon von den guten Werken", WA 6, 208,6–209,5).

Für Luther stand die Existenz Gottes außer Frage. Luthers ‚Anfechtung' war eine andere als die vieler Zeitgenossen heute. Der Richterstuhl Gottes ist für sie leer. Markanteste Form einer ‚Anfechtung' ohne direkten Gegner, den man fokussieren könnte (wie Luther, der den Teufel mit seinem legendären Tintenfass bewirft), ist der Verlust des Bewusstseins einer Frage nach Gott überhaupt. Man ist sich selbst Motivator, Richtschnur und Richter.

Auch wer sich fromm, gläubig oder Christ nennt und ebenso zugereiste Geflüchtete mit traditionell geprägtem muslimischen Glauben kommen nicht umhin, die kulturelle Transformation wahrzunehmen, deren mindestens vorletzter Grund darin besteht, dass der Mensch tatsächlich für das Wohl und Wehe des Globus verantwortlich ist und ihm kein Gott diese Verantwortung abnimmt.

Die Klimakonferenz in Paris hat im Dezember 2015 immerhin einmütig beschlossen, Maßnahmen zu ergreifen, die den Anstieg der Erderwärmung bis zum Ende des 21. Jahrhunderts auf maximal 1,5–2 Grad begrenzen. Nicht erst am Horizont, sondern in Anfängen schon heute spüren Menschen, Völker in besonders bedrohten Gegenden die Folgen menschlichen Handelns als apokalyptische Bedrohung. Dieser Blickwechsel von Luthers Angst angesichts des richtenden Schöpfergottes zu unserer Angst vor den Folgen des eigenen Handelns ist mental und theologisch noch gar nicht so bearbeitet, dass – Ausnahmen bestätigen die Regel – in den Gemeinden, in der Konfirmandenarbeit, in den Liturgien der Gottesdienste daraus spürbar zeitgemäße Denkfiguren und Formen entstanden wären. Und wie können theologische Sprachspiele, Einsichten, Fragen, auch außerhalb gemeindlicher und kirchlicher Gruppen und Kreise eingespielt werden, ohne von den Gesprächspartnern zu verlangen, sie müssten die Vorbedingung eines irgendwie kirchlichen Glaubens erfüllen? Bei ‚Evangelium und Gebot', im Herzstück paulinischer Sprache, käme es besonders auf solche Versuche an.

In Auslegung von Röm 5,12 ist der Mensch für Luther und nach Augustinus nicht nur de facto (so bei Paulus), sondern *wesenhaft* ein gegen Gott sich kehrender „Sünder". Der Mensch kann nicht vermeiden, Sünder zu sein. In der Sprache Luthers: Der Mensch ist, so wie er nach dem Sündenfall ist, ein Ungerechter und Gottloser (Rochus Leonhardt; Grundinformation Dogmatik, Göttingen 2008 (Leonhardt), 267; auch Christine Axt-Piscalar, Artikel ‚Sünde' VII, in: Theologische Realenzyklopädie, Bd. 32, 400–436).

Luthers Entdeckung von Gottes sich an die Menschen *verschenkender Gerechtigkeit* bekommt ihre Strahlkraft auf der dunklen Folie des *einzelnen* in seinem *Gewissen* tief verwundeten und *ängstlich verzweifelten* gottverlorenen Sünders. Wie kommt das Evangelium von der Rechtfertigung des ‚Gottlosen' zu stehen bei Menschen, die Menschenbild, Sündenverständnis und die Erlösung aus Sünde und Tod in Jesus Christus nicht einmal mehr verstehen können, geschweige denn ‚daran' glauben?

Angesichts der aktuellen Weltlage erscheint die Lehre von der sogenannten *Ursünde* (missverständlicher: ‚Erbsünde') plausibel: Die Menschheit lebt in einem globalen Schuldzusammenhang, den man theologisch als (sozusagen wesenhafte = unausweichliche) Verstrickung in ‚Sünde' verstehen kann. Allerdings hat sich für die meisten Zeitgenossen die persönliche Grundstimmung gegenüber der Zeit der Antike (Augustinus) und der Zeit Luthers gravierend geändert. Nicht nur feministische Theologinnen bestehen seit Jahrzehnten darauf, dass nicht mehr im Namen einer ‚patriarchalen' theologisch aufgesetzten ‚Herrschaftsideologie' der Mensch (und das hieß in der Geschichte oft genug: die Frauen) klein geredet werden darf, ehe dann die ‚Gnade' Gottes als Lösung bzw. Erlösung aus dem gedanklich selbst erzeugten Gefängnis instrumentalisiert wird. Und wo bliebe die Schönheit und die Kreativität des Menschen – von Männern wie Frauen, Schwachen wie Starken usw. – und das, was viele Menschen mithilfe der psychologischen Ratgeber erst mühsam gelernt haben: Dass sie sich selber ‚annehmen', sich selber ‚lieben', wenn die Kirchen und die Theologie diese ganze kulturelle Entwicklung nun wieder infrage und sich selber außerhalb des gesellschaftlich-kulturellen mainstreams stellte?

Seit der Aufklärung wird im Namen der Menschenwürde und d. h. vor allem im Namen der Freiheit und der Autonomie gegen ein Verständnis des Menschen als des gottlosen Sünders protestiert. Kirche und Theologie können nicht an diesem kulturellen Gedächtnis vorbei mit unveränderten Worten von des Menschen Ur- oder Erbsünde, von Gottes Gerechtigkeit reden, ohne darüber Rechenschaft ablegen zu können, ob und was die tradierten Lehren heute noch oder neu bedeuten oder auch nicht mehr bedeuten können.

Ein vertiefter Blick in die Paulusbriefe kann dazu animieren, so komplexe wie konkrete Situationen im Alltag der Welt im 21. Jahrhundert theologisch neu zu interpretieren.

Das kann gelingen, wenn wir des Paulus Aussagen über den Menschen, die Gerechtigkeit Gottes, die Sünde, die Gnade nicht als Teile einer paulinischen Dogmatik lesen, sondern als durchaus konsistent gedachte Sätze für eine bestimmte Gemeinde und in eine bestimmte Situation hinein! Weder, was Paulus angeblich ‚wirklich' gedacht hat, noch des Paulus besonderes Erlebnis vor Damaskus definiert für alle Zeiten, was in den Texten heute zu lesen ist.

Paulus führt in Röm 1–3 die Verfehlungen (die ‚Sünden') gegen Gottes Gebot (erkennbar für Juden in der Tora und für die nichtjüdischen Völker im Gewissen) auf, die er zu seiner Zeit identifiziert. In der Fachwissenschaft ist es strittig; aber man kann seine Briefe insgesamt so verstehen, dass der Mensch im Unterschied zur Lehre des Augustinus und bei Luther (und gegen ein ‚lutherisches' Verständnis von Röm 7 als Lehre vom Menschen) *nicht wesenhaft*, sondern *de facto* vor Gottes Gebot ein ‚*Sünder*' ist. Das jedenfalls ist eine Lesart, die herauskommt, wenn wir des Paulus Aussagen nicht unbedingt über einen gemeinsamen dogmatischen Leisten schlagen wollen, sondern lesen, was da in unterschiedlichen Briefen für unterschiedliche Gemeinden steht.

Übersetzen wir nun einmal das für viele unverständliche Wort ‚Sünder' probeweise mit einem Bild vom Menschen, wie es viele Zeitgenossen heute kennen werden: Ein Mensch, der in sich uneins ist, der nicht zu einem einheitlichen Lebenskonzept kommt, der in Fragen und Anforderungen zu ersticken oder zu zerplatzen droht. Wir sind de facto ‚Sünder' (sagt Paulus). Wenn wir mit dieser ‚Brille' in die biblischen Texte schauen, haben sie uns möglicherweise Neues zu sagen.

‚Gerechtigkeit Gottes':

… Wenn das – durchaus mit Luther – nicht ein *‚Gebot'* eines ‚Gottes' ist, der gar mit der ‚Hölle' drohte und heute den meisten ohnehin fremd ist,

… wenn das tatsächlich *‚Evangelium'* wäre, ein Geschenk eines Gottes, dessen eigene freie Selbstbestimmung es wäre, ganz und gar *Liebe* und ‚gnädig' zu sein,

… wenn diese *‚Gnade'* weniger eine Art gnädiger Richtspruch wäre, vielleicht begründet in dem Selbstopfertod seines ‚Sohnes' am Kreuz von Golgatha (so bei Luther, aber nicht unbedingt bei Paulus), sondern

… stattdessen ‚Gnade' die vollständig unzweideutige, eindeutige Macht Gottes wäre, die menschliche Angst (vor der Einsamkeit, vor Überforderung, vor dem Sterben, vor der Nichtigkeit des Lebens, vor der Zukunft usw.) aufheben könnte,

… wenn ‚Gnade' mit der Verzweiflung darüber, das eigene Leben erfüllen zu müssen und es oft nicht zu können, fertig würde,

… wenn und insofern ‚Gnade' uns einen heilsamen Umgang mit der eigenen Lebensleistung in Gelingen und Scheitern, in Gut und Böse, in Schuld und Schuldverstrickungen (z. B. leben Menschen faktisch auf Kosten anderer, ob sie wollen oder nicht) ermöglichen würde …

… dann könnten die großen Worte der paulinischen Briefe und der christlichen Theologie wie ‚Gerechtigkeit Gottes', ‚Gnade', ‚Sünde(r)' usw. wieder bedeutsam werden für das Leben der Menschen.

Aktuell sind Anfang 2016 viele Menschen in Deutschland mit konkreter Angst vor gesellschaftlicher Konkurrenz und Abstieg befasst (Wohnungen, Rente, Einkommen, Arbeitsplätze, Anerkennung). Die Ursachen der ‚Pegida'-Demos in Dresden sind weder mit polizeilichen, noch allein mit politischen Mitteln zu bearbeiten. Nötig wären Gesprächsforen vor Ort, in denen unzensiert Ängste von solchen Bürgern zur Sprache kommen können, die sich nicht bereits generell für Gewalt entschieden haben, allerdings denen auf den Leim gehen, die ihre Ängste für Terror und Ausgrenzung anderer nutzen. Ebenso nötig sind Gespräche und Verhandlungen zwischen den Bürgern und Bürgerinnen, die weniger materiellen Abstieg befürchten, sondern den Verlust von Rechten und Freiheiten, die lange mühsam erkämpft wurden: Gleichberechtigung der Geschlechter, Freiheit in der Gestaltung des Privatlebens, Schutz vor Gewalt in der Ehe, selbstverständliche Ächtung von Männer-Hierarchie usw. Nötig wäre zuletzt aber auch eine Abgrenzung der tatsächlich „besorgten Bürger" von jenen Populisten, die lediglich die Chance wittern, ihre Ängste und ihren Hass salonfähig zu machen.

Paulus konnte mit großer Klarheit von der Menschen *Sünden* (Plural = als *schuldhafte* Taten) und der *Sünde* (Singular) sprechen (Röm 1–3,20 / Röm 5,12ff.). Er hat dabei aber nie infrage gestellt, dass es möglich sein könnte, der Weisung (Tora = ‚Gesetz') gemäß zu leben, das Gebot Gottes praktisch zu tun. Paulus behauptete gar, er selbst sei ein Pharisäer ohne Schuld gewesen (Phil 3,6)! Er traut dem Geist (Gottes in Christus) zu, dass er Menschen zu freien Kindern Gottes macht, die in einem tatsächlich neuen Leben die Sünde hinter sich lassen (Römer 6,7–12; Röm 8,11ff., speziell Röm 8,13: Christus tötet die bösen Werke ‚nach dem Fleisch' ab). Die Macht der Sünde ist für Paulus in Christus prinzipiell erledigt. Den Tod als den Lohn der Sünde hat Christus am Kreuz getragen und in der Auferstehung besiegt. Alle, die an ihn „glauben" bzw. die teilhaben am Glauben des Jesus (!), müssen sich von der Sünde und vom Tod nicht mehr erschrecken lassen.

Die konkreten Verfehlungen bei den Adressaten seiner Briefe bekämpft Paulus als Bedrohungen der Gemeinschaft der Heiligen: Ob im Fall des Menschen, der mit seiner Stiefmutter sexuelle Kontakte hat (1. Kor 5) oder bei der Zerstörung der Tischgemeinschaft durch unsolidarisches Verhalten (1. Kor 10f.) – immer meint Paulus, durch Begleitung (Gal 6,1!), theologische Klärung, durch Ermahnungen und im Extremfall durch Ausschluss des Schuldigen (1. Kor 5) den Leib Christi, die Gemeinschaft der Christusglaubenden heilen zu können.

Des Paulus auf die *Gemeinschaft* bezogene Sicht von Gottes ‚Gebot' und von ‚Sünde' als Verfehlung gegen dieses Gebot kann für uns *heute* heißen, *unabhängig* von des Paulus konkreten Lösungen in *seiner* Zeit und in *seinen* Kontexten (!), aber mit ihm ‚Sünde'

weniger individualistisch und weniger psychologisch zu verstehen. Ein Ende hätte die jahrhundertelang in den Kirchen geübte Introspektion, das Sich-Selber-Prüfen, die Selbstbewertung in und nach den eigenen Gefühlen, Gedanken, Wünschen, Trieben – nicht nur vor der katholischen Beichte, auch im stillen Kämmerlein der Protestanten. Dietrich Bonhoeffer nannte diese tradierte allgemeinchristliche Denk- und Machart „das Hinter-den-Sünden-der-Menschen-Herschnüffeln, um sie einzufangen“ (DBW 8, 510) und meinte, diese Haltung sei so wenig taktvoll, wie sinnlos und theologisch falsch. Es ginge theologisch und in der Seelsorge um den Umgang mit „starke(n)“ Sünden im Unterschied zu „Sünden der Schwäche“. Dazu rechnet er Verstöße gegen das Gebot Gottes, die das Gemeinschaftsleben gefährden oder zerstören! Von den „Sünden der Schwäche“ meinte er, dass Gott mit ihnen schon fertig werde (DBW 8, 511, vgl. ebd. 31: „unsere Fehler und Irrtümer“ …)
Paulus treibt um, dass mit dem Offenbarwerden des Christus im Prinzip die Welt *neu* geworden ist, was sich auch am Leben derer, die ihm bzw. ihm nach „glauben“, erweist. Dass das tatsächlich geschieht, dafür wirft sich Paulus ins Zeug. Des *Paulus* Rede von *Gottes Gerechtigkeit* (hebr. zedakah, gr. diakaiosyne = übersetzbar als ‚*Gemeinschaftstreue*‘) bezieht ihre Kraft nicht aus dem Gegenbild des vor Gott sich fürchtenden Gewissens des Einzelnen wie bei Luther, sondern aus der *Sehnsucht* nach der Durchsetzung von Gottes Gerechtigkeit *in der Welt.*

Des Paulus Anfechtung waren nicht Sünde und Angst vor Gottes strafender Gerechtigkeit. Beides hielt er in Christus für prinzipiell überwunden. Seine Anfechtungen waren einerseits sehr persönlich, andererseits universal:

- Seine eigene körperliche Schwäche (2. Kor 12), Krankheit und Vergänglichkeit, darüber hinaus das Seufzen der unerlösten Kreatur (Röm 8);
- die Sorge um das nicht an Christus glaubende Israel, seine Hoffnung auf Gottes Treue gegenüber Israel, d. h. die Errettung der ganzen Menschheit ohne Exklusion eines Teiles (Juden oder Griechen).

Der schwedische lutherische Theologe und Ökumeniker *Krister Stendahl* plädierte ab den 60-er Jahren des 20. Jahrhunderts in Bezug auf die Paulusexegese für einen „shift in frame“ (Verschiebung im Verstehenshorizont). Für Stendahl war dieser „shift“ nicht eine Frage des Ersatzes von theologischen Begriffen und Ideen. Er wollte nicht die eine lutherische Paulus-Lehre durch eine neue (seine eigene) ersetzen. Viel grundlegender ging es ihm um eine neue, dem Stand der bibeltheologischen Hermeneutik und Exegese entsprechende Herangehensweise an die Texte: Präzise in der Übersetzung, auf den zeithistorischen Kontext achtend, die Rhetorik des Paulus nachvollziehend wollte er das eigene Vorverständnis klären, möglicherweise auch Sachkritik an Paulus formulieren, zumal, wenn sich das von Paulus selbst her nahelegte (Krister Stendahl, Das Vermächtnis des Paulus. Eine neue Sicht auf den Römerbrief, Zürich 2001 (Stendahl)).

2. *Gottes Liebe und Gottes Gerechtigkeit*

2.1 Genugtuung – Anselm von Canterbury

Wie kommen Gottes Liebe und Gerechtigkeit miteinander zu stehen? Wie kann der gerechte Gott als der Richter über die Sünder zugleich die Liebe selbst (1. Joh 4,16) sein? In paulinischer Diktion: Wie verhalten sich das Evangelium und das ‚Gesetz' zueinander? Wie funktioniert die ‚*Gnade*' praktisch?

Die kirchliche Theologie hat seit den ersten Konzilien bis in das 20. Jahrhundert hinein gemeint, die paulinische Theologie auf einen lehrmäßigen Nenner bringen zu müssen. Eine wirkmächtige dogmatische Messlatte dabei war die der sogenannten Satisfaktionslehre *Anselm von Canterburys*. Seine diesbezüglichen Ausführungen im Kontext der umfassenderen Frage ‚warum Gott Mensch werden musste', sind über Predigt und Gottesdienst (Gesangbuchlieder) in den Herzen und Köpfen der ‚Gläubigen' verankert. Mittlerweile wird aus der Mitte der Kirche und Theologie heraus, angestoßen von feministischer Theologie vor 40 Jahren, der Vorstellungsgehalt der sogenannten ‚Sühnetodvorstellung' scharf kritisiert und zurückgewiesen.

Wir müssen über Anselm informieren, weil seine Sicht der Dinge eine der tradierten ‚Brillen' ist, die wir abzusetzen empfehlen. Was nicht heißt, dass das dort Gesagte gänzlich veraltet oder sinnlos sei. Im Gegenteil: Ist die Brille als Brille erkannt und abgesetzt, kann neu gesehen werden, was noch und aktuell dran ist an dem, was da steht.

Anselm von Canterbury (1033–1109) brachte die Bibel in der Sprache seiner Zeit auf den vernünftigen Punkt. Sein hermeneutisches Prinzip hieß *„Credo, ut intelligam"* („Ich glaube, damit ich erkenne."). Der Glaube wird von Anselm dabei nicht bewiesen, sondern vorausgesetzt. Wer glaubt, soll und kann aber den Glauben vernünftig durchdenken und so zum Ausdruck bringen, dass auch, wer ohne Glauben vernünftig denkt, die Vernünftigkeit, die dem Glauben innewohnt, anerkennen, vielleicht bestaunen müsste. „Denn der Wille Gottes ist niemals vernunftwidrig" (Anselm von Canterbury, Cur deus homo. Warum Gott Mensch geworden. Lateinisch und Deutsch, München 1970, 25 = 1. Buch, Kap. 8).

Mit diesem Ansatz, Glauben und Vernunft zusammenzuknüpfen, wird Anselm zum eigentlichen Begründer der Scholastik (der mittelalterlichen Universitätstheologie). Luther, der aufgrund seiner Anfechtung und Glaubenserfahrung nichts von den Spekulationen der Scholastiker hielt, weil ihn deren Theologie in Gewissensnot führte statt zum Evangelium, hat doch teilweise auf Anselms Lehre von der Genugtuung (lat. satisfactio, darum Satisfaktionslehre) theologisch aufgebaut.

Anselm entwickelt seine Theorie unter der Überschrift Cur deus homo, er will also ergründen, warum in Jesus Christus Gott Mensch geworden ist. Das liest sich so: „Aller Wille der vernunftbegabten Schöpfung muss dem Willen Gottes unterworfen sein. […] Das ist die Verpflichtung, die Engel und Mensch Gott schulden […] und jeder, der sie nicht einlöst, sündigt. […] Hierin besteht die Gerechtigkeit […] das ist die eine und ganze Ehre [lat. honorem, d. Vff.], die wir Gott schulden und die Gott auch tatsächlich von uns fordert. […] Wer Gott diese geschuldete Ehre nicht erweist, nimmt Gott das seine und entehrt Gott, und das heißt sündigen. Solange er aber nicht einlöst, was er geraubt hat, bleibt er in Schuld. Es reicht aber nicht aus, nur das zurückzugeben, was weggenommen wurde, sondern aufgrund der verursachten Beleidigung [lat. contumelia = Misshandlung, Beleidigung, Schmach] muss er mehr zurückgeben, als er genommen hat. Denn wie es für einen, der die Gesundheit eines anderen geschädigt, nicht genügt, wenn er die Gesundheit des anderen zurückgibt, es sei denn, er vergüte [lat. recompenset = Re-Kompensation!, d. Vff.] etwas für den ungerecht verursachten Schmerz: Ebensowenig genügt es für einen, der die Ehre eines anderen verletzt, seine Ehre wiederherzustellen, wenn er nicht entsprechend der angetanen Schmach der Entehrung etwas, was dem Entehrten zusagt [lat. placeat = gefällt, d. Vff.], erstattet. […] So muß also jeder, der sündigt, Gott die geraubte Ehre einlösen, und das ist die ‚Genugtuung', die jeder Sünder Gott leisten muss. […]"

„Das aber kann nicht geschehen, wenn nicht jemand Gott (gegenüber) für die Sünde des Menschen etwas einlöst, das größer ist als alles, was außerhalb von Gott existiert. […] Jener, der von sich aus etwas geben kann, das alles außerhalb von Gott überragt, muss notwendig auch größer sein als alles, was nicht Gott ist. […] Nichts aber ist über allem, was nicht Gott ist, als Gott (selbst). […] Also kann niemand außer Gott (selbst) diese Genugtuung leisten. […] Es darf sie aber niemand leisten außer dem Menschen. […] Wenn also, wie es feststeht, notwendigerweise durch Menschen jene obere Stadt vollendet werden muss, das aber nicht ohne die genannte Genugtuung geschehen kann, die niemand außer Gott leisten kann und niemand außer dem Menschen zu leisten schuldig ist – so ist es nötig, dass sie ein Gott-Mensch leiste. […]."

„Nichts Härteres aber und Schwereres kann der Mensch zur Ehre Gottes freiwillig und ohne Verpflichtung erleiden als den Tod, und in keiner Weise kann sich der Mensch Gott mehr hingeben, als wenn er sich zu dessen Ehre dem Tod ausliefert. […]."

„Jener opferte dem Vater freiwillig, was er durch keine Notwendigkeit jemals verlieren sollte, und löste für die Sünder ein, was er für sich nicht schuldig war." (Zitate aus Anselm von Canterbury, Cur deus homo. Warum Gott Mensch geworden. Lateinisch und Deutsch, München 1970, 41, 97f., 115, 145; vgl. auch Leonhardt, 283f.)

Ein kurzer Kommentar: Gottes als des Schöpfers Wille ist es, dass die Menschheit vom Tod gerettet und „jene obere Stadt" (s. u. = das himmlische Jerusalem, d. Vff.] aufgebaut werde. Es ist dies sozusagen Gottes Ehre, dass Gott damit zum Ziel kommt. Dafür muss der Mensch Gott ehren, d. h. die Gebote halten, was er aber nicht tut. Der Mensch sündigt. Er verstößt – wie durch einen Raub! – gegen Gottes Willen (geoffenbart in den Geboten) und kränkt so die ‚Ehre' Gottes. Er tritt sie mit Füßen. Er fügt der Schöpfung und gewissermaßen auch Gott Leid zu. Der Mensch zieht sich damit selbst als die dem eigenen Handeln immanente Folge die ewige Trennung von Gott = den Tod zu. Rettung aus diesem dann notwendig folgenden Verhängnis kann es nur durch eine ‚Genugtuung' geben, die Gottes Ehre wiederherstellt. Diese Genugtuung, sagt Anselm, muss *mehr* sein als ein exakter Ausgleich für den Schaden. Anselm vergleicht dieses ‚Mehr' mit einer zusätzlichen *Kompensation*, einer Art Schmerzensgeld. Offensichtlich hat der Sünder, hat die Sünde Gott den Schöpfer derart gekränkt, ihm eine „Schmach" (lat. contumelia) zugefügt, dass eine bloße Rückerstattung an Ehre nicht ausreicht. Es braucht eine Kompensation, die mehr ist als die nachträgliche Leistung des Geschuldeten. Die notwendige Genugtuung kann nur ein Gott und darf nur ein Mensch leisten: Jesus Christus, wahrer Gott und wahrer Mensch. Hiermit ist Anselm bei der Beantwortung seines *eigentlichen Anliegens* („Cur deus homo?" = „Warum [ist] Gott Mensch geworden?") angekommen. Die Lehre von der Satisfaktion ist ein Nebenprodukt der theologischen Frage nach der Inkarnation. – Vielleicht sollten wir heute auch Anselm neu lesen; denn von der *Inkarnation* wäre zu reden, wenn es um die Sehnsucht nach Gerechtigkeit in der Welt geht.

2.2 Erlösung durch das ‚Opfer' – zu wenig

Die Vorstellung einer (heils-)notwendigen ‚Genugtuung' des in seiner ‚Ehre' ‚gekränkten' Gottes ist isoliert, missverstanden und missbraucht worden. Dabei hat – gegen die Intention des Anselm – die Angst vor dem richtenden Gott die Gedanken diktiert. Der Ton der Predigten lag bis in Luthers Zeit hinein auf der bangen Frage, ob man zu einem *‚seligen Tod'* finden würde, d. h. ob es gelingen würde, am Ende des Lebens rechtzeitig alle Sündenschuld loswerden zu können, um in Frieden sterben zu können. ‚Wie kriege ich einen gnädigen Gott?' (Luther zugeschrieben). Was als Modell der Versöhnung von Gott und Menschheit, ja von Menschen und Menschen gedanklich angelegt war, wurde fokussiert auf die ängstliche Frage: Wie komme ich in den Himmel?

Unbedingt zu bedenken ist die oft nicht benannte Unterstellung von Anselm-Interpreten, es ginge bei der gekränkten Ehre Gottes um einen nach *germanischen* Vorstellungen geprägten Ehrbegriff. Damit wird aus Gott ein beleidigter germanischer Despot. Darüber hinaus ist die ‚Ehre' Gottes psychologisiert worden, als fühle sich Gott in seinem Herzen gekränkt und räche sich sozusagen, indem er seinen Zorn am Opfer des Gott-Menschen kühlen müsste. Darum aber ging es Anselm nicht, obwohl insbesondere seine Idee einer Art Überkompensation (Schmerzensgeld) dieses

Missverständnis befördern konnte. Mit der ‚Satisfaktion' durch den ‚Gott-Menschen' erfüllt Gott selbst die göttliche Forderung und versöhnt den Menschen mit Gott, mit sich selbst und potenziell auch mit den Mitmenschen; denn alle Menschen sind gleichermaßen auf diese Genugtuung angewiesen (im Anschluss an Röm 3,20ff.).

Eine beliebte und insbesondere durch *C. S. Lewis* populär gewordene Version geht so: Gott muss seine Liebe und seine Gerechtigkeit gleichermaßen zur Geltung bringen. Dies geschieht im Opfer seines Sohnes am Kreuz. In C. S. Lewis' Narnia-Erzählung ist das der Löwe Aslan. Wird die begrifflich nicht fassbare Dynamik einer Gott-Mensch-Beziehung in logische Gedankenketten gepresst, kommt eine so schlichte wie verführerische Erlösungsmechanik zum Zuge, die weder der Vielfalt der biblischen Texte, noch der Lebenswirklichkeit heute gerecht wird (vgl. zu C. S. Lewis' Narnia-Chroniken Markus Mühling, Gott und die Welt in Narnia, Göttingen 2005).

Luther konnte sich in vielen seiner Texte auf Anselms Lehre von der Satisfaktion beziehen, ohne auf sie festgelegt zu sein.

Hans-Martin Barth unterscheidet bei Luther das „lateinische Modell" vom „klassischen Modell" der Rettung des Menschen aus Sünde und Tod. Luther habe den „Satisfaktionsbegriff auch kritisieren können; es sei ‚doch zu schwach und zu wenig von der Gnade Christi geredet, und das Leiden Christi nicht genug geehrt [...]' betont Barth, ähnlich wie Matthias Kroeger (Im religiösen Umbruch der Welt: Der fällige Ruck in den Köpfen der Kirche, Stuttgart 2004). Nicht das Opfer als objektivierbares Objekt steht im Vordergrund; auch wenn sich Luther zum ‚Blut' Christi äußert, ist dies nicht versachlicht, sondern auf die Lebenshingabe Jesu bezogen" (Hans-Martin Barth, Die Theologie Martin Luthers. Eine kritische Würdigung, Gütersloh 2009 (H.-M. Barth), 269). Barth betont, dass es bei Luther letztlich immer um die „Beziehung" gehe, die Gott in Christus mit dem einzelnen Menschen eingeht. Alle Begrifflichkeiten, die nach Gerichtssaal, Marktplatz und nach Heilsmechanik klingen könnten, wären bei Luther Hilfskonstruktionen, um Gottes Liebe zum Menschen begrifflich aussagen zu können: „Das hat er alles uns getan, sein groß Lieb zu zeigen an" (Luther, nach H.-M. Barth, 270).

Mit zunehmender Säkularisierung veränderte sich der Blick auf Luthers Höllenangst und Gottesbild. Aus Sympathie wurde Unverständnis. Das Vertrauen in den liebenden Gott, Schöpfer und Vater schwand mit dem Gottesglauben hinter dem neuen Selbstbewusstsein des ‚aufgeklärten' und aus seiner ‚Unmündigkeit' heraustretenden Menschen. Übrig blieb oft nur noch die psychologische Kritik an einem dunklen und lebensfeindlichen Gottesbild (Tilman Moser). Das Verständnis für die biblische Rede von Gottes ‚Zorn' als von Gottes Leidenschaft für das Leben und die Überwindung der Sünde, das Luther noch teilte, ging verloren.

Heute hat das *„lateinische Modell"* (H.-M. Barth) einer Erlösung des Menschen von Sünde, Tod und Teufel (Luther) massiv an Überzeugungskraft verloren, auch innerkirchlich. Boomende Freikirchen betonen in ihrer Architektur, Kirchraumgestaltung und Liturgie die Präsenz des auferstandenen Jesus Christus. Das Kreuz ist leer (ohne Corpus).

Eine wegweisende Sicht auf das Geheimnis der Rettung der Menschen(-welt) durch den Tod Jesu am Kreuz eröffnete Dietrich Bonhoeffer vor bereits fast 80 Jahren. Angesichts der Unmenschlichkeit der Nazis betonte er – ganz im Sinne des Paulus (Phil 2) – die Menschlichkeit des Gottessohnes und das Kreuz als die letzte Konsequenz der Inkarnation. „Ecce homo – sehet welch ein Mensch! In ihm geschah die Versöhnung der Welt mit Gott. Nicht durch Zertrümmerung, sondern durch Versöhnung wird die Welt überwunden. [...] Diese Liebe Gottes zur Welt zieht sich nicht aus der Wirklichkeit zurück in weltentrückte edle Seelen, sondern sie erfährt und erleidet die Wirklichkeit der Welt aufs härteste. Am Leibe Jesu Christi tobt sich die Welt aus. Der Gemarterte aber vergibt der Welt ihre Sünde. So geschieht die Versöhnung. Ecce homo. [...] In unbegreiflicher Umkehrung alles gerechten und frommen Denkens erklärt Gott sich selbst für schuldig an der Welt und löscht damit die Schuld der Welt aus; tritt Gott selbst den demütigenden Versöhnungsgang an und spricht damit die Welt frei" (Dietrich Bonhoeffer, Ethik, DBW 6, 69 und 70). Und: „Wer ist dieser Gott? Es ist der Menschgewordene wie wir Mensch geworden sind. Er ist ganz Mensch. Darum ist ihm nichts Menschliches fremd gewesen" (DBW 12, 340). „Der menschgewordene Gott ist der Herrliche. Gott verherrlicht sich im Menschen. Das ist das letzte Geheimnis der Trinität. ‚Von nun an bis in Ewigkeit' sieht sich Gott als Menschgewordenen an. Die Verherrlichung Gottes im Menschen ist zugleich die Verherrlichung des Menschen selbst, der Leben in Ewigkeit mit dem trinitarischen Gott haben soll. Es ist also nicht richtig, die Menschwerdung Gottes als Gericht über den Menschen anzusehen. Gott bleibt ja auch Mensch nach dem Gericht. Die Menschwerdung Gottes ist die Botschaft Gottes, der seine Ehre darin sieht, in Menschengestalt zu sein" (ebd., 342). – Das ist ganz weit weg von dem „frommen" Denken Anselms. Im Gegenteil: Zumindest für den Bonhoeffer der ‚Ethik' und der Gefängnisbriefe gibt es die ‚Ehre' Gottes gerade nicht an sich, als könnte der Mensch Gottes Ehre auch an sich tatsächlich antasten, kränken und beleidigen, sondern nur insofern, als es die Ehre Gottes ist, sein Geschöpf, den Menschen auszuzeichnen mit dem Menschen Jesus, am menschlichen Geschick vollständig teilzunehmen und so die Menschheit teilhaben zu lassen an der Gemeinschaft mit sich selbst. – Noch gar nicht ausgedacht und in Theologie und Kirche diskutiert ist, was Bonhoeffers radikale neue Sicht auf den Menschen und auf die Versöhnung im Menschen Jesus Christus z. B. für das Verständnis von ‚Sünde' und die sogenannte ‚Sündlosigkeit' Jesu bedeutet (Bernd Vogel / Petra Roedenbeck-Wachsmann / Ilse Tödt, Mensch Jesus! Auf Bonhoeffers Spuren – Jesus Christus neu verstehen lernen, Neukirchen 2007).

3. *Römer 7 im Kontext des Römerbriefs*

Es ist das Geheimnis des christlichen Glaubens, dass in ihm nicht zuerst gefragt wird „Was sollen wir tun?", auch nicht „Wer sind wir?", sondern in Beziehung gedacht wird: „Wem gehören wir zu? Wem gehören wir an?" Was Paulus das ‚Gesetz' nannte, womit Luther rang, was Anselm ins Nachdenken über notwendige Genugtuung brachte, ist so gesehen im Kern kein ‚Muss', auch kein todbringendes Gesetz, sondern das Evangelium von dem Gott, ‚der' es sich sein Innerstes kosten lässt, die Menschheit in die Gemeinschaft seiner Liebe zu holen. Gottes ‚Gerechtigkeit' – darin hatte Luther Recht – ist sein Geschenk an die Menschheit und nicht eine Forderung. Was immer dem Menschen zu tun ‚geboten' ist, entspringt dieser Gemeinschaft mit Gott.

3.1 Der Text

7,13 Ist also das Gute mir Tod geworden? Keinesfalls! Sondern die Sünde, damit sie als Sünde erscheine, bewirkt mir den Tod durch das Gute, damit die Sünde über alle Maßen werde durch das Gebot. 14 Wir wissen nämlich, dass das Gesetz vom Geist ist. Ich aber bin fleischlich, verkauft unter die Sünde. 15 Denn ich verstehe nicht, was ich tue. Nicht nämlich dies, was ich will, tue ich wirklich, sondern, was ich hasse, mache ich. 16 Wenn ich aber dies mache, was ich nicht will, stimme ich überein mit dem Gesetz, dass es gut ist. 17 Nun aber führe nicht mehr ich es aus, sondern die Sünde, die in mir wohnt. 18 Ich weiß nämlich, dass nicht in mir, dies ist in meinem Fleisch, ein Gutes wohnt; denn das Wollen liegt in mir, aber das Ausführen des Guten nicht. 19 Denn nicht nämlich tue ich ein Gutes, was ich will, sondern ein Schlechtes, was ich nicht will, dieses tue ich. 20 Wenn ich aber mache, was nicht ich will, führe nicht länger ich es aus, sondern die Sünde, die in mir wohnt. 21 Ich entdecke also, dass, indem ich das Gesetz als ein Gutes tun will, bei mir das Schlechte (Böse) zu finden ist. 22 Denn ich erfreue mich am Gesetz Gottes gemäß dem inwendigen (= eso) Menschen; 23 ich sehe aber, dass ein anderes Gesetz in meinen Gliedern im Streit liegt mit dem Gesetz meiner Vernunft und mich gefangen hält in dem Gesetz der Sünde, das in meinen Gliedern ist. 24 Ich elender Mensch! Wer wird aus diesem Leib des Todes erretten? 25 Dank Gott durch Christus Jesus, unserem Herrn! [...] 8,1 Also ist jetzt keine Verdammnis (die Vollstreckung des Urteils) denen in Christus Jesus. [...] 8,14 Welche nämlich in einem Geist Gottes handeln, diese sind Söhne Gottes.

Der ausgelassene V. 25b ist laut Textapparat (dem Nachweis der handschriftlich tradierten Paulusbriefe in der griechischen Textausgabe des NT) wohl ein nachträglicher Einschub in manchen Handschriften. Inhaltlich wird zusammengefasst, was vorher entwickelt wurde. S. den Apparat in der griechischen Ausgabe des NT nach Nestle/Aland ab 26. Auflage.

3.2 Der Kontext

Paulus hat in den ersten Kapiteln (1–3,19) seines Briefes an die Gemeinde in Rom nachgewiesen, dass sich niemand – Juden und Nichtjuden – vor Gott dessen „rühmen" könne, sich nach den Geboten Gottes zu richten. Die Menschen aus den nichtjüdischen Völkern haben keine Entschuldigung für ihre Übertretungen; denn das

Gesetz Gottes ist ihnen ins Herz (in ihr Gewissen) geschrieben. Israel hat keine Entschuldigung; denn ihm ist die mosaische Tora gegeben.

In 3,20 hat Paulus die theologische Konsequenz aus seinem Befund gezogen: Das Gesetz stellt die Sünde fest, bewirkt aber offensichtlich kein gerechtes Handeln. Ohne Zutun des Gesetzes sei die Gerechtigkeit Gottes nun „offenbart" (erschienen), bezeugt von Tora und Propheten.

Röm 3,21ff. fährt fort: „Nun aber ist ohne das Gesetz die Gerechtigkeit Gottes offenbart (sichtbar gemacht) worden, von Gesetz (Tora) und Propheten bezeugt, 22 und zwar die Gerechtigkeit Gottes durch den Glauben Jesu Christi (an Jesus Christus) für alle, die glauben; denn es ist kein Unterschied: 23 Alle haben gesündigt und mangeln der Herrlichkeit Gottes. 24 Sie werden gerecht (gemacht/gesprochen) geschenkweise durch seine Gnade durch die Erlösung in Christus Jesus. 25 Diesen hat Gott öffentlich aufgestellt als ‚hilastérion' (s. u.) *durch den Glauben* in (!) seinem Blut [oft übersetzt: „*mit* seinem Blut"] zum Aufzeigen seiner Gerechtigkeit wegen der Nichtbeachtung (!) der vorher geschehenen Sünden 26 unter der Geduld Gottes zum Aufzeigen seiner Gerechtigkeit in der jetzigen Zeit, dazu, dass er (Gott!) gerecht ist und den aus dem Glauben Jesu (Übersetzungsmöglichkeit!) gerecht macht/spricht."

Das griechische Wort „*hilastérion*" (Röm 3,25) (s. a. Kap. IV) meint den Deckel auf der Bundeslade im Allerheiligsten des Tempels. Paulus verwendet dieses Sprachbild, um die *Verwandlung* anzudeuten, die durch Christi Tod im Allerheiligsten Gottes stattgefunden hat und universale erlösende Wirkung entfaltet. Die Verse 25 und 26 gelten bei den meisten Exegeten (Bultmann, Käsemann, eingeschränkt auch Lohse) als Zitat: Paulus zitiere eine ihm vorliegende hymnische ‚Formel' und ergänze sie auf charakteristische Weise (‚durch den Glauben').

In diesem Sinne liest auch *Robert Jewett* Röm 3: „Im Gegensatz zu einer exegetischen Tradition, die jede Einzelheit dieser Passage isolierte und debattierte – eine Prozedur, die das Ganze in eine obskure Diskussion ‚über' eine abstrakt gedachte ‚Gerechtigkeit Gottes' verwandelt, war es Paulus' Interesse, seine Hörer hineinzustellen in eine sofort wirksame ‚Demonstration' göttlicher Macht, eine kulturell zersplitterte Welt ‚recht' zu setzen. Anstatt nach eigenen Vorlieben theologische Konzepte zu verifizieren, wie es verschiedene exegetische Traditionen gemacht haben, feiert Paulus das Manifest der Gerechtigkeit in Christus, das ‚nun' verheißt, die Verwandlung der bekannten Welt zu vollenden. Dieses beredsame Argument verwirft die Unterscheidungen, die Ansprüche auf kulturelle, ethische und religiöse Überlegenheit begründen. Während traditionelle Interpretationen befangen waren in Lehrdebatten über die Rechtfertigungslehre, liegt das Gewicht dieser Passage (Röm 3,21–26, d. Vff.) auf der Missionsexpedition nach Spanien in der Betonung der unteilbaren Versöhnung (atonement) ‚für alle, die glauben'." (Robert Jewett, Romans, Minneapolis 2006 (Jewett), 271, Übersetzung d. Vff.)

In *Kapitel 4* begründet Paulus mit Verweis auf *Abraham*, dass nicht das Gesetz, sondern der Glaube *Abrahams* in die Zuverlässigkeit und *Treue Gottes* ihn gerecht machte.

In *Kapitel 5* führt Paulus für seine Leser bzw. Zuhörerinnen aus, was das praktisch für sie bedeutet, Frieden zu haben mit Gott „durch unseren Herrn Jesus Christus" (5,1ff.). Dabei hilft ihm die Gegenüberstellung von „Adam" und „Christus": Diese beiden verkörpern die zwei Brennpunkte und Pole der menschlichen Geschichte und des menschlichen Wesens, mehr noch: In Christus wird das *Ziel* von Gottes Handeln an der Welt in überreicher Deutlichkeit sichtbar (vgl. 5,15–21).

In *Kapitel 6* führt Paulus die Thematik von Sünde und Gnade weiter in das persönliche Erleben seiner Adressaten (vgl. Kap. IV zur Taufe): „Wisst ihr nicht, dass alle, die wir getauft worden sind auf Christus Jesus hin, in seinen Tod wir getauft sind?" (6,3). Damit – so argumentiert Paulus – sind die Getauften der in Christus besiegten Sünde abgestorben. Die Sünde hat keine Macht mehr über sie (6,12). Sie können (und sollen) in *„Neuheit des Lebens wandeln"* (6,4).

Immer bleibt bei Paulus Spannung und Dynamik von „gerecht machen" und „gerecht sprechen". Der *forensische* (auf ein Gerichtsverfahren bezogene) Aspekt des Freispruchs, der Luther zentral ist, ist für Paulus Teil eines umfassenden Geschehens. Ihm geht es nicht primär um Heilsgewissheit, sondern um *Dynamisierung:* Der Mensch wird auf den Weg gesetzt. Leben verändert sich im Vertrauen auf Gott. Abraham „glaubte" Gott und zog los aus seiner Heimatstadt. Er gab seine Sicherheiten auf und vertraute auf den unsichtbaren Gott. In seinem Namen, im Namen dieses ‚Glaubens' sollen gesegnet sein alle Völker auf Erden (1. Mose 12)! Das ist anderes als der Freispruch an Individuen durch ‚Imputation' = Anrechnung der Gerechtigkeit Christi zu Gunsten des sündigen Menschen.

4. *Christus und die Tora*

4.1 Das gute Gesetz und die Macht der Sünde

Die Christusglaubenden (ob Juden oder aus den Völkern) werden gerechtgemacht (und gerechtgesprochen) nicht (mehr) über die Befolgung der Tora, sondern durch Glauben allein. Gelebt aber wird dieser Glaube als eine *Einheit von Vertrauen und Handeln*, von einem neuen Leben ‚in Christus' und einem ‚neuen Wandeln' im Geist dieses Christus. Die im Lutherischen gebräuchliche Unterscheidung von *‚Indikativ'* der Heilszusage und *‚Imperativ'* der ethischen Ermahnung suggeriert dagegen eine Trennung und eine unterschiedliche Wertung.

Paulus fragt: Wie kommt – nach der Offenbarung des *neuen* göttlichen Weges zur Gerechtigkeit über den Glauben allein – nun der *alte* Weg über die mosaische Tora (das ‚Gesetz') zu stehen? Ist die Tora etwa abgeschafft? Ist das Gesetz vielleicht niemals gut gewesen? War es ein Jahrhunderte alter Trugschluss Israels gewesen, auf das Gesetz vom Sinai zu setzen und es als Tora (wörtlich: als ‚Weisung' zum Leben) höchst zu schätzen und zu verehren?

Der Apostel redet vom „Ich". *Autobiografische* Rede? Für viele Exegeten ist nicht vorstellbar, dass sich der Jude Paulus als jemand bezeichnen könnte, der jemals *„ohne die Tora"* (Röm 7,9) lebte. Paulus argumentiert hier im Zusammenhang der Frage, was das ‚Gesetz' ist und bewirkt, nicht nur für ihn (autobiographisch), sondern für alle Menschen als Nachfahren Adams und Evas, Juden und Nichtjuden, zu allen Zeiten. Es ist ein *paradigmatisches* Ich (vgl. auch Gal 2,18, wo es auch um das Thema Tora geht). Der Neutestamentler *W. G. Kümmel* hat in einer detaillierten Untersuchung zu Röm 7 argumentiert, dass das ‚Ich' in Röm 7 *kein* autobiographisches, sondern ein *rhetorisches ‚Ich'* ist (= ein ‚paradigmatisches Ich'). Der Jude Paulus schreibt ‚Ich' als ein rhetorisches Mittel, um den Lesenden / Hörenden zur Erkenntnis zu führen, dass das von Gott gegebene Gesetz von Anfang an gut war, dass die *Sündenmacht* es allerdings missbraucht hat und der Mensch (und auch Paulus selbst) darum gegen das Gesetz verstoßen hat (Röm 1–3, vgl. Werner Georg Kümmel, Römer 7 und das Bild des Menschen im Neuen Testament, München 1974). Röm 7 als *autobiografische* Notiz favorisiert dagegen Gerd Theißen (Psychologische Aspekte paulinischer Theologie, Göttingen 1983, 194–204). Nicht zu leugnen ist, dass Paulus aus persönlicher Erfahrung zu sprechen scheint. Röm 7 ist ein Beispiel dafür, dass alle theologischen ‚Schubladen' bei Paulus geöffnet werden sollten. Seine Argumentation und seine Sprache sind öfter nicht in einem vordergründigen Sinn ‚eindeutig', sondern in einem tieferen Sinn mehrdeutig.

„Ich weiß nämlich, dass nicht in mir, dies ist in meinem Fleisch, ein Gutes wohnt; denn das Wollen liegt in mir, aber das Ausführen des Guten nicht. Denn nicht nämlich tue ich ein Gutes, was ich will, sondern ein Schlechtes, was ich nicht will, dieses tue ich" (7,18f.). Paulus hält an der Tora fest, *gerade weil* er erkennen muss, dass in ihm selbst kein „Gutes" wohnt, sondern ein „Schlechtes", das ihn dazu verführt, nicht das Gute, das er eigentlich will, zu tun, sondern das Schlechte, das er eigentlich nicht will. Und dies sagt ihm die Tora: Alle Menschen leben unter einer Art Zwang zur Sünde. Bis zur Offenbarung des Sohnes Gottes! Ab nun aber nicht mehr, insofern sie ‚glauben'.

Röm 7 zielt auf eine Verteidigung des *guten Gesetzes* im intertextuellen Bezug zu Röm 3,31: „Machen wir also das Gesetz zunichte durch den Glauben? Nicht möge es geschehen [= das ist Quatsch]! Sondern wir richten das Gesetz auf." Israels Tora behält auch nach dem Christusereignis vielfältige positive Funktionen:

- Sie ist der geoffenbarte Wille Gottes (Röm 2,17f., Röm 7,10).
- Sie ist Maßstab im Endgericht Gottes (Röm 2,16ff., Gal 5,19ff.).
- Sie ist identisch mit der weisen Weltordnung Gottes (Röm 1,20).
- Sie wirkt im natürlichen Gesetz, im Gewissen der Nichtjuden (Röm 2,14f.).
- Die Tora ist prinzipiell erfüllbar (Phil 3,6ff.).

- Die Tora ist bis auf das Erscheinen Christi hin die das Volk begleitende Weisung (Gal 3,16–25 ist vom gr. paidagogos die Rede. Luther übersetzt „Zuchtmeister").
- Die Tora ist „heilig" und das Gebot „heilig, gerecht und gut" (Röm 7,12); sie ist „geistliche" Kraft von Gott (Röm 7,14).
- Die Tora befähigt zum Glauben an Christus und zum Gesetz Christi (Gal 6,2).

Damit bleibt Paulus *innerhalb des jüdischen Denkens.* Es gab allerdings im weiten Spektrum des zeitgenössischen Judentums auch ein skrupulöses Gesetzesverständnis (z. B. in Qumran). Demgegenüber differenziert Paulus durchaus vom „Gesetz Christi" her (Gal 6,2) Gebote und Regeln, die nach wie vor auch für Christusleute gelten, von solchen, die insbesondere für Nichtjuden nicht mehr gelten können (Beschneidung, Speisevorschriften, Feste).

Einen völlig anderen Akzent setzt Paulus allerdings in Gal 3,19, wonach das ‚Gesetz' geradezu zur Sünde verführt! Diese für Juden unverständliche Zuspitzung ist der scharfen Auseinandersetzung des um sein Evangelium fürchtenden Apostels mit seinen Gegnern geschuldet. Im Römerbrief bemüht er sich um eine umfassendere Darstellung, die vielleicht indirekt auch die Jerusalemer wieder mit ins Boot holen soll. Röm 7 thematisiert den *faktischen* Widerspruch von Anspruch und Realität im Handeln derer, denen die Tora am Herzen liegt. Indirekt reizt das gute Gesetz den Menschen zur bösen Tat, weil der Mensch sich von einem gegenteiligen „Gesetz in seinen Gliedern" dazu verführen lässt, genau das zu tun, was er nicht tun soll und eigentlich auch nicht tun will. *Faktisch* sind alle Menschen von Adam an Übertreter des Göttlichen. Mit dieser desillusionierten Sicht auf den Menschen unterscheidet sich Paulus tatsächlich von den meisten seiner zeitgenössischen jüdischen Kollegen.

Im Machtbereich der ‚Sünde' bekommt die Tora die gegen ihre eigentliche Absicht streitende Funktion, die Sünde zu provozieren (Gal 3,19; Röm 5,20; Röm 7). Mit diesem Gedanken kommt Paulus an die Grenze des für damalige jüdische Zeitgenossen Nachvollziehbaren.

Aus Sicht des Paulus ist mit Jesus Christus etwas Neues in die Welt gekommen, das zumindest den bisherigen Weg Israels zum Leben im Bund Gottes, so wie Gott es für Israel und von Israel will, übersteigt: Im Kreuz Christi ist die Welt gerichtet; und in der Auferstehung hat die neue Schöpfung begonnen! Paulus wartet sehnsüchtig auf das zweite Kommen des Christus, wenn er seine Feinde: die Sünde (die faktisch schon besiegt ist, aber ...) und den Tod für alle sichtbar besiegt.

Die Frage bleibt, ob und wie dieses bei Paulus von apokalyptischer Sehnsucht geprägte Christusereignis in einer säkularen, zugleich multireligiösen, multikulturellen Welt verständlich zum Ausdruck gebracht werden kann, ohne dass die Botschaft nur auf die Konkurrenz oder auch das unverbindliche Nebeneinander religiöser Vereine hinausliefe. Die *Universalität* des Christusgeschehens übersteigt die menschlich gesetzten Grenzen von ‚richtig und falsch', ‚gerecht und ungerecht', ‚Freier und Sklave', ‚Jude und Grieche', ‚Mann und Frau' (Gal 3,28). Der *Geist Gottes/Christi* durchbricht und überwindet im

Prinzip das eingefleischte Denken in entweder/oder, richtig/falsch, deine/meine Wahrheit. Der Geist Christi (1. Kor 2) *durchkreuzt* Heilsgewissheiten, die auf Kosten der Ausgeschlossenen gehen. Stattdessen führt er in verbindliche *Kommunikation*.

Paulus fühlt sich in Christus prinzipiell frei vom Gesetz. Das ‚Gesetz Christi' (Gal 6,2) ist für ihn eine geistige Realität in *Beziehung* zu Jesus Christus. Er spürt in ethischen Fragen eine geistliche Leitung durch Gott am Werk, eine unmittelbare Führung. Im Zweifel empfiehlt er die Rücksichtnahme gegenüber denen, die er ‚schwach' im Glauben nennt und die er mit seiner eigenen Freiheit nicht verführen möchte, dass sie etwas tun, was sie nicht in Freiheit verantworten können.

Der Blick auf die Schwachen ist ein Spezifikum einer von Paulus inspirierten ‚Ethik': Der Blick auf den gekreuzigten Jesus hat Paulus eine *neue vertiefte Einsicht in das Wesen des Menschen und in das Wesen Gottes* eröffnet. Das ‚Gesetz' behält seine anleitende Bedeutung, verliert aber seine einmalige Würde als unterscheidendes Merkmal von Gottes Handeln an Israel einerseits und den Völkern andererseits: Gottes Handeln ist nicht mehr exklusiv an die Tora gebunden. Nach ‚Damaskus' und mit Blick auf den Mensch gewordenen und gekreuzigten Messias (Christus) ist die Trennung zwischen Menschen im Namen divergierender religiöser Riten und Glaubensbekenntnisse prinzipiell aufgehoben.

Für den Umgang mit dem ‚Gesetz' bedeutet das nach Kristlieb Adloff: „Im Gehen, im Kampf um den rechten Weg, Schritt für Schritt, stellt sich die freudige Gewissheit ein, nicht ins Leere zu laufen, sondern vorwärts, Gott entgegen […]. Scheitern und Sich-Irren sind hier keine Einwände […]. Umkehr von verkehrten Wegen lässt im Gegenteil Freude zunehmen […]. Es ist darum der evangelische Imperativ, der wie die jüdische „Freude am Gesetz" (Ps 119, Röm 7,22) keinen Raum lässt für ‚Gesetzlichkeit' und den Indikativ davor bewahrt, zum Gefängnis einer Rechtgläubigkeit zu werden, die dem schöpferischen Wirken des uns zum tätigen Leben erweckenden Gottes nichts zutraut." Das Gesetz bleibe für Christen (als Imperativ) bedeutsam und verpflichtend „erstens der Ruf Gottes aus dem Tod ins Leben" und zweitens als Aufruf, sich von Gott versöhnen zu lassen, um in Frieden mit anderen leben zu können (52f.). „Ein von vielen behauptetes Ende des Gesetzes wäre für Paulus ein Triumph der Hoffnungslosigkeit, ein endgültiges Urteil über die Vergeblichkeit menschlichen Strebens […], wo doch das Gesetz gerade die Würde des Menschen bekräftigt, indem es ihn für zurechnungsfähig erklärt (Röm 5,13). Aber der an unserer Stelle vom Gesetz verfluchte Jesus (Gal 3,13) lässt das Gesetz werden, was es ist und von Anfang an war: ein Gebot zum Leben (3. Mose 18,5; Röm 7,10; 8,2). Ermutigung zum Leben im Vorläufigen in der Hoffnung auf die Vollendung der Dinge in Gott (1. Kor 13,8–12). „Wir leben im Vorletzten und glauben das Letzte" (Dietrich Bonhoeffer)" (Kristlieb Adloff, Paulus – Prophet des Gottesreiches, Stuttgart 2013, 57).

Nach der *Zerstörung des Tempels* (70) und der schrittweisen *Trennung von Synagoge und Kirche* ab dem Ende des 1. Jahrhunderts war der Resonanzboden für viele der paulinischen Fragen nicht mehr vorhanden. Vor allem seine in sich differenzierte Deutung der Tora wurde nicht fortgeführt und geriet in Vergessenheit. Den christlichen Theologen ging es nun um die Sicherung der Fundamente ihrer sich jetzt von

Israel endgültig emanzipierenden Gemeinschaft. Die Deuteropaulinen (insbesondere Kol, Eph) und die Pastoralbriefe (1. und 2. Tim, Petrusbriefe, Titus) sichern theologisch, moralisch und organisatorisch die Gründungen gegen konkurrierende Gedankengebäude (Gnosis) und Kulte ab. Dabei führen sie hierarchische Denkmuster ein, die Paulus fremd waren (vgl. Philemon und Gal 3,28 mit Kol 3,18ff.). Der Hebräerbrief transportiert die in der Wirkungsgeschichte problematische Theologie eines Christuskultes ohne Tempel, womit faktisch der Anspruch Israels auf den – nun zerstörten – Tempel und den Tempelkult für erledigt erklärt wird. Die Kirche konstituiert sich im Gegenüber zum – so schien es – von Gott verworfenen Israel. Von nun an tendiert die kirchliche ‚Lehre' dahin, zum System von kirchenamtlich festgestellten ‚Wahrheiten' zu erstarren.

Augustinus (354–430) war an der Schwelle vom 4. zum 5. Jahrhundert der einflussreichste Paulusinterpret. Seine in das eigene Herz gehende Frage nach seinem Gewissen, seiner Schuld und Sünde und nach Befreiung aus Sünde und *Schuldgefühl* wurde auch mithilfe von Römer 7 zur dominanten Lesart in der westlichen Kirche.

Lange sah man es nicht so differenziert: Schuldgefühl ist nicht gleich Schuld. Unter Umständen ist das subjektive Schuldgefühl die „Sünde", insofern der sich schuldig Fühlende faktisch sich nicht Gott überlässt, sondern sich selbst zum Schuldgefühl verurteilt: Schuldgefühl als verborgene und negative Selbstrechtfertigung.

Glaube und Moral, Schuld und Schuldgefühl gingen eine verworrene Melange ein, die zur Verkleinerung *des Menschen* führte. Ein mehr oder weniger negatives, pessimistisches Menschenbild (Erbsünde) beherrschte das ‚christliche' Grundgefühl und die Kultur, in der sich nun seit der Aufklärung die Geister gegen Bibel und Kirche wandten.

4.2 Ist Christus Ende oder Ziel des Gesetzes?

„Christus ist das *Telos* des Gesetzes" (Röm 10,4). Wie aber übersetzt man gr. „telos": „Ziel" oder „Ende"?

Die traditionelle lutherische Systematik von „Gesetz und Evangelium" macht aus dem Gesetz nach Luthers Übersetzung von Gal 3,23 einen „Zuchtmeister", der nun an sein „Ende" gekommen sei, wohingegen Paulus von einem paidagogos = von einem das Kind behütenden und bewachenden Babysitter spricht. Dieses Gesetz, meint Paulus, hat nun seine Schuldigkeit getan, als es in Christus seine *Erfüllung* und damit sein *Ziel* gefunden hat und damit als ein Weg zum Leben im Sinne Gottes zum *Ende* gekommen ist (Römer 10,4). Insofern stimmt für Paulus beides!

Wer „telos" mit „*Ende*" übersetzt, betont traditionell das Ende des ‚jüdischen Heilsweges', über die Erfüllung des Gesetzes sich die Gerechtigkeit zu erarbeiten, zu ‚verdienen', wie es oft

hieß. Ein Motiv für solche Übersetzung könnte die Absicherung des dogmatischen christlichen Standpunktes sein. Wer „telos" dagegen mit *„Ziel"* übersetzt, betont die Kontinuität zwischen Israel, ‚beschnitten nach dem Fleisch', und der Christusgemeinschaft. Indem Christus das Gesetz durch sein Leben und sein Sterben am Kreuz zielführend erfüllt hat, wird der tiefste Sinn des Gesetzes offenbar, nämlich dazu zu führen, dass die Menschen im Spirit Christi leben. Die Tora wäre demnach von Anfang an auf Christus hin angelegt.
Ton Veerkamp: „Nach Johannes wurde ‚die Tora durch Mose *gegeben* (*edothē*), die Zuwendung und Treue (eben diese Tora) *geschah* (*egeneto*) durch Jesus Messias' 1,17. Das ist kein Gegensatz, die griechische Partikel *de* (= aber), die hier einen gewissen Gegensatz anzeigen müsste, taucht in keiner alten Handschrift auf, wurde aber in der ganzen christlichen Theologie, der römisch-katholischen, orthodoxen, vorreformatorischen und reformatorischen Theologie so mitgelesen und mitgedacht, als ob sie im Text Joh 1,17 stünde. Der Satz bedeutet: Was uns immer durch die Tora, durch Mosche, gegeben wurde, die Zuwendung Gottes (*charis*, Gnade) und seine Treue (*alētheia* ist Treue und erst davon abgeleitet Wahrheit), verheißen war, geschieht jetzt durch Jesus. Für Johannes erfüllt sich durch Jesus für Juden (die Kinder der Stämme Juda und Levi) und Samaritaner (die Kinder der zehn Stämme, Joh 4!) alles das, was die Tora und die Propheten wollten. Jetzt zeige sich, so Johannes, dass die Treue Gottes zu Israel „wahr" (*alēthēs*) wird, gerade in der Katastrophenzeit des jüdischen Volkes im ersten und frühen zweiten Jahrhundert. Johannes hat seine eigene Trinitätstheologie. Johannes redet über *pneuma tē alētheias*; ich übersetze das immer mit „Inspiration der Treue". *Pneuma* ist das, was seine Gemeinde „inspiriert", die unerschütterliche Treue zu Israel" (Ton Veerkamp, Im Namen des Vaters und des Sohnes und des Heiligen Geistes. Nur noch eine Hohlformel?, in: Ulrich Duchrow / Carsten Jochum-Bortfeld (Hg.), Befreiung zur Gerechtigkeit / Liberation towards Justice (Die Reformation radikalisieren / Radicalizing Reformation 1), Berlin 2015, 197–213 (Veerkamp), 203).

5. *Ungeteilt leben dürfen: Das konkrete Gebot Gottes bei Dietrich Bonhoeffer*

Paulus' Ethik hat eine Spannweite zwischen rigorosem Eingreifen in eine Gemeindesituation (1. Kor 5) über Empfehlungen (vgl. 1. Kor 7) bis hin zum Vertrauen, dass die Christusleute sich selbst prüfen können, ob sie ihr Handeln etwa in Dankbarkeit vor Gott verantworten können: Was in *Dankbarkeit* genossen werden kann, ist gemäß Paulus für Christusgläubige solange kein Problem, als es nicht andere in Versuchung führt (1. Kor 10,30f.).

Auch *Martin Luther* (WA 39 I, 47, Thesen de fide) konnte vom Evangelium her von der Möglichkeit *‚neuer Dekaloge'* sprechen: „Wenn aber die Gegner die Schrift treiben gegen Christus, so treiben wir Christus gegen die Schrift. Müsste eines von beiden verloren werden, Christus oder das Gesetz, so soll das Gesetz verloren werden, nicht Christus. Denn wo wir Christus haben, so werden wir leichtlich Gesetze stiften und alles recht urteilen. Vielmehr werden wir neue Dekaloge machen, wie Paulus sie macht durch alle Episteln, und Petrus, allermeist aber Christus in den Evangelien. Und diese Dekaloge sind klarer als der Dekalog des Moses, gleich wie Christi Antlitz klarer ist als das Antlitz des Moses …"

Im 20. Jahrhundert fragte *Dietrich Bonhoeffer* sein Leben lang nach dem *„konkreten Gebot"* Gottes für gerade *hier und jetzt.* Er suchte nach ethischen Kriterien, die dem Christen dabei helfen, Gottes Gebot konkret zu identifizieren. In immer neuen Anläufen fand er Leitlinien eines Handelns im Geist des Jesus Christus. Er nannte ein Leben nach Gottes Geboten ‚Nachfolge', dachte über das ‚natürliche Leben' nach, über das ‚Gute' in der ‚Geschichte', über göttliche ‚Mandate', die eine gewisse Orientierung geben.

Letztlich trat Dietrich Bonhoeffer in den aktiven Widerstand ein nur mit der Orientierung an seinem *Gewissen,* worin er *„Gottes Gebot", wesentlich vom ‚Alten Testament' inspiriert,* wie einen Fingerzeig von Engeln fand, getragen von dem Vertrauen in den gegenwärtigen Jesus Christus, eine Erlaubnis, vertrauensvoll und ungeteilt als ganzer Mensch vor Gott zu leben: „Das Gebot Gottes erlaubt dem Menschen Mensch zu sein vor Gott [...], vor Gottes Gebot ist der Mensch nicht der Herkules am Scheidewege in Permanenz, nicht der ewig um die rechte Entscheidung Ringende, im Konflikt der Pflichten sich Aufreibende, immer wieder Scheiternde und neu Anfangende, und Gottes Gebot selbst tritt nicht nur in jenen großen, bewegten, in höchster Bewußtheit erlebten Krisenmomenten des Lebens in Erscheinung. Vielmehr darf der Mensch vor Gottes Gebot nun einmal schon wirklich auf dem Wege sein (nicht immer erst am Scheideweg stehen), er darf die rechte Entscheidung einmal wirklich hinter sich haben (nicht immer nur vor sich), er darf ganz ohne inneren Konflikt das Eine tun und das andere (theoretisch-ethisch vielleicht ebenso Dringliche) lassen, er darf den Anfang schon gemacht haben und sich auf dem Wege vom Gebot wie von einem guten Engel leiten, begleiten und bewahren lassen, und Gottes Gebot selbst kann nun in der Gestalt alltäglicher, scheinbar kleiner, bedeutungsloser Worte, Sätze, Winke, Hilfen dem Leben die einheitliche Richtung, die persönliche Führung geben" (DBW 6, 388f.).

Das „konkrete Gebot" (Bonhoeffer) richtet sich im Hören auf Gottes Wort ausschließlich an der konkreten Situation aus, am konkreten Mitmenschen, der gerade mir gegeben ist, für den gerade ich Mitverantwortung zu übernehmen habe. Darum ist das konkrete Gebot unabhängig von einem ‚Gesetz', verstanden als eine unbedingte Regel, die immer und überall gilt.

Als der Deutsche Bundestag am 6. November 2015 das Gesetz gegen geschäftsmäßige Sterbehilfe verabschiedete, geschah das ausdrücklich nicht im Geist eines Verbots aktiver Sterbehilfe z. B. durch Angehörige oder durch Ärzte, soweit diese – was kontrovers diskutiert wird – nicht „geschäftsmäßig" beim Suizid assistieren. Der Gesetzgeber hat die Selbstbestimmung als Dimension der Menschenwürde auch nach Artikel 2,2 GG ebenso zu respektieren gesucht wie den Schutz der Schwachen und Schwächsten, die unter seelischen Druck kommen könnten, wenn assistierter Suizid geschäftsmäßig oder nicht geschäftsmäßig zum normalen und damit normierenden Verhalten würde. Mit dieser mittleren Position zwischen den Extremen entspricht der Beschluss des Bundestages unseres Erachtens dem, was Bonhoeffer unter „konkretem Gebot" verstanden wissen wollte.

Die Fragen der *Bioethik* nach Lebensanfang und Lebensende erweisen sich derzeit als *die* exemplarischen Felder öffentlicher, möglicherweise auch theologisch geführter Argumentation und Diskussion. Der Sozialethiker und systematische Theologe Peter Dabrock spricht von der Notwendigkeit einer hoch differenzierten und je konkreten Abwägung verschiedener Perspektiven und Argumente. Da es bei den Fragen nach In-vitro-Fertilisation, pänataler Diagnostik, Prä-Implantationsdiagnostik, assistiertem Suizid um höchst sensible, persönliche und wissenschaftlich empirisch oft unabschließbare und mehrdeutige Sachverhalte geht, muss theologische Bioethik darauf verzichten, „methodisch" eine „Sonderstellung" gegenüber nichttheologischer Bioethik einzunehmen. Das bedeutet gerade nicht, dass „theologisch-ethisch relevante Figuren" wie der Glaube an die geschaffene Gottebenbildlichkeit des Menschen oder die Befreiung vom Optimierungs- und Perfektionierungswahn durch den Glauben an die ‚Rechtfertigung' keine Rolle mehr spielten – sie müssten allerdings in ein „weites Überlegungsgleichgewicht" für Außenstehende verständlich „eingespielt" werden. Im Deutschen Bundestag etwa dürfen Abgeordnete selbstverständlich auch von ihrem Glauben getragene und geformte Überzeugungen zeigen, müssen aber fähig sein, spätestens bei der Formulierung der Gesetzestexte allgemeinverständlich ihre Grundüberzeugungen in auch aus ihrer Sicht „akzeptable Kompromisse" zu gießen. Peter Dabrock setzt auf eine „ambiguitätstolerante Differenzsensibilität" einer sich der komplexen Situation stellenden theologischen Bioethik, statt einem „gebotsorientierten Verständnis lehramtlicher katholischer Bioethik", die – empirisch oft nicht ausreichend informiert und interessegeleitet eingeengt – den wirklichen Menschen in seiner Würde und Selbstbestimmung sowie in seiner Not verfehle (in: Wolfgang Huber / Torsten Meireis / Hans-Richard Reuter (Hg.), Handbuch der Evangelischen Ethik, München 2015 (Huber), dort 524ff., Zitate 524.534). – Bonhoeffers Verständnis vom „konkreten Gebot" entspricht genau dem, was Dabrock empfiehlt. Das „konkrete Gebot" ist gerade keine lehramtliche Ansage von ‚oben', sondern die Entscheidung des verantwortlichen Menschen in der Gewissheit der Nähe Gottes in den schweren Fragen der alltäglichen und außerordentlichen Lebensführung. (Vgl. bei Dietrich Bonhoeffer zum konkreten Gebot auch seine Äußerungen Anfang der 30-er Jahre: DBW 11, 306.310f., 332f.!)

Bonhoeffer wollte *in der Nähe Jesu* leben und denken. Damit ließ er in Lebensgefühl, Denken und Handeln die von Luther für lange Zeit geprägte ‚protestantische' Mentalität hinter sich. In der Nähe des Menschen Jesus fallen bestimmte innertheologische Fragen einfach aus bzw. sie justieren sich neu, weil die Perspektive eine andere ist: Nicht die eigene Heilsgewissheit z. B. prägte Bonhoeffers Theologie (wie anders die Luthers), sondern der Blick auf den „Anderen". Die *persönliche Teilnahme am Geschick Jesu* – ganz entsprechend dem, was *Paulus* in Bezug auf sein Leiden als Apostel seines Herrn empfand – befreite Bonhoeffer zu noch heute provozierenden Äußerungen der Freiheit. Im Gefängnis formulierte er am 18. Juli 1944 in einem Brief an Eberhard Bethge Sätze im Geist des Paulus:

> „Der Mensch wird aufgerufen, das Leiden Gottes an der gottlosen Welt mitzuleiden. Er muss also wirklich in der gottlosen Welt leben und darf nicht den Versuch machen, ihre Gottlosigkeit irgendwie religiös zu verdecken, zu verklären; er muß „weltlich" leben und nimmt eben darin an dem Leiden Gottes teil; er darf „weltlich" leben, d. h. er ist befreit von den falschen religiösen Bindungen und Hemmungen. Christsein heißt nicht in einer bestimmten Weise religiös sein, auf Grund irgendeiner Methodik etwas aus sich machen (einen Sünder, Büßer oder einen Heiligen), sondern es heißt Menschsein, nicht einen Menschentypus, sondern den Menschen schafft Christus in uns. Nicht der religiöse Akt macht den Christen, sondern das Teilnehmen am Leiden Gottes im weltlichen Leben. Das ist die „metanoia" [Buße, Umkehr, neues Denken und Leben, d. Vff.], nicht zuerst an die eigenen Nöte, Fragen, Sünden, Ängste denken, sondern sich in den Weg Jesu mithineinreißen lassen, in das messianische Ereignis, daß Jes 53 nun erfüllt wird! Daher „glaubet an das Evangelium" […]" (DBW 8, 535f.).

Hier sind erste Ansätze einer *Theologie nach Auschwitz* erkennbar. Mit dem Bezug zur „Erfüllung" von Jes 53 (der gerechte Gottesknecht leidet für die anderen) „nun" als dem ‚kairos', dem Heute Gottes deutet Bonhoeffer eine Neuinterpretation des Kreuzestodes Jesu auf dem Hintergrund der Schoa an. Auf den Punkt hin zugespitzt: Gott braucht kein Sühneleiden des Gottessohnes, um seine Gerechtigkeit und seine Liebe miteinander zum Heil der Menschen zu versöhnen. Die Menschen brauchen den Einsatz Gottes – durch Menschen, die für andere leiden (Bonhoeffer mag dabei an den im christlichen Sinn – Paulus! – ‚vorbildlichen' Widerstand denken) – um aufzuwachen aus selbst verschuldeter Dummheit, Bosheit, Gewalt und Leiden. Israel als der ‚leidende Gottesknecht' von Jes 53 (Bonhoeffer weiß von den Vernichtungslagern) ist die extreme Infragestellung aller bisherigen christlichen Theologie.

Ohne es weiter ausführen zu können (jedenfalls haben wir dazu von Bonhoeffer keine Aufzeichnungen mehr), eröffnet Bonhoeffer mit wenigen Sätzen die Sache der christlichen Theologie neu, nicht zufällig ganz in der Nähe zu paulinischen Kategorien: Mit der Erfüllung des Gesetzes in Christus, mit der Teilhabe der Glaubenden an und ‚in Christus' durch Taufe und Nachfolge (Bonhoeffer) leben die Christusglaubenden in Gemeinschaft mit Christus in seinem Geist. Christen sind aus der tödlichen Sündenmacht befreit und können nach dem „Gesetz Christi" (Gal 6,2) in einem neuen Leben leben. Dieses Leben wird de facto nicht ohne Sünden im Sinne von schuldhaften Taten geschehen. Nicht die ängstliche Sorge aber um den Zorn Gottes gegen des Menschen Sünden der Schwäche (Bonhoeffer), nicht das geplagte Gewissen bestimmt das Leben der Christen, sondern die Ermutigung, ganz Mensch zu werden, wie Jesus im Wesentlichen Mensch war (Bonhoeffer, vgl. Brief vom 21.7.1944 in DBW 8). Menschen können von sich selbst absehend „teilnehmen am Leiden Gottes im weltlichen Leben". ‚Evangelium' und ‚Gesetz' oder umgekehrt ‚Gesetz' und ‚Evangelium' … für Bonhoeffer stellt sich am Ende diese Frage jedenfalls nicht mehr in der tradierten Form.

In seiner ‚Nachfolge' schreibt Bonhoeffer die atemberaubenden Sätze: „Das Leben Jesu Christi ist auf dieser Erde noch nicht zu Ende gebracht. Christus lebt es weiter in dem Leben seiner Nachfolger. Nicht von unserem christlichen Leben, sondern von dem wahrhaftigen Leben Jesu Christi in uns ist nun zu reden. ‚Nun aber lebe nicht ich, sondern Christus lebt in mir' (Gal 2,20)". (DBW 4, 303).

6. *Methodisch*

6.1 Luther als Paulusausleger (20 Min.)

- Stille Bildbetrachtung „Luther vor Stotternheim" (1–2 Min.)
- Aufforderung: TN äußern sich zunächst auf der Gefühlsebene (was das Bild in mir berührt, auslöst), dann erst zu Details und zu einer möglichen Bildaussage (Achtung: Manche kennen den Lutherfilm und sagen schnell die ‚Lösung'. Darum geht es aber nicht.)
- Äußerungen von TN (in den Raum stellen, nicht kommentieren!)
- L referieren in Bezug auf das Bild kurz aus der Biografie Luthers (s. o.) mit dem Fokus auf Luthers Verständnis vom Menschen vor Gott.

6.2 Gruppenarbeit am Bibeltext Römer 7,14–8,1.14 (50 Min.)

- Gruppen bilden, Raumaufteilung, Papier und Stifte, Gruppenarbeit am Bibeltext.
- L bringen in der Gruppe den Kontext von Röm 7 (s. o.) ein. Sie halten keinen Vortrag, sagen aber doch so viel, dass deutlich wird: Röm 7 steht nicht für sich (etwa als Lehre über den Menschen oder über Gesetz und Sünde), sondern in einem spezifischen argumentativen Zusammenhang (s. o.).
- Arbeitsauftrag: In der Gruppe soll um die Brennpunkte „Evangelium" und „Gebot" besprochen werden, wie bei Paulus beides mit einander zusammenhängt. Im Hintergrund steht – einzubringen möglicherweise von L – der jedenfalls in der lutherischen Kirche traditionelle andere Denkansatz von „Gesetz und Evangelium".

6.3 Ungeteilt leben – das Gebot Gottes als „guter Engel“: Gespräch zu einem Bonhoeffer-Text (45 Min.)

- Den Text aus Bonhoeffers ‚Ethik‘ (DBW 6, 388f. – siehe Internetpool) verteilen, leise und laut lesen lassen.
- L geben ein knappes Referat zu Bonhoeffers Ringen um das ‚konkrete Gebot‘ Gottes

Nach einer Pause (!) fokussieren L die Gruppe auf einen neuen Schwerpunkt des großen Themas: Das konkrete Gebot nach Dietrich Bonhoeffer. Nach einem gemeinsamen Lesen des Textes (durchaus Wort für Wort) sollte das Gespräch beinhalten:

1. Rückfragen (nur) zum Verständnis: Ggf. Luthers Position zu ‚Gesetz und Evangelium‘ (wenn der Einstieg bzw. Röm 7 nachklingt), Fragen zum Verständnis der Position Dietrich Bonhoeffers (Stichworte: Die ‚Verantwortungsethik‘ eines Christen im Widerstand gegen Hitler, die Sehnsucht Bonhoeffers nach Gottes ‚Sichtbarkeit‘ in der Welt und nach Gottes konkretem Gebot ‚mitten im Leben‘ usw.)
2. Die In-Beziehung-Setzung von Bonhoeffers Ansatz zum persönlichen Leben der TN (wer sich traut …) und in den aktuellen gesellschaftlichen und politischen Fragen.

Mögliche Leitfrage im Gespräch: Wie hängen das Evangelium und das Gesetz / Gebot zusammen? Wie kommt die Sache von Evangelium und Gebot heute zur Sprache? Woher wissen wir, dass dies oder das Gottes ‚konkretes‘ Gebot ist? Ist das eine fromme Illusion? Gibt es (noch?) christliche Ethik? Ist vielleicht der Blick in das konkrete Gesicht des anderen Menschen ein Indikator für Gottes konkretes Gebot?

Das Besondere dieses Textes liegt darin, dass Bonhoeffer hier in fast poetischer Weise eine Quintessenz seiner existentiell beglaubigten Theologie zieht. Im Kern geht es um ‚Rechtfertigung‘. Im Unterschied zur lutherischen Position zielt Bonhoeffer auf eine Art neue Lebensweise in der Nähe des Jesus. Er traut dem von Christus inspirierten Menschen zu, ein ungeteiltes Leben im Vertrauen auf Gottes alltägliche ‚Führung‘ zu verantworten.

Alternativ mag eine theologisch geschulte Runde auch den thematischen ‚Shift‘ hinterfragen, den die Verfasser nahe gelegt haben, als sie anhand eines dazu passenden klassischen Paulustextes das klassische ‚lutherische‘ Thema ‚Gesetz und Evangelium‘ frecher Weise in ‚Evangelium und Gebot‘ umformuliert haben …

6.4 „Nun seid ihr wohl gerochen“: Schlusschor aus J. S. Bachs Weihnachtsoratorium (5 Min.)

Musik und Text führen in beschwingte Fröhlichkeit. Es geht um Platzwechsel des „menschlichen Geschlechts“ aus Sünde, Verlorenheit und Tod in die Gemeinschaft der Trinität („bei Gott hat seine Stelle das menschliche Geschlecht“) durch die Inkarnation(!).

Exkurs: Gottes Gerechtigkeit – Streit um die Rechtfertigung

Dass Gott zu seinem Ziel kommt

Lucas Cranach d. Ä., Predella des Reformationsaltars der Wittenberger St. Marienkirche (Foto: B. V.).

Prolog: Was bringt dieser Christus heute zur Sprache?

Gal 2,16: „Indem wir aber wissen, dass ein Mensch nicht gerechtfertigt wird aus Werken eines Gesetzes, außer durch Glauben an Jesus Christus – durch die Treue Jesu Christi, sind auch wir zum Glauben an Jesus Christus gekommen, damit wir gerechtfertigt werden aus Glauben an Christus (oder: Glauben Christi) und nicht aus Werken eines Gesetzes. *Denn aus Werken eines Gesetzes wird kein Mensch gerechtfertigt werden*" (s. Psalm 142,3).

Schon lange ist Luthers aus tiefster persönlicher Not kommende Unterscheidung, faktisch auch Entgegensetzung von ‚Gesetz' und ‚Evangelium' hinfällig geworden. Insbesondere junge Menschen werden erwachsen mit der populärpsychologisch unterfütterten Auffassung, kein Mensch sei fehlerlos und jeder habe zu lernen, mit sich selbst und mit den anderen klar zu kommen. Keine Rede ist mehr davon, dass die ‚Erbsünde' die Menschen Tod und Teufel in die Arme treibe, dass Gott als himmlischer Richter Rechenschaft fordere und über den Zugang zu Himmel oder Hölle entscheide. Auch die für Luther so wichtige Passivität in Glaubensdingen (der Mensch empfängt das göttliche Heil; nichts kann und nichts soll er aktiv dazu beitragen) ist unverständlich geworden. Abiturienten sagen voller Überzeugung, Luther habe den Ablass abgeschafft und das bedeute die Freiheit von Sünden. ‚Sünde' kommt im Wortschatz und in der Vorstellungswelt auch kirchlich geprägter Jugendlicher kaum noch vor. Gute und schlechte Taten gibt es; aber – so sagen die Jugendlichen – jeder hat eine „zweite Chance" „verdient". Eine als erlernbar gedachte Selbstvergebung wird als spirituelle Tugend ausgegeben; und praktische

Theologen empfehlen das Erlernen einer „Kunst und Kritik des Vergessens“ (so Wilhelm Gräb (im Anschluss an Weinrich), Artikel ‚Sünde‘ VIII, in: Theologische Realenzyklopädie, Bd. 32, 438–442). Menschen lernen Techniken zur Erlangung spiritueller, seelischer und körperlicher Gesundheit. Glaube als Geschenk des Heiligen Geistes? Glaube als ein Leben ‚vor Gott‘? Nicht ‚Rechtfertigung‘ suchen die meisten Menschen unserer Kultur (vor und von wem denn?), allenfalls vor dem Forum der eigenen Peergroup, sondern wie man sein Leben ‚richtig‘, das heißt erfolgreich, gesund, mit Spaß, möglicherweise auch sinnvoll lebt. Kann die christliche Theologie dabei helfen, dass Menschen christlichen Glaubens Denk- und Sprachmuster finden, die gesprächsfähig machen innerhalb der Gemeinden und mit allen interessierten Menschen? Paulus mag dabei im Fokus stehen; denn nicht zufällig sind die Gedanken des Paulus entstanden in einer multikulturellen Situation, in der Herausforderung, radikal Neues zu sagen für Adressaten in verschiedenen Ländern und in einem dem Jüdischen teilweise fremden, teilweise auch feindlichen Kontext. Paulus musste es um die Darstellung einer Identität des Glaubens ‚in Christus‘ gehen, die nicht andere ausschließt, sondern einlädt.

Nicht zufällig auch hat Luther seine (von ihm so nicht genannte) ‚Rechtfertigungslehre‘ zunächst an den Psalmen des AT, dann aber vor allem an Paulus (und kaum an den Evangelien!) entwickelt.

In seiner allerersten Vorlesung als Bibelprofessor liest Luther ab 1513 die Psalmen, unter anderem Psalm 50, V.14: „Opfere Gott Dank und erfülle dem Höchsten deine Gelübde“. Dazu sagt Luther: „Dann nämlich wird Gott erst richtig verehrt, wenn wir uns selbst ganz und gar zuschanden machen und alles Lob und allen Ruhm und was in uns ist, ihm zuerkennen. Denn wenn wir Gott zuerkennen, was sein ist, und uns vorbehalten, was unser ist, dann behalten wir uns nichts vor, und eben dieses Nichts ist unser, das Ganze aber ist Gottes, von dem wir es empfangen haben. Ein solches Bekenntnis aus wahrhaftigem Herzen, das ist das Lobopfer, nämlich zu gestehen, dass wir gänzlich in Gottes Schuld stehen, was wir auch sind, und für uns überhaupt nichts zurückzubehalten“ (Martin Luther, Erste Vorlesungen über die Psalmen (1513/1515), 56, in: Digitale Bibliothek, Band 63: Martin Luther, 345, Göttingen/Berlin 2002).

Spezialisten können in diesem ‚vorreformatorischen‘ Luther die mystischen und sonstigen Einflüsse von Luthers Lehrern und Vorlagen erkennen und dazu auch schon die Radikalität, mit der er Gott und Mensch in vollständige Opposition setzt. Um der Macht der Gnade willen, an der Luther alles gelegen ist, muss die Sündhaftigkeit, ja Nichtigkeit des Menschen betont werden. So sah es Luther. Der Kern der lutherischen Reformation ist die Faszination durch einen Gott, der dem Menschen, wie der Mensch ist – ein vor Gott verlorenes, Sünde und Tod verfallenes Geschöpf – vollkommen entgegenkommt. Die theologischen Sprachmuster Luthers könnten möglicherweise auch verdecken, was an Luthers Rechtfertigungslehre heute neu zu sagen wäre: Es geht zunächst um ein Beziehungsgeschehen, nicht um Heilsökonomie (Ablasshandel versus Sühnetod Jesu usw.). Es geht im Kern der Rechtfertigungslehre nicht um ein Rechtsgeschehen, sondern um die Gemeinschaft von Gott und Mensch. Hier lag und liegt auch der Kern des paulinischen Denkens: Bei der Erfahrung der Christusnähe vor Damaskus.

Nach 40 Jahren intensiver Diskussion zeichnen sich heute in der wissenschaftlichen Theologie Denkwege ab, die der Komplexität des paulinischen Denkens damals, dem jüdisch-christlichen Dialog und der Lebenswirklichkeit heute heute gerechter werden als eine letztlich historisierende und nur noch als geschichtliche Information vermittelbare Gegenüberstellung von Gesetz und Evangelium im Sinne des Cranachschen Bildes (s. o.). Was also ist gemeint, wenn von der ‚Rechtfertigung' durch den ‚Glauben' die Rede ist?

Lucas Cranach d. Ä. malte mehrfach (hier: 1529, Gotha) im Auftrag Luthers den Typos ‚Gesetz und Evangelium' als Lehrbild evangelischen Glaubens. Das Bild ist konzipiert als ein didaktisches Programm. Fast auf den ersten Blick sollte den Betrachtenden deutlich werden, worauf es ankommt, um am *ewigen Heil* teilhaben zu können: Fort zu fliehen vom (jüdischen!) Weg des Gesetzes hin zum christlichen Weg des nackten Adam unter dem Kreuz Christi, der sein Blut vergossen hat zur Vergebung der Sünden und zum ewigen Heil derer, die zu ihm – unter das Kreuz – fliehen.

1. *Martin Luther (1483–1546): Die Gerechtigkeit Gottes als gnädiger Freispruch durch den barmherzigen Gott*

1.1 Mit Paulus vom Gotteshass zum barmherzigen Gott

„Was gibt es denn Schlimmeres als Ungewißheit?“ hält Luther in seiner Schrift vom unfreien Willen seinem Briefpartner Erasmus von Rotterdam vor und verteidigt sein Recht, seine Pflicht, um des Glaubens willen „sichere Behauptungen“ aufstellen zu müssen: „Der Heilige Geist ist kein Skeptiker“ (Martin Luther, De servo arbitrio, Weimarer Ausgabe von Luthers Schriften (WA), Bd 18, 604,33; vgl. die deutsche Übertragung in: Martin Luther, Die Hauptschriften, 4. Aufl. Berlin o. J., 146–207, ebd. 152).

Es kam für ihn zur Entscheidung in der *Gottesfrage*: *„Gottes Gerechtigkeit“* mit der Theologie und Kirchenpraxis seiner Zeit so zu verstehen, dass ein gerechter Gott ungerechte Menschen im Weltgericht verurteilt und zur Hölle verdammt, entfachte in Luther den denkbar tiefsten Abstand zwischen sich und Gott: Er begann diese teuflisch anmutende Gottesvorstellung abgrundtief zu *hassen*:

„Ich aber, der ich, so untadelig ich auch als Mönch lebte, vor Gott mich als Sünder von unruhigstem Gewissen fühlte und mich nicht darauf verlassen konnte, daß ich durch meine Genugtuung versöhnt sei, liebte nicht, nein, haßte den gerechten und die Sünder strafenden Gott und war im stillen, wenn nicht mit Lästerung, so doch allerdings mit ungeheurem Murren empört über Gott: Als ob es wahrhaftig damit nicht genug sei, daß die elenden und infolge der Erbsünde auf ewig verlorenen Sünder mit lauter Unheil zu Boden geworfen sind durch das Gesetz der zehn Gebote, vielmehr Gott durch das Evangelium zum Schmerz noch Schmerz hinzufüge und auch durch das Evangelium uns mit seiner Gerechtigkeit und seinem Zorn bedrohe. So raste ich wilden und wirren Gewissens; dennoch klopfte ich beharrlich an eben dieser Stelle bei Paulus an mit glühend heißem Durst, zu erfahren, was St. Paulus wollte“ (Martin Luther, Vorrede zum ersten Band der Wittenberger Ausgabe der lateinischen Schriften Luthers, in der Übersetzung von Gerhard Ebeling, in: Karin Bornkamm / Gerhard Ebeling (Hg.), Martin Luther. Ausgewählte Schriften, Band 2, Frankfurt 1982, 22f.).

Diesen existenziellen und tief persönlichen Gotteshass überwand eine Erkenntnis, die Luther im Rückblick 1545 als eine Offenbarung Gottes (vergleichbar der des Paulus vor Damaskus in der Version der Apostelgeschichte) stilisiert und als einen radikalen Neuanfang, eine Neuschöpfung seines Lebens feiert:

„Da erbarmte sich Gott meiner. Tag und Nacht war ich in tiefe Gedanken versunken, bis ich endlich den Zusammenhang der Worte beachtete (in Röm 1,16f.,

d. Vff.): ‚Die Gerechtigkeit Gottes wird in ihm (im Evangelium) offenbart, wie geschrieben steht: Der Gerechte lebt aus dem Glauben.' Da fing ich an, die Gerechtigkeit Gottes als eine solche zu verstehen, durch welche der Gerechte als durch Gottes Gabe lebt, nämlich aus dem Glauben. Ich fing an zu begreifen, daß dies der Sinn sei: durch das Evangelium wird die Gerechtigkeit Gottes offenbart, nämlich die passive, durch welche uns der barmherzige Gott durch den Glauben rechtfertigt, wie geschrieben steht: ‚Der Gerechte lebt aus dem Glauben.' Da fühlte ich mich ganz und gar neu geboren, und durch offene Tore trat ich in das Paradies selbst ein" (ebd.).

Aus der Hölle eines sadistischen Gott-Monsters, das Luther nur hassen kann, wird der barmherzige Gott, der seine ‚Gerechtigkeit' als ein Sein-in-Gemeinschaft-mit-Gott verschenkt.

Der *theologische* Begriff der ‚Gerechtigkeit' (Gottes) meint *im Kern* eben gerade *keinen* Richterspruch, nach dem im Namen des Volkes ein Wort ergeht, das Schuld von Unschuld, richtig von falsch, gut von böse, Straflosigkeit von Strafverhängung scheidet. Dass die Pforten des Paradieses für Luther aufgehen, hat umgangssprachlich eher mit Liebe und Annahme zu tun als mit ‚Gerechtigkeit'. Er tritt sozusagen ein in den Urstand ungetrennter Gottesgemeinschaft (das meint ‚Paradies',1. Mose 2), weil Gott ihm in diesem Moment und im Grundsatz eben nicht der Richter ist, sondern der, der sich selbst – und das ist Gottes ‚Gerechtigkeit' – in seiner Liebe und Barmherzigkeit verschenkt. Und der Mensch kann und muss gar nichts tun. Nur sich beschenken lassen. Luther hat die ‚Pforten des Paradieses' aufgehen sehen, musste aber dann doch sein Leben lang weiterringen mit der Frage nach der Gerechtigkeit Gottes gegenüber dem ungerechten Menschen. Darum war ihm die ‚Gerechtsprechung' des Sünders mittels der ‚Imputation' der fremden ‚Gerechtigkeit' Christi so wichtig. Hier blieben zwei Grunderfahrungen nebeneinander stehen: Die Erfahrung vollkommener Liebe und die Anfechtung des geängstigten Gewissens.

Wir müssen dieses flammende, wärmende, liebe- und lichtvolle Zentrum von Luthers Theologie im Hinterkopf behalten, wenn wir uns nun die Schattenseite ansehen. Durch beides hindurch kann der heutige Blick auf Paulus frei werden. An Luther vorbei aber geht es wohl heute kaum – selbst für Katholiken (vgl. Otto Hermann Pesch, Gnade und Rechtfertigung am Vorabend der Reformation, unveröffentlichter Vortrag, www.uni-heidelberg.de/md/fakultaeten/theologie/oek/forum/13.1.pdf)

1.2 Rechtfertigung als Geschehen vor dem himmlischen Gericht?

Um das Zentrum des ‚Rechtfertigungsgeschehens' auszusagen, verwendet Luther der Bibel gemäß verschiedene Sprachbilder, Metaphern, Wortgleichnisse, ohne deren Zuhilfenahme das Gemeinte seiner Auffassung nach nicht verständlich ausgesagt werden konnte, verständlich in einem bestimmten Kontext und in einer bestimmten Zeit: Luthers Zeit.

Was zu Paulus' Zeit kaum Verständnisschwierigkeiten machte (z. B. das Sprachbild von der ‚Rechtfertigung' als einem Geschehen, das man sich analog zum Tempelkult in Jerusalem vorstellen könnte, Röm 3,25f.), war für Luther am Ende einer jahrhundertealten theologischen Tradition in eigener Zuspitzung als Metapher brauchbar. Dies änderte sich aber nach Kants Aufforderung, aus der selbst verschuldeten Unmündigkeit in die sittliche Autonomie zu treten, das moralische Gesetz im Herzen und höchstens den gestirnten Himmel noch über sich. Erst recht nach den kulturellen Umwälzungen durch industrielle Revolution, Technik, Säkularisierung und die Katastrophen des 20. Jahrhunderts, insbesondere die Schoa müssen wir die theologische Sprache daraufhin überprüfen, ob sie noch leistet, was sie leisten soll: In diesem Fall ‚Rechtfertigung' als das Ankommen der ‚Gerechtigkeit Gottes' verständlich auszusagen.

Luther spricht – u. a. gestützt auf paulinische Texte – von Rechtfertigung in Begriffen aus *Rechtswesen* und *Ökonomie*. Dagegen ist gar nichts zu sagen. Auch heutige theologische Sprache muss Anleihen in der Sprache des Alltags machen. Wie sollte sonst theologische Sprache funktionieren, wenn sie keine Geheimsprache nur für Insider, für Eingeweihte sein soll?

Es kann nun aber schnell passieren, dass ich bei der Verwendung z. B. von Sprachformen aus der Ökonomie den Geist der Ökonomie – vielleicht ungewollt – mit einfließen lasse. So auch bei Luther: Im Anschluss an paulinische Sprachbilder und auch an Anselm von Canterbury (s. o.) denkt sich Luther ein himmlisches *Gerichtsverfahren*, bei dem der einzig Schuldlose (Jesus Christus) schuldig gesprochen wird.

2. Kor 5,21 gilt vielen Exegeten als Beleg, dass nach Paulus der sündlose Jesus stellvertretend für uns Sünder zum (verurteilten) Sünder *„gemacht"* wurde. Auch die neue Basisbibel übersetzt: „Gott hat Christus, der keine Sünde kannte, an unserer Stelle als Sünder *verurteilt*". Es steht da aber im Griechischen: „zur Sünde" (und) *„gemacht"*! Das sind zwei wichtige andere Akzente! Mindestens bedeutet der Originaltext: Paulus hat an dieser Stelle keinen Tausch von göttlichen Urteilen im Sinn, als ob der sündlose Christus stellvertretend für uns die Sündenstrafe abbüßen müsste (so etwas kann im Anschluss an die auch schon differenzierte Lehre Anselms konstruiert werden), sondern die Erneuerung der Identität der Sünder: Indem der, „der von keiner Sünde wusste" (ist das schon der sündlose Christus des Konzils von Chalcedon 451?) „zur Sünde gemacht" wurde, ist im Umkehrschluss und in Wirkung davon der Sünder von dem Sündenverhängnis befreit: ER muss nicht Sünder bleiben (anders als Luther es sagt!), sondern ist nicht nur vor Gott (Luther), sondern – das ist des Paulus Anspruch – auch erkennbar vor den Menschen ein Heiliger, kein Sünder.

Luther kommt es für sein latent ängstliches Gewissen auf dieses Zentrum von Gottes Gerechtigkeit an: Jesu Gerechtigkeit, die er durch sein sündloses Leben bis zum Tod am Kreuz durchhält, wird uns anderen Menschen = Ungerechten = Sündern *angerechnet* (imputiert). Dafür nimmt der sündlose Jesus an unserer Statt die Sünde, d. h. eigentlich die Sündenfolge = die Strafe auf sich, die Gott in seiner Gerechtigkeit verhängen muss. Luther mischt u. U. in diesem Gedankengang forensische (auf das Gericht bezogene) mit *ökonomischen* Begriffen: In Christus hat Gott uns frei *gekauft* von Sünde, Verdammnis und ewigem Tod.

Die *lutherische Dogmatik* spricht von *'imputativer Rechtfertigung'*: Die Gerechtigkeit, die vor Gott im Gericht gilt, auf die es also ankommt bei der Frage, ob Himmel / ewiges Leben oder Hölle / ewiger Tod, wird dem Menschen nicht eingegossen, ist keine Qualität im Menschen (so die mittelalterliche Scholastik), sondern wird dem Menschen angerechnet bzw. zugeschrieben = imputiert. Menschen werden durch Gottes Gnade nicht gerechter in ihrem Trachten und Handeln (obwohl Luther auch den Gedanken kennt, dass der Christ gegen die Sünde ankämpft und zu guten Taten hin reifen kann!). Stattdessen gilt der Sünder als gerecht *gesprochen* aus dem Mund des gnädigen Gottes. Alles, was der Mensch ‚tun' muss, ist paradoxerweise eine Nicht-Tat: Sich die Gnade Gottes gefallen und schenken lassen. Gott ‚vergibt' aber nicht ‚einfach so' (wie man das Gleichnis vom sogenannten ‚verlorenen Sohn' lesen kann), sondern auf einem definierten Rechtsgrund. Dieser Grund besteht in einem ‚Tausch', der das gnädige Urteil erst möglich macht. Das Urteil Gottes gegenüber Jesus Christus würde auf unschuldig lauten, ja sündlos. Das Urteil Gottes gegenüber jedem ‚alten Adam' (Luther) und jeder ‚alten Eva' aber muss wegen der ‚concupiscentia' (der bösen Begierde) aller Menschen (außer Jesus) auf schuldig lauten. Der Mensch ist schuldig nicht nur wegen dieser und jener Tatsünde, sondern aufgrund der Feindschaft gegen Gott, der Gottlosigkeit des natürlichen Menschen nach dem Sündenfall. Der ‚selige Tausch' (Luther) besteht nun darin, dass Christi Gerechtigkeit gegen des Menschen Ungerechtigkeit eintauscht gedacht wird. Jesus Christus ist – sozusagen im Tausch – am Kreuz „zur Sünde gemacht" (2. Kor 5,21 wird in diesem Denkgebäude *so* verstanden = als Sünder verurteilt) und anstelle der Sünder mit dem Tod bestraft worden. Den Glaubenden wird darum Christi Gerechtigkeit angerechnet und das ewige Leben zugeeignet. Eduard Lohse vertritt diese Position heute: Durch Kreuz und Auferstehung Christi ist der Freispruch der Rechtfertigung bewirkt. Darin aber ist Gottes Gerechtigkeit offenbar geworden. „Weil Gott durch sein freisprechendes Wort den Menschen an den Ort stellt, an dem er allein vor ihm bestehen kann, hat das Gesetz mit dem Erweis der Gerechtigkeit Gottes nichts zu schaffen" (Lohse, 201). Ernst Käsemann, der in der Rechtfertigung einen Akt der *Neuschöpfung* (2. Kor 5,17) erkennt, setzt einen anderen Akzent: Der Mensch wird im Glauben von Christus aus dem Machtbereich der Sünde und des Todes gerettet. Es findet ein *Herrschaftswechsel* statt. Der neue Kyrios (Herr) Christus ermöglicht und fordert neuen Lebensgehorsam.

Für die Forensik wie die Ökonomie der Rechtfertigung kann Luther sich auf vielfältige biblische und speziell paulinische Texte aus unterschiedlichen Zusammenhängen berufen. Ob er damit der paulinischen Dynamik in ihren Metaphern und Begriffen gerecht wird, darf bezweifelt werden. G. Theißens strukturale Analyse der „Übertragungssymbolik" des Paulus (von 1974) ergab (laut Beker): Paulinische Metaphern und Begriffe wie ‚für' bzw. ‚zu Gunsten (von) uns' (ist Christus gestorben usw.) und ‚mit' und ‚in' Christus (leben die Getauften, sind sie der Sünde abgestorben usw.) sind verschiedenen Aussageabsichten zuzuordnen, dürfen aber nicht gegeneinander isoliert werden etwa als „juristische" und „mystische" Sprache (Beker, 87).

Dieser Isolation und Gegenüberstellung der paulinischen Metaphern und Begriffe in eher „juristische“/forensische = Rechtfertigung durch Imputation und andererseits eher „mystische“ = Rechtfertigung durch Partizipation entspricht die klassisch lutherische Theologie, vgl. dagegen im Folgenden die ‚new perspective on Paul‘ und ihre Fortentwicklungen (s. u.).

Luther *konstruiert* sich im Laufe der Jahre, mit unterschiedlichen Akzentsetzungen und durchaus nicht spannungsfrei, ein Gedankengebäude, das zu *seinen* spirituellen Bedürfnissen und seinen theologischen Absichten passte und das seine Nachfolger zu ‚*der*‘ lutherischen ‚Rechtfertigungslehre‘ zu Ende gebaut haben.

Viel angemessener und spannender denn als zeitlose Lehre sind Luthertexte (wie auch Paulustexte) zu lesen, wenn sie im Kontext ihrer Zeit und als Konstrukte mit einem bestimmten Anlass und in einer bestimmten Absicht gelesen werden.
Am Ende seiner Freiheitsschrift deutet Luther an, dass er Rechtfertigung *auch* als *totale Solidarität* (Gottes und der Mitmenschen) mit dem Sünder verstehen kann. Im ‚*Mächtekampf*‘ (s. Kap. VIII) kommt neben der Sühne eine ganz andere Idee zum Tragen: Gott in Christus besiegt die den Menschen bedrohenden Mächte Sünde, Tod und Teufel. Luthers Denken ist ähnlich wie das paulinische facettenreich und nicht immer spannungsfrei ausgeglichen. Insgesamt aber beherrscht Luthers Denken ein Verständnis von Rechtfertigung als *Freispruch* vor dem himmlischen Gericht. Anders z. B. Libretto und Musik J. S. Bachs im ebenfalls von lutherischer Theologie geprägten *Weihnachtsoratorium* (WO): In Kantate 4 fällt der Chor musikalisch gesehen vor Gottes „Gnadenthron“, der in diesem Fall nicht der „Gnadenstuhl“ (Luther) des Kreuzes Jesu Christi ist, sondern die *Krippe!* Thema der 4. Kantate im WO ist die innige Beziehung von Christus zur Seele jedes Menschen und speziell die völlige Überwindung der Angst vor Sterben und Tod *und* vor einem irgendwie zwiespältigen, also auch ‚erschreckenden‘ Gott: Nein, vor diesem Gott in Jesus braucht niemand Angst zu haben – im Gegenteil: Die ‚Gnade‘ dieses Gottes besteht ja gerade darin, das ‚Menschengeschlecht‘ zu sich hin zu ziehen und bei sich wohnen zu lassen (Schlusschoral von Kantate 6).

1.3 „Unverhüllter Judenhass“ – der Schatten der lutherischen Rechtfertigung

In Luthers Formeln „*Allein* Jesus Christus“, „*allein* aus Gnade“, „*allein* im Glauben“, „*allein* die Schrift“ geht es ihm um die Sicherung seiner theologischen Einsichten, letztlich aber um Heilsgewissheit.

Das Geheimnis und zugleich der Schatten seiner Theologie ist dabei die *Antithetik* von *Gesetz und Evangelium*. Das ‚Gesetz‘ überführt den Sünder als vor Gott verloren (verdammt) und treibt ihn so zum Glauben an die Rettung in Jesus Christus (Evangelium). Was aber ist dann zu denken von den Juden, die ihr ‚Gesetz‘ weiter als Gottes Weisung hoch verehren und in Jesus Christus keinen Messias, in seinem Sterben und in seiner Auferstehung kein Evangelium erkennen und glauben können?

Anders als oft gesagt, ist nicht erst der alt gewordene und etwa verbitterte Luther zum furchtbaren Prediger gegen die Juden geworden. Die ‚Krux' seines Antijudaismus liegt tief im System seiner Theologie. Der theologische Antijudaismus fußt auf dem langen Erbe der kirchlichen Theologie seit den Apologeten im 2. Jahrhundert. Seine furchtbarste Auswirkung hatte er in Verbindung mit einem aus anderen Quellen gespeisten Antisemitismus im 20. Jahrhundert.

In ihrer „Kundgebung" „Martin Luther und die Juden – Notwendige Erinnerung zum Reformationsjubiläum" hat die Synode der EKD am 11. November 2015 diese Zusammenhänge klar benannt. Dort heißt es: „Die Reformation zielte auf eine Reform der Kirche aus der Kraft des Evangeliums. […] Die Reformatoren standen in einer Tradition judenfeindlicher Denkmuster, deren Wurzeln bis in die Anfänge der Kirche zurückreichen. […] Zwischen Luthers frühen Äußerungen und seinen späten Schriften ab 1538 mit ihrem unverhüllten Judenhass besteht eine Kontinuität im theologischen Urteil über die Juden. Im Judentum seiner Zeit sah er eine Religion, die ihre Bestimmung verfehlt. Sie lasse sich von der Verdienstlichkeit der Werke leiten und lehne es ab, das Alte Testament auf Jesus Christus hin zu lesen. Das Leiden der Juden sei Ausdruck der Strafe Gottes für die Verleugnung Jesu Christi. […] Wir stellen uns in Theologie und Kirche der Herausforderung, zentrale theologische Lehren der Reformation neu zu bedenken und dabei nicht in abwertende Stereotype zu Lasten des Judentums zu verfallen. Das betrifft insbesondere die Unterscheidungen ‚Gesetz und Evangelium', ‚Verheißung und Erfüllung', ‚Glaube und Werke' und ‚alter und neuer Bund' […]". (http://www.ekd.de/synode2015_bremen/beschluesse/s15_04_iv_7_kundgebung_martin_luther_und_die_juden.html/, Aufruf 15.11.2015).

Die EKD-Synode fordert mit ihrer ‚Kundgebung' nicht weniger als eine Revision der reformatorischen Lehre. Konsequenzen müssten Revisionen kirchlicher Worte, Lehren und liturgischer Formulare bis zur erneuten Sichtung von Gesangbuchtexten sein.

Und vor allem: Theologie braucht systematische Arbeit, aber heute kaum noch Dogmen. Das wird in der evangelischen Kirche anders verstanden als in der katholischen; aber auch Katholiken erleben wenigstens in unserer Kultur in Mitteleuropa Anfang des 21. Jahrhunderts, dass Dogmen als fixierte und zu glaubende Lehrbestände kaum noch auf Interesse und Verständnis stoßen. Es kommt doch auf Sicht in allen Kirchen darauf an, die biblischen Texte in ihrer Vielfalt und ihrer Kontextualität heute je neu sprechen zu lassen.

1.4 Gott fürchten und lieben

„Wir sollen Gott über alle Dinge fürchten, lieben und vertrauen." (Erläuterung zum Kleinen Katechismus, Evangelisches Gesangbuch EG 806,1.)

Gott ist für Luther zugleich unerkennbar, rätselhaft, dunkel, ein „verborgener" Gott (lat. deus absconditus) und der in Jesus Christus aus dem Dunkel getretene, offenbare und sich selbst in der Evangeliumspredigt offenbar machende Gott (lat. deus revelatus) (Luther, De servo arbitrio / Vom unfreien Willen, 190ff.).

In den Psalmen (vgl. Ps 13,2, Ps 88), in Hiob (13,24), auch im Leiden und im Kreuz Christi findet Luther den für menschliche Erkenntnis rätselhaften, weltüberlegenen, „verborgenen" Gott, der unter dem (Schein des?) Gegenteil(s) sein „eigentliches" Werk ausführt: Die Glaubenden zu ‚rechtfertigen' (vgl. WA 1, 138; 4,87; 5, 63f. u. ö.). In „De servo arbitrio" steht die „unbegreifliche, vieldeutige Verborgenheit Gottes, der in seiner Majestät Heil und Verdammnis, Leben und Tod, alles in allem wirkt (vgl. Jes 45,7; Eph 1,1), im *Gegensatz* zum gepredigten Gott, der sich in seinem Evangeliumswort eindeutig definiert hat (WA 18, 682–686)" (Thomas Reinhuber, Art. ‚Deus absconditus / Deus revelatus', in: Religion in Geschichte und Gegenwart 4. Aufl., Bd. 2, Sp 683–684, Hervorhebung v. A.).

Diese bis zum Zerreißen geführte Spannung, dieser von Luther gewagte Abgrund im Gottesgedanken entspricht seinem Menschenbild bzw. umgekehrt: Der Mensch sei – das war ihm eigene Erfahrung – gottloser „Sünder", seit dem Sündenfall natürlicher Feind Gottes. Man kann fragen, ob diese so faszinierende wie abgründige Sicht Luthers auf Gott und Mensch seinen eigenen Umgang mit den Bauern, Schwärmern, Juden zum Negativen beeinflusst hat. Oder anders herum: Wer sich selbst als Gottes natürlichen Feind erkennt, könnte nicht gerade der bereit sein, Gottes Liebe auch seinen eigenen Feinden gegenüber zu glauben?

2. Krister Stendahl (1921–2008): Gottes Gerechtigkeit schafft sich Miterben Christi

Stendahl ging es darum, neu an die Paulusbriefe heranzugehen: Präzise in der Übersetzung, auf den zeithistorischen Kontext achten, die Rhetorik des Paulus nachvollziehen, das eigene Vorverständnis klären, möglicherweise auch Sachkritik an Paulus formulieren, zumal wenn sich das von Paulus selbst her nahelegte (vgl. den auch in Gemeindegruppen gut lesbaren Band: Krister Stendahl, Das Vermächtnis des Paulus. Eine neue Sicht auf den Römerbrief, Zürich 2001 (Stendahl)).

Nach Stendahl arbeiteten vor allem englischsprachige Theologen an der „new perspective on Paul". Zu nennen sind vor allem Edwin P. Sanders, Paul and Palestinian Judaism, London

1977, und James D. G. Dunn, The Theology of Paul the Apostle, Michigan 1998, sowie Nicholas T. Wright, Paul and the Faithfulness of God, London 2013. Gemeinsam ist den Autoren die gegenüber Luther andere Gewichtung und Ausformung der Rechtfertigungslehre: Die persönliche Heilsgewissheit in Bezug auf die Rechtfertigung des Sünders steht bei ihnen nicht im Zentrum. Paulus' Rede von der Rechtfertigung ist bei ihnen wesentliche Grundlage der paulinischen Mission für eine Welt im Sinne von Gottes Gerechtigkeit (vgl. auch Stephen Westerholm, Perspectives old and new on Paul. The 'Lutheran' Paul and his Critics, Michigan/Cambridge 2004).

2.1 Schwach sein

„Zwei Probleme haben Paulus theologisch umgetrieben. Beunruhigt haben ihn *nicht die Sünde und auch nicht sein Gewissen* [...]. Das Problem war auch nicht eigentlich das Gesetz, weder im Sinn von Tora noch im Sinn von *nomos* (Gesetz, d. Vff.) [...] Das *erste Problem* war Paulus selbst. Da er sich bewusst war, wie wichtig er selbst als Apostel der Völker war, beunruhigte ihn sehr, daß Gott nicht darauf gesehen hatte, ihn jederzeit gesund und arbeitstüchtig zu erhalten [...]. Sein Kampf, seine Schwäche, seine Epilepsie – oder was immer es war – verweisen auf ein interessantes persönliches Drama, von dem wir viel lernen können. Seine *theologia crucis* liegt darin begründet. Doch sein Konzept von der Rechtfertigung aus Glauben hat damit nichts zu tun" (Stendahl, 29.37f.). „Paulus schloß Frieden mit seiner Schwachheit. Sie hatte nichts mit Sünde zu tun. Diese Assoziation wurde später in die christliche Tradition eingeführt, nicht zuletzt durch Augustinus. Die Schwachheit des Paulus war etwas, das ihn von außen überfallen hatte. Er empfand sie so, als stecke ein Dorn in seinem Fleisch, als hätte ein Engel Satans ihm ins Gesicht geschlagen (2. Kor 12,7). Er lernte sie zu akzeptieren als Gottes Weg, ihn zu einem Theologen des Kreuzes zu machen" (Stendahl, 19).

Stendahl legt dar, dass die paulinische Interpretation des mosaischen Gesetzes (der Tora) wirkmächtig von *Augustinus* und ihm nachfolgend bis zu Luther neu interpretiert wurde als Instrument Gottes, das den individuellen Menschen zur Introspektion durch sein Gewissen führt. Luthers Frage nach dem ihm gnädigen Gott habe mehr mit des Augustinus ‚Confessiones' (dt: Bekenntnisse) zu tun als mit Paulus (Krister Stendahl, Paul among Jews and Gentiles, Philadelphia 1976, 80). Beleg ist vor allem Phil 3,6, aber auch 1. Kor 4,4; 2. Kor 1,12.

2.2 Die Ökumene aus den Völkern mit Israel

„Das *zweite Problem des Paulus* war die große Sorge um Israel. Wie war es möglich, dass Israel nicht darauf reagierte, wenn doch seine (des Paulus) Sendung zu den Völkern, die er aufgrund des spezifischen Auftrags des Messias durchführte, immer größeren Erfolg verzeichnete? Das Hinzukommen der Völker, ausgelöst durch die Mission des Paulus, schien Israel nicht als deutliches Zeichen für das *Eschaton*, die Wiederherstellung in der kommenden Welt, zu beeindrucken, wie Paulus das in der Synagoge doch gelernt hatte. Das beunruhigte ihn“ (Stendahl, 17).

Eschaton = Endzeit. Mit dem gegenüber Luthers Stellung zu den Juden so ganz andersgearteten Verweis auf des Juden Paulus Haltung zu seinem Israel setzt Stendahl den nächsten entscheidenden Akzent anders als Luther und die „old perspective“. Der dritte im Vergleich zu Luther völlig andere Akzent ist die Blickrichtung bzw. Näherbestimmung der Endzeit als „Wiederherstellung“ Israels und der Völker im neuen Äon – auf dieser Erde, in dieser Erdenzeit.

„Paulus war ein gebranntes Kind. Er hatte aus religiösem Eifer die christliche Gemeinschaft verfolgt, und er konnte es nicht zulassen, dass sich die Geschichte wiederholt. Wir, Juden und Christen, können Paulus’ Gedanken des Geheimnisses als Modell verwenden, um über das Geheimnis der Folgen unseres Zeugnisses – durch unser Leben, unseren Gehorsam und unsere Worte – nachzudenken. Was Gott mit diesem Zeugnis tun wird, bleibt ein Geheimnis. Uns steht es nicht zu, es in Kategorien unserer eigenen Siege zu beschreiben. Wir werden eine Schwachheit der anderen Art kennen lernen müssen, wie auch Paulus eine andere Art von Schwachheit hat kennen lernen müssen“ (Stendahl, 27f.).

Stendahl spielt mit dem „Geheimnis“ auf den Hymnus Röm 11,32ff. an. Bewusst vermeidet er, wissen zu wollen, dass Gottes Erbarmen über Israel am Ende der Zeit etwa nur über den Glauben an den gekreuzigten Messias ginge. Wichtig sei allein das „dass“: Dass Israel am Ende von Gott „gerettet“ wird.

Statt auf den sozusagen richtigen Glauben ‚an‘ Christus, legt Stendahl an *dieser* Stelle den Fokus auf die problematische Wirkungsgeschichte der christlichen Theologie in Bezug auf Israel. Er empfiehlt im Sinne der Rechtfertigung aus Gnade allein, sich sozusagen an die eigene Nase zu fassen und – glaubend allein – dem „Geheimnis“ Gottes zu überlassen, wie Gott mit unserem Lebenszeugnis umgehen wird.

„Wie bekomme ich einen gnädigen Gott?“ (nach Luther) war nicht Stendahls Frage. Er findet sie nicht bei Paulus, jedenfalls nicht in ihrer *individualistischen* Form in Bezug auf Gewissensfrieden und ewiges Heil. Weder beurteile sich Paulus selbst als notorischen „Sünder“, der seine vom „Gesetz“ geforderte Lebensleistung nicht etwa hätte abliefern können, noch quälte ihn sein Gewissen und damit eine Angst vor der Hölle. Im Gegenteil: Paulus deutet seine eigene Berufung nach dem Muster der Berufung eines Jeremia (vgl. Gal 1). „Demut war nicht gerade Paulus’ Stärke. Paulus war arrogant.“ (Stendahl, 20).

Der Ort der paulinischen Rechtfertigungslehre sei die Frage, wie die Christusglaubenden aus den Völkern, also Nichtjuden, Anteil am messianischen Heil Israels bekommen und was das im Sinne des Christus für das Zusammenleben von Israel und Kirche bedeuten soll. Stendahls Blick geht primär nicht auf den einzelnen Menschen mit seiner Gewissensnot, sondern in die Ökumene der Völker.

2.3 Gottes Gerechtigkeit fertigt die Welt recht

Stendahl verortet und gewichtet die Rechtfertigung bei Paulus völlig anders als Luther: „Paulus erwähnt das Syntagma „Rechtfertigung aus Glauben" nur, wenn er den Status seiner Konvertiten aus den Völkern diskutiert" (Stendahl, 22).

Syntagma = eine Sprachschöpfung unter Verwendung mehrerer Bedeutungsträger, eine begriffliche Konstruktion oder Abstraktion.

Statt eine Antwort auf die Frage des geplagten Gewissens zu sein, die (mit Luther) lauten könnte: „Wie kann ich der Gnade Gottes gewiss sein?" sei das „Argument der Rechtfertigung aus Glauben" von Paulus dazu konstruiert, um aussagen zu können, wie Juden und Nichtjuden zusammen Partner von Gottes Heilshandeln mit seiner Welt werden könnten.

„Rechtfertigung" und (Gottes) „Gerechtigkeit" sind im Griechischen das gleiche Wort: dikaiosyne (hebräisch: zedaka). Das Wort meine bei Paulus: *„wenn Gott die Dinge richtig gemacht hat", letztlich die ganze Welt, den ganzen Kosmos „zu-recht gerückt" und damit seine (Gottes) Gerechtigkeit* durchsetzt (Stendahl, 41).

Kern von des Paulus Auffassung, *wie* Gott Gerechtigkeit aus Glauben allein herbeigeführt habe bzw. noch herbeiführen werde, sei *nicht* ein Sühnehandeln (etwa nach Röm 3,25), sondern die überraschende Entdeckung des Paulus, dass 1. Mose 15 vor 1. Mose 17 in der Schrift zu stehen kommt: Abraham „glaubte" (im Sinne von vertraute), *bevor* er beschnitten wurde – „und *das* wurde ihm als Gerechtigkeit angerechnet" (Röm 4,3, Hervorhebungen d. Vff.).

Gottes Gerechtigkeit, im Evangelium offenbart, zeige sich darin, dass *der Gerechte aus Glauben leben wird (Röm 1,17).* Stendahl betont, Paulus lese diesen Satz als eine Aussage über die (irdische) Zukunft. Durchaus ginge es hier Paulus um irdisches „Heil" (gr. soteria = Rettung) aus den durch menschliches Handeln verdorbenen Zuständen. Nach den ersten drei Kapiteln des Römerbriefes wären Nichtjuden wie Juden verantwortlich für den Zustand der Welt (vgl. Röm 3,9ff.): Alle hätten sie gesündigt und gegen die Tora (Israel, die Juden) bzw. ihr Gewissen gehandelt (die Menschen aus den Völkern). „Alle haben sie gesündigt und die Herrlichkeit Gottes verspielt" (Röm 3,23).

2.4 Miterben Christi

Gott könnte nun in seinem gerechten Zorn die Welt ihrem Untergang entgegenfahren lassen. Stattdessen „offenbarte“ Gott seine Gerechtigkeit, die sich durchsetzen wird durch Glauben allein. „Die Gerechtigkeit Gottes kommt durch den Glauben an Jesus, oder durch den Glauben, den Jesus hat, oder durch den Glauben, der irgendwie Jesus ist. ‚Glaube‘ und ‚Christus‘ können bei Paulus synonym gebraucht werden“ (Stendahl, 49).

Im Griechischen (pistis Christou) ist ohne Beachtung des textlichen Zusammenhangs nicht eindeutig, ob vom Glauben ‚des‘ Christus (genitivus subjectivus) oder ‚an‘ Christus (genitivus objektivus) die Rede ist. ‚Pistis‘ ist zunächst das Vertrauen in die Treue des Gottes Israels in Christus. Die kirchliche Tradition hat in der Regel ‚Glauben an‘ gelesen und darauf Lehrgebäude gebaut. Die theologische Tradition hat immerhin die ‚fides qua‘ (der Glaube, durch den der Mensch gerettet wird) und die ‚fides quae‘ (die zu glaubenden Lehrinhalte) unterschieden. Doch auch das trifft noch nicht den Ursprungssinn bei Paulus. Der griechische Text lässt die Deutung zu und fordert sie an vielen Stellen, dass Gottes Gerechtigkeit durch das erreicht wird, was Gott in seiner *Treue (in seiner pistis bzw. fides)* in Christus für die Menschen / die Welt getan hat und tut, indem er Menschen an dieser Treue zur Welt teilhaben lässt. Dunn, Stendahl u. a. sprechen von „Partizipation“ (s. u.). Glaube ist nicht in kirchlicher Verfügung. Möglicherweise ist auch das Nichtglaubenkönnen vieler Menschen, die nicht ‚an‘ Christus glauben können, wie er ihnen vermittelt wurde, von Gottes Gnade umfangen, wenn Gott tatsächlich als alleinige Ursache von Glauben geglaubt wird.

Sollte es im christlichen Glauben-Leben also um *Partizipation* am *Glauben Jesu Christi selbst* gehen, um Anteilgabe und Anteilnahme Gottes für und am Menschen und um des Menschen Antritt des „Erbes“?

„Ihr habt doch nicht einen Geist der Knechtschaft empfangen, um wiederum in Furcht zu leben; nein ihr habt einen Geist der Kindschaft empfangen, in dem wir rufen: Abba, Vater! Eben dieser Geist bezeugt unserm Geist, dass wir Gottes Kinder sind. Sind wir aber Kinder, dann sind wir auch Erben: Erben Gottes, Miterben Christi, sofern wir mit ihm leiden, um so auch mit ihm verherrlicht zu werden“ (Röm 8,15).

Krister Stendahl denkt (wie heute Robert Jewett u. a.) Rechtfertigung in sozialen und politischen Bezügen. Robert Jewett formuliert die Rechtfertigungslehre in der Linie der ‚new perspective‘, wenn er das Evangelium des Paulus als die Ermöglichung einer globalen Kultur der wechselseitigen Anerkennung interpretiert: Statt einander zu beschämen, die Menschen nicht nur einzuteilen, sondern auch auf- und abzuwerten in Beschnittene und Unbeschnittene, Juden und Griechen, Gut und Böse, Gewinner und Verlierer,

Wichtige und Unwichtige, Männer und Frauen, so oder anders sexuell Orientierte, Deutsche und Ausländer, Prominente und Unbekannte usw., können alle nur durch die ‚Gnade' ‚gerettet' werden, für jenes, vor allem aber auch für dieses Leben.

2.5 Jenseits von ‚old' und ‚new': Weiterarbeit an wichtigen Details

Mittlerweile haben diverse Untersuchungen der jüdischen Literatur rund um die Zeit des Paulus ergeben, dass Paulus ganz und gar im Kontext des *vielstimmigen* jüdischen Denkens seiner Zeit, also zunächst als ein wegweisender Beitrag im *innerjüdischen* Diskurs zu lesen ist.

Jörg Frey fasst z. B. die Erträge der Forschungsarbeit von Friedrich Avemarie (1960–2012) in dem Vorwort eines Sammelbandes so zusammen: „Was entscheidet für die Rabbinen über das Leben, die Zugehörigkeit zur kommenden Welt? Weder das ‚Vergeltungsprinzip', dass die Werke eines Menschen über sein Heil entscheiden (so Weber und Billerbeck), noch das ‚Erwählungsprinzip', dass allein die Zugehörigkeit zum erwählten Volk entscheide (so Moore und Sanders), lässt sich verabsolutieren. ‚Beide Denkmuster lassen sich in der rabbinischen Literatur reichlich belegen', die Überordnung der einen These über die andere ist unangemessen. Den theologischen Systematisierungsversuchen entgegen steht die große Fähigkeit der Rabbinen, divergente, ja widersprechende Ansichten im Diskurs zu integrieren und gleichsam ‚aspektiv' einander zuzuordnen. Nicht eine Position ist allein ‚richtig', andererseits ist auch nicht alles ‚gleich gültig' oder beliebig, sondern innerhalb bestimmter Grenzen kann beides gesagt werden. So kann der Heilsverlust von Israeliten (durch Sünde) ebenso ausgesagt werden wie der Heilsgewinn von Heiden (durch Erwählung) – was weder dem Modell von Weber und Billerbeck noch dem von Moore und Sanders entspricht" (Jörg Frey, Friedrich Avemarie (1950–2012) und sein wissenschaftliches Vermächtnis, in: Avemarie, XX).

Auf dem Hintergrund der Anerkenntnis, dass der Apostel des Christus der jüdische Schriftgelehrte blieb, lässt sich heute theologisch differenziert sagen:

1. Der Mensch wird von der *Gerechtigkeit Gottes gerecht gemacht* allein durch den *Glauben* (gr. pistis). Diesen Glauben beschreibt Paulus in Analogie zum Glauben Abrahams als unbedingtes Gottvertrauen. *Alle* „Werke eines/des Gesetzes" spielen für die Teilnahme an der endzeitlichen Herrlichkeit Gottes, also für den, der (die) „glaubt", keine Rolle.

2. Paulus besteht auch ‚in Christus' auf der Geltung des in Christus allerdings neu bestimmten „Gesetzes Christi" (Gal 6,2) für ein *Handeln (für ‚Werke') nach dem Liebesgebot und dem Gebot der Demut* (Röm 13,8, vgl. 1. Kor 13! Phil 2, 5ff.). *Gottes Gerechtigkeit*, die nach Röm 3,20ff. ein Geschenk an die Glaubenden ist, bleibt in dem, was auch die *Tora* in ihrem Grundsinn bleibend zeigt (!) Maßstab des göttlichen Gerichts (Röm 1,18ff.). Sie gilt vor dem „Richterstuhl Christi" (2. Kor 5,10). Nicht Angstmache ist der Sinn der paulinischen Ausführungen dazu, sondern die

Ansage, was bei und vor Gott gilt, worauf es im menschlichen Leben ankommt und dass am Ende Gnade (charis) *als schöpferisches Geschehen* Gottes das Maß ist.

Beides ist von Paulus im jüdischen Denkhorizont gedacht. Und in diesem Kontext gilt zugleich, dass Paulus im Glauben an Jesus Christus den Weg zur Versöhnung mit Gott sieht. Mit der „Offenbarung des Sohnes“ (Gal 1) öffnete sich das Herz des Pharisäers Paulus für die ganze Welt. Nicht mehr Aussonderung, Toraobservanz und Stellvertretung für andere ist die Maxime, sondern eine Universalität der Liebe Gottes ‚in Christus‘, die jedes theologische System von ‚Wahrheit‘ von innen her sprengt. Hier öffnete sich schon bei Paulus ein neues Modell in heutiger Begrifflichkeit interreligiöser und interkultureller Ökumene.

3. Kathy Ehrensperger: Rechtfertigung als Kraft der Gerechtigkeit – eine feministisch-theologische Weiterentwicklung der Rechtfertigungslehre

Der Titel der Arbeit von *Kathy Ehrensperger* (geb. 1956) in Anlehnung an Röm 1,12 ist Programm: „Auf dass wir gegenseitig ermutigt würden/werden“ (Luther: ‚getröstet‘, d. Vff.), im Original: That we may be mutually encouraged. Feminism and the New Perspective in Pauline Studies.

Das Deutsche gibt den im Englischen mitgemeinten aktiven Anteil bei ‚mutual‘ nicht wieder. ‚Sola gratia‘ meint in feministischer Perspektive – und so auch hier in Auslegung von Röm 1,12 – die aktive wechselseitige (Tröstung) Ermutigung, Unterstützung und Befähigung zu einem engagierten Leben im Sinne Jesu.

Die feministische Theologie sieht nicht mehr Luthers Frage nach einem dem Individuum gegenüber gnädigen Gott im Zentrum auch der paulinischen Theologie, sondern lässt ‚Rechtfertigung‘ als Kraft verstehen, die Frauen und Männer zu einem neuen gerechteren Leben befähigt (engl. empowerment, the power of the gospel, vgl. Ehrensperger, 170). Das in Röm beschriebene Gegenüber von Evangelium und Gesetz zielt für feministisch-theologische Entwürfe *nicht* auf das von Schuldgefühlen und Angst genötigte Gewissen eines *einzelnen* Menschen vor Gott (so wird Luther rezipiert), sondern ist ein Generalangriff auf die gesamten konkreten *Machtverhältnisse und Ideologien* der Mächtigen.

Für Ehrensperger ist die theologische Debatte um alte und neue Paulusinterpretation noch viel zu sehr geprägt von der traditionellen Sicht der Exegese und Theologie auf einen letztlich ausschließlichen Gegensatz von Christusleuten und Juden, Evangelium und Gesetz, Glaube und Werken, wahrem (christlichem) und falschem (jüdischem) Glauben. Sie beklagt ein dualistisches Denken auch noch bei Vertretern und Vertreterinnen der ‚new perspective‘ wie der feministischen Theologie. Das ‚Gesetz‘

im Namen einer völkerumgreifenden Inklusion zu relativieren oder in Absetzung von einem auf Leistung und Verdienst fixierten ‚Gesetz' (z. B. unserer Leistungsgesellschaft heute) zu kritisieren, reicht nach Ehrensperger nicht. Es ist für sie antijudaistisch, von einer ‚finsteren Herrschaft' des ‚Gesetzes' zu sprechen, die durch das Evangelium aufgehoben werden müsse. Die Gnade Gottes komme so nur im Gegensatz zum jüdischen Denken zu stehen, das damit als falsch gelten müsste (Ehrensperger, 171f.).

Die in sich vielfältige rabbinische Schriftauslegung des 1. Jahrhunderts ziele in Wahrheit auf die je neue Verknüpfung von konkreten Lebenssituationen und Schrift. Ehrensperger beansprucht für Paulus einen Sinn für *Partikularität* (particularism) und die *Verschiedenheit* (diversity) der Verschiedenen (Griechen und Juden). Anhand von Röm 14–15 zeigt Ehrensperger (ebd., 177ff.), dass die ethischen Ausführungen am Ende des *Römerbriefs* keinesfalls nur gegenüber dem ‚Eigentlichen' (der Rechtfertigungslehre) eher zweitrangige Ermahnungen wären, sondern zentral wichtig.

Nach Ehrensperger argumentiert Paulus für die praktisch gelebte *wechselseitige Anerkennung der Verschiedenen.* Über verschiedene „Gedanken", „Auffassungen" (Röm 14,1: gr. dialogismoi) sollen sich die nichtjüdische Mehrheit und die jüdische Minderheit in der Gemeinde in Rom nicht zerstreiten. Sie sollen einander nicht „richten", abwerten, verurteilen. Gott allein wird der Beurteilende sein (Röm 14,12); und höher als Speisefragen und andere rituelle Unterschiede (Röm 14,5f.) bindet die ChristusanhängerInnen das Reich Gottes, das Gerechtigkeit und Friede und Freude im Heiligen Geist ist (Röm 14,17). Die Rechtfertigung allein aus Gnade ermöglicht den Perspektivwechsel der ‚Starken' aus ihrer Selbstbezogenheit hin zu den ‚Schwachen. Sie ermöglicht nicht nur Toleranz, sondern die Akzeptanz des anderen Lebensstils und Glaubensausdrucks. In der Einheit des Leibes Christi ist die Verschiedenheit (diversity) geradezu gottgewollt. „Darum nehmt einander an, wie Christus euch angenommen hat zur Ehre Gottes!" (Röm 15,7) – das ist bei aller Wechselseitigkeit zunächst eine spezielle Anrede an die ‚Starken' als die Mehrheit und die in der Gemeinde Mächtigeren.

Röm 14f. ist für Ehrensperger kein moralischer ‚Appendix' an die wirklich wichtigen theologischen Kapitel vorher, keine Ethik nach der Rechtfertigungslehre, kein Imperativ nach dem Indikativ = „nicht ein rein ethischer Appendix zu den vorangehenden ‚hoch' theologischen Kapiteln, sondern das konkrete Testgelände für jenes, was ohne dies ein rein theoretischer Glaube sein würde. Wenn Glaubende nicht die Konsequenzen des Glaubens in Christus im konkreten Alltag mit Menschen, die anders sind, ausleben, dann hätte Glauben überhaupt keine Bedeutung. Glaube ist entweder praktisch oder ist nichts" (Übersetzung d. Vff., Ehrensperger, 185).

4. *Ton Veerkamp: Gegen den ‚Gott dieser Epoche'* *(2. Kor 4,4)*

Der frühere Jesuit *Antonius (Ton) Veerkamp* (geb. 1936) fragt, was Christen eigentlich tun, wenn sie ihre Gottesdienste „Im Namen Gottes des Vaters, des Sohnes und des Heiligen Geistes" beginnen. Von welchem Gott ist hier die Rede? Wie hängen Vater und Sohn zusammen; und was bedeutet die Rede vom Heiligen Geist als dem ‚Band der Liebe' (Treue) zwischen Vater und Sohn und zwischen Gott und Mensch?

Veerkamp denkt ‚Rechtfertigung' ähnlich wie Ehrensperger und Stendahl in sozialen und dezidiert politischen Bezügen. Der Blick auf die Ängste des Individuums, das nach dem Tod und aus dieser Welt heraus ‚selig' sein möchte, ist bei Veerkamp radikal transformiert als Blick in diese Welt und als Kampfansage gegen den Götzen Mammon. Und doch bleibt auch bei ihm das Geheimnis Gottes unangetastet, dass und wie dieser Gott in seinem Messias Jesus letztlich zum Sieg über die Mächte der Zerstörung kommt und dass und wie er den Leidenden ‚Ruhe' für ihre Seelen verschafft (nach Mt 11, s. u.).

Veerkamps Blick auf den jüdischen Messias Jesus ist geprägt von der Leidenschaft eines Menschen, dem die himmelschreiende Ungerechtigkeit in der *Welt* an die Seele geht. Ton Veerkamp erzählt die biblischen Geschichten (Elia, Jesus, Paulus) als Gegen-Geschichten gegen den ‚Gott dieser Epoche' (nach Gal 4,4), als Geschichten eines geistigen Widerstandes gegen die Macht des Mammons. Luthers Frage nach einem ihm persönlich gnädigen Gott ist für ihn überholt und aufgenommen in einen größeren universalen Kontext.

Die Art der Gegenüberstellung von Gesetz und Evangelium, wie Luther sie in die Kirchen der Reformation eingeführt hatte, findet Veerkamp geistesgeschichtlich und politisch verheerend, gegen Israel und gegen die Grundintentionen des Tanach gerichtet: Der jüdische Messias Jesus habe das Gesetz nicht abgetan, sondern erfüllt. In seiner Nachfolge geschieht Widerstand gegen den ‚Gott' dieser Epoche (Gal 4,4)

Veerkamp sieht in dem internationalen Kapital, im „Weltgeld" den als alternativlos propagierten und insofern allein regierenden Götzen unserer Welt und Zeit. Wie zur Zeit des Propheten Elia (1. Kön 18) ginge es heute um die Alternative zwischen JHWH und Baal, d. h. für Veerkamp zwischen dem Gott, der seine Menschheit in die Befreiung führt, oder dem ‚Gott', der versklavt und Herrschaft von Menschen über Menschen quasi göttlich legitimiert. Neutestamentlich geht es um die Alternative, die Jesus in der Bergpredigt zwischen Gott und Mammon aufrichtet (Mt 6,24). Eine Zwischenposition sieht Veerkamp nicht. Es gilt biblisch gesehen ein Entweder – Oder. An der aktuellen Politik der letzten Jahre kann Veerkamp die biblische Theologie politisch zum Sprechen bringen:

„Der NAME, der Gott Israels, ist die Alternative zum real existierenden „Gott der Weltordnung" (2 Kor 4,4), damals das Römische Reich, heute die Logik der Finanzmärkte, der Mammon. Für den Mammon werden blutige Opfer verlangt, wie man in Südeuropa – und nicht nur dort – nachfragen kann; die Politik sieht als ihre Hauptaufgabe an, „die Märkte zu beruhigen". „Gott" steht gegen „Gott". Der Gott, an den das Christentum zu glauben behauptet, steht gegen den Gott, der über uns herrscht, dieser Gott, sein Messias und die Inspiration, die von beiden ausgeht, ist die radikale Alternative, und zwar so radikal, dass wir bei allen Alternativen, die wir uns zu den real existierenden herrschenden Zuständen, dem Mammon, ausdachten oder ausdenken, allenfalls stümperhafte Kompromissler sind. [...]"

In diesem Denken ist ‚Rechtfertigung' des ‚Gottlosen' in keiner Weise mehr eine individualistische Erlösung gar nach dem Tod oder vor dem Tod nur als Befreiung von Schuld- und Strafangst, sondern im Gegenteil die Hineinnahme des Menschen – durch den Glauben, wie sonst? – in die weltverändernde Inspiration und Aktion des Gottesknechts nach Jesaja 53, wiedererkannt in dem Messias Jesus. Und paradoxerweise ist gerade in dem Mitgehen mit Jesus zu den Menschen in Not, ist gerade in der Aktion für eine gerechte Welt die „Ruhe Gottes" eingewoben, die nach Mt 11 („*Kommt zu mir, ihr alle, ihr, Geschlagene und Belastete, ich werde euch Ruhe geben ...*") die erfüllt, die in der Nähe Jesu bleiben und damit für jene da sind, die unter das Räderwerk des Mammons kamen. (Man mag aktuell an die neue Hungersnot in Afrika und an die weltwieten Flüchtlingswanderungen denken, d. Vff.)

„Ich bin einer von euch", sagt Jesus, „ich trage mit euch die gleiche Last, ich bin mit euch den ganzen Weg gegangen, bis ans Kreuz, wo Zehntausende eurer Brüder endeten. Weil ich diesen Weg gehen musste, könnt ihr Ruhe für eure Seelen finden. Meine Niederlage ist eure Niederlage, meine Niederlage endet nicht in Todesruhe, sondern in der Ruhe Gottes, anapausis, Sabbat, für mich wie für euch".

Wie ist diese „Ruhe Gottes" praktisch zu verstehen? Was soll das sein? Eine Herzensruhe mitten in der andauernden Unruhe? Veerkamp verweist an dieser Stelle auf die Auferstehung des Gekreuzigten. Die Auferstehung des gekreuzigten Messias ist Angeld für die Hoffnung auf Weltveränderung. Zur Zeit des Paulus konnten die Christen nicht das Institut der Sklaverei abschaffen. Die erforderliche politische Macht hatten sie nicht. Aber sie konnten ihre Gemeinden zu Kontrastgesellschaften gestalten. In ihren Gemeinschaften sollten Männer und Frauen, Sklaven und Sklavenbesitzer als gleichberechtigte Schwestern und Brüder leben. Dabei waren Gesetz und Propheten – gerade im Sinne des Paulus – nicht etwa Mächte einer untergegangenen oder besiegten Kultur, nicht der Gegensatz zum Evangelium, sondern wurden im Geist des Evangeliums als Gottes Gebot ausgelegt (vgl. zum Ganzen Veerkamp, Zitate 206, 208, 209).

Anlässlich der deutschsprachigen Erstaufführung einer Dramenfassung von Michel Houellebecqs Roman „Unterwerfung" (2015) im Hamburger Schauspielhaus sagte der

Darsteller Edgar Selge in einem Interview: „Houellebecq provoziert durch seine opportunistische Hauptfigur François und dessen Verwahrlosung die Frage: Was hat noch Gültigkeit für euch? Was ist noch dran an eurer Kultur, am Christentum, an der Aufklärung? Nehmen Sie diesen Satz aus dem Roman: ‚Die Idee der Göttlichkeit Christi (…) sei der grundlegende Irrtum, der unausweichlich zu den Menschenrechten und dem Humanismus geführt haben'. Da wird alles drei denunziert, Christentum, Humanismus, Menschenrechte. Bei mir bewirkt der Satz aber das Gegenteil. Wir sehen Aufklärung und Christentum als Gegensatz. Vielleicht ist ja das Tolle, dass die Christusfigur erstmals zeigte, was Menschenrechte und Humanismus bedeuten. Das löst bei mir Nachfragen aus. Da kriege ich einen neuen Blick auf meine eigene Kultur" (Süddeutsche Zeitung 6. Februar 2016, Interview mit Alex Rühle)

Coda: Dass Gott zu seinem Ziel kommt

Seit dem biblischen *Hiob* stellen Menschen die Frage nach Gottes Gerechtigkeit – an Gott. In gewisser Weise war die Rechtfertigungslehre auch eine Antwort auf die bleibend offene Frage der *Theodizee*, auf die bohrende Frage, ob auf einen gerechten (nicht nur gütigen und insofern gnädigen) und allmächtigen Gott zu hoffen sei angesichts des schreienden Unrechts und aller Schmerzen, Ängste, Dunkelheiten, in denen Menschen und andere Lebewesen sich verlieren, versinken und vergehen können – offensichtlich wahllos und oft genug unschuldig, keineswegs also gerecht.

Luthers Theodizee – und darin folgt er der ganzen abendländischen Frömmigkeits- und Theologiegeschichte – bestand nun darin, diese bohrende Frage umzukehren und auf den Menschen zurückzuführen. Die Frage „Wie bekomme ich einen gnädigen Gott?" setzt ja voraus, dass Gott gnädig ist oder sich wenigstens als solcher erweisen könnte, dass das Problem sozusagen nur bei ‚mir' liegt: Wie bekomme denn ich gottloser Sünder an der Gerechtigkeit Gottes Anteil? Wie kann ich dazugehören zur Gemeinschaft der Erlösten, Geretteten, zur Gemeinschaft der Heiligen? Luthers Antwort: Nicht durch eigene ‚Werke', sondern durch Gottes Gnade allein.

Diese Umkehrung der Hiobfrage löste das Problem Luthers und vieler seiner Zeitgenossen. Die Rechtfertigungslehre in evangelischer und in katholischer Fassung suspendiert die Frage nach der Gerechtigkeit *Gottes*, indem sie die Frage nach der Rettung des ungerechten Menschen stellt und zu lösen scheint.

Nicht erst mit den Katastrophen des 20. Jahrhunderts ist in das alltägliche Lebensgefühl vieler Menschen allmählich das Empfinden hineingewachsen, dass das Forum für die Beantwortung der Frage nach Gottes Gerechtigkeit nicht der himmlische Gerichtssaal sein kann, wo der göttliche Richter die Taten der Menschen wiegt oder auch ihnen gnädig vergibt (etwa durch das Selbstopfer seines Sohnes bedingt), sondern dass das Forum der Lösung dieser Frage die Geschichte selbst ist, die Geschichte dieser Erde, theologisch gesprochen: Es ist die Schöpfung Gottes, in der sich Gottes Gerechtigkeit wird durchsetzen müssen. Und hier ist der Schöpfer von Anfang an mit im Spiel, ja ist der wesentliche Akteur. Das Leid der unschuldigen Kinder, das Dostojewski und alle großen Glaubenden in Sehnsucht und Zweifeln erschütterte, ist nicht nur und oft gar nicht die Anklage an grausame, böse oder nur dumme Menschen, sondern ist eine würdige und unwiderlegbare Anklage Gottes. Hiob bleibt gerecht auch dann, wenn der biblische Redakteur ihm am Ende den Mund verschließt (Hiob 40,4) Die ‚Lösung' der Hiobsgeschichte im Ersten Testament, das *happy end* für diesen einen ‚gerecht' genannten, verweist auf etwas, was noch kommen muss. Weder die Rede des HERRN aus dem Wettersturm, noch die großartige Parteinahme des HERRN für Hiob und gegen seine Freunde – in Wahrheit sind sie Ankläger –, weder Hiobs Verstummen, noch die Wiederherstellung seines Lebensglücks lösen das bis dahin Geschehene einfach in Wohlgefallen auf. Es bleibt offen die Frage nach Gottes eigener Gerechtigkeit. Bei der Frage nach Gottes Gerechtigkeit geht es auch und zuerst um die Selbstrechtfertigung Gottes. Es ist der Gott, der zu seinem Ziel kommt – zu seiner Ruhe – der quasi zu sich selbst findet in seiner Gerechtigkeit. Paulus deutet diesen Gedanken mehrfach an. In Röm 8 (seufzende Kreatur), in Röm 11 (Wiederbringung Israels, letztlich aller Menschen zu Gott, hinein in sein Erbarmen, sein Herz), vor allem in 1. Kor 15 (Besiegung der Feinde Gottes und zuletzt des Todes) traut sich Paulus, den Gedanken zumindest anklingen zu lassen, dass die Gerechtigkeit Gottes darin besteht, dass Gott Gerechtigkeit schafft. Röm 3,21–26 zeichnet Paulus „Jesus Christus als den Garanten der bevorstehenden Selbstrechtfertigung Gottes. Die kausale Verknüpfung und damit Erklärung von Hinfälligkeit und Tod mit der Sünde des Menschen (Röm 5; 6,23) konterkariert Paulus in 1. Kor 15 mit der Rede vom Tod als dem letzten Feind Christi! Das öffnet sein Denken für die Wahrnehmung der leidenden, weil der Vergänglichkeit unterworfenen Kreatur. „Im Glauben an Christus kommt jene Realität der Hoffnung zum Vorschein, die die Spannung zu tragen vermag zwischen unserem Bekenntnis zur Gerechtigkeit Gottes und der konkreten, noch unheilvollen Wirklichkeit der Welt" (Beker, 29).

„Haben Sie geweint, als sie von dem Missbrauch katholischer Priester an so vielen Kindern gehört haben?!" Als der wunderbar menschliche Priester James Lavelle (gespielt von Brendan Gleeson) diese Frage mit ‚Nein' beantworten muss, „weil ich dachte, dass mich das nicht betrifft", ist das in den Augen des unter dem Missbrauch durch einen früheren Priester leidenden Opfers sein eigenes Todesurteil. John Michael McDonagh (Drehbuch und Regie, 2014) hat im Spielfilm *Calvary* (deutsch etwas dümmlich übertragen „Am Sonntag bist du tot") den Missbrauchsskandal in der katholischen Kirche Irlands auf den Punkt gebracht und die großen Themen der Theologie rund um Gottes Gerechtigkeit und Rechtfertigung dabei kunstvoll in Szene gesetzt. James Lavelle hätte vielleicht nicht

sterben müssen, wenn er neben seinem wunderbaren Dienst an den Menschen auch dieses Außerordentliche, geradezu Göttliche noch ‚vollbracht' hätte, auch dort noch mit voller Empathie mitzufühlen, wo es ihn – weil er selbst untadelig und insofern schuldlos war – nicht ‚betrifft', sich sogar noch mit seinem Mörder zu identifizieren. Er tat es nicht und musste sterben. Immerhin: Wie und wozu er starb, das bestimmte er selbst: Von Angesicht zu Angesicht gibt er dem Opfer-Täter bis zuletzt die Chance, sich seinem Trauma anders zu stellen als durch Gewalt auf Gewalt.

IX. Ein Fest in Korinth

Übersicht (120 Min.)

Zeit	Phase	Methode und Sozialform	Inhalt
15 Min.	Ankommen mit Speisen	Tischdecken	Einstimmen ins Symposium
30 Min.	Essen	Brotsegen, Brotbrechen	1. Kor 10
35 Min.	Trinken	Kelchsegen mit Lesungen und Musik	1. Kor 10; 11; Texte und Lieder
5 Min.	Hören	Gastgeberin liest	1. Kor 11,24b-26; agendarische Einsetzungsworte
35 Min.	Reflexion	Offene Diskussion	Über die Einsetzungsworte

Werkzeuge und Material

- In der Mitte des Raumes ein großer Tisch mit Tischdecke, auf dem Tisch Kelch und Brot
- Seitentisch mit Tellern, Gläsern, Kerzen, Blumen, Wein, Wasser
- 2 große Schalen, Wasserkrüge, Handtücher
- Musik im Hintergrund (entsprechende Geräte, angenehme Tafelmusik)

Prolog

Der Beginn des christlichen Glaubens lag nicht in Gedachtem, sondern im Gelebten. Gemeinsame Mahlzeiten waren Brennpunkte des erfahrenen Geistes Gottes im Leben des Jesus von Nazareth und im Leben derer, die in seinem Namen und ihm nach folgten. Gemeinsame Mahlzeiten waren auch die Brücke in die weltbeherrschende hellenistische Kultur hinein und herüber. Kein Zufall ist es, wenn die Integration der zu uns geflüchteten Menschen dort besonders leicht gelingt, wo gemeinsam gegessen wird. Auch ohne Einsetzungsworte ist im ‚profanen' Essen das Heilige präsent, Verständigung und Versöhnung möglich.

1. Der „Fresser und Weinsäufer" und das Reich Gottes

Empor stieg Mosche und Aharon, Nadab und Abihu, siebzig von den Ältesten Jissraels. Sie sahen den Gott Jissraels: zu Füßen ihm wie ein Werk aus saphirnen Fliesen, wie der Kern des Himmels an Reinheit. Er aber schickte nicht seine Hand aus wider die Eckpfeiler der Söhne Jissraels, sie schauten Gottheit und aßen und tranken.
(2. Mose 24,9–11 nach Martin Buber)

In der Reich-Gottes-Bewegung des Jesus von Nazareth spielten gemeinsame Mahlzeiten eine wichtige Rolle. So berichten zumindest die Evangelien in verschiedenen Erzählungen (Mk 2,14–17; 4,3–9; 6,30–44; 8,1–9; Lk 7,36–50; 11,37–52; 14,1–24; 24,36–43; Joh 12,3–8; 21,1–14). Jesus aß mit unterschiedlichen Menschen, mit Pharisäern und Zöllnern, Sünderinnen und Schriftgelehrten und natürlich mit seinen Jüngerinnen und Jüngern. Er feierte eine *offene Tischgemeinschaft*, wobei er meist nicht selbst der Gastgeber war, sondern in Häusern zu Gast (bei den Speisungswundern wird er als der Gastgeber geschildert). Mit der offenen Tischgemeinschaft lebt Jesus ein Symbol für das „Reich Gottes": Und sie werden kommen von Osten und Westen und von Norden und Süden und zu Tisch liegen im Reich Gottes (Lk 13,29f. ES). Jesus aber wird kritisch nachgesagt, er sei ein „Fresser und Weinsäufer" (Mk 2,18; Mt 11,19).

In den *Gleichnissen*, in denen Jesus das Thema Gastmahl (Lk 14,15–24; Mt 22,1–14) aufnimmt, geht es jedenfalls in der Fassung, wie sie uns von den Evangelisten überliefert sind, nicht um eine offene Gemeinschaft, sondern um Selbstausschluss und Ausgrenzung: „Viele sind berufen, wenige sind auserwählt" (Mt 22,14): „… dass keiner der Männer, die eingeladen waren, mein Abendmahl schmecken wird" (Lk 14,24). Diese Gleichnisse spiegeln wenigstens teilweise die Auseinandersetzungen zwischen Synagoge und Ekklesia z. Zt. der Evangelisten wider.

Die Geschichte der *Griechin* (oder Syrophönizierin, Mk 7,24ff.) öffnet am Beispiel einer Mahlerzählung – vermutlich ein griechisch-römisches Symposium – den Horizont Jesu über die Kinder Israels hinaus zu den Söhnen und Töchtern aller Völker. Die Frau erinnert den sie abweisenden Jesus an die Hunde, die sich von den Brosamen ernähren, die von den Tischen der Herren fallen. So nötigt sie Jesus zu einem Heilungswunder an ihrer Tochter und eröffnet der Nichtjüdin Zukunft.

2. *Mahl feiern*

Gemeinsame Mahlzeiten werden die grundlegende Sozialform der ersten Gemeinden. Damit haben sie einerseits Anteil an den kulturellen Gepflogenheiten ihrer Zeit: Zahlreiche Gruppen (Vereine, religiöse Gemeinschaften etc.) versammelten sich beim Mahl, wobei das „Wie“ der Mahlfeier den Charakter einer Gemeinschaft spiegelte bzw. Teil ihres Selbstverständnisses und ihrer Darstellung nach außen war.

Wer sich heute z. B. an dem zunächst nicht kommerziellen und spontan organisierten ‚White Dinner‘ in größeren Städten beteiligt, will ebenso neben dem Spaß eine bestimmte Lebenshaltung zum Ausdruck bringen.

Für das *jüdische Pessach* des 1. Jhs. werden die gleichberechtigten Anteile an Essen und Wein betont und dabei, so Philo von Alexandien (15/10 v. Chr. – 40 n. Chr.), „ist dem ganzen Volk, Alten und Jungen, die Würde des Priesterdienstes verliehen“ (Philo von Alexandrien, De specialibus legibus, II.145, zit. nach: Angela Standhartinger, Frauen in Mahlgemeinschaften. Diskurs und Wirklichkeit einer antiken, frühjüdischen und frühchristlichen Praxis, in: http://www.lectio.unibe.ch/05_2/standhartinger_frau_mahlgemeinschaft.htm#_edn39).

In der *griechisch-römischen* Kultur des 1. Jhs. werden insbesondere im griechischen Osten *Symposien* gefeiert, wobei es zwischen den griechischen und römischen Symposien keine wesentlichen Unterschiede, aber Tendenzen gibt: Zum griechischen Symposium sind freie männliche Bürger als Ausdruck ihrer Gleichheit geladen, gelegentlich auch Frauen. Im römischen Symposium (auch cena genannt) bildet sich die hierarchische Gesellschaft ab: Die ‚Herren‘ laden auch Abhängige, Klienten, Freigelassene (evtl. auch Sklaven) ein. Frauen sind nicht ausgeschlossen. Das eigentliche Symposium (= gemeinsames Trinken), griechisch wie römisch, beginnt erst nach dem vielgängigen abendlichen Mahl und wird mit einem Trankopfer an die Götter (Libation) eingeleitet. Es ist begleitet von Musik, Theater, Vorträgen, intellektuellen Tischgesprächen und Tanz (Ferdinand Hahn, Der urchristliche Gottesdienst (Stuttgarter Bibelstudien 41), Stuttgart 1970, 84f.).

Die Süddeutsche Zeitung veröffentlichte in ihrer Ausgabe 38/39 vom 19.9.2015 einen Beitrag über die Ausgrabungen an der ‚domus aurea‘ (dem goldenen Haus) des Kaisers Nero. Dieser unvorstellbar prachtvolle Palast des am Ende wahnsinnigen Kaisers bildete perfekt die Hierarchie der römischen Gesellschaft ab: Je näher einer dem Kaiser stand, gemessen am Grad der persönlichen Nähe, vor allem aber am sozialen Rang, desto weiter konnte er in die Hallen, Säle, Räume des Palastes vordringen und ggf. mit dem Kaiser zu Tisch liegen, desto ausgeschmückter waren die Räume des Palastes. Die Mahlfeiern der ‚Heiligen‘ waren von Paulus als grundsätzliches Gegenbild zu dieser römischen Gesellschaft gedacht.

Die paulinischen Briefe reagieren immer wieder auf grundlegende *Mahlkonflikte* in den Gemeinden. Im antiochenischen Konflikt geht es um die Frage der Tischgemeinschaft von Juden und „denen aus den Völkern", also den Unbeschnittenen (Gal 2,11–21; Röm 14f.; vgl. Kap. III), in Korinth um die Tischgemeinschaft von einzelnen Gemeindegliedern mit „Götzendienern" bzw. Dämonen (1. Kor 8–10) und um das „Was" und „Woher" der Speisen (Röm 14f.). Auch ungerechte Verteilung kommt in den Blick im Zusammenhang mit dem „Wie" der Feier des „Herrenmahls" (1. Kor 11,17–33) und der Frage nach der heil-, aber auch unheilstiftenden Kraft: „deshalb sind viele unter euch schwach und krank, und ein gut Teil sind entschlafen" (1. Kor 10,1–13; 1. Kor 11,17–33, Zitat V. 30).

An der Art, wie das gemeinsame Mahl gestaltet wird, und an der darin vorgestellten Gemeinschaft werden nicht nur für Paulus Risse und Verletzungen sichtbar, die die Integrität des „Leibes Christi" infrage stellen. Das macht die Diskussionen um die Mahlfeier bis heute virulent. In der Feier des Herrenmahls werden geschiedene Geister erkennbar, so in der Trennung von katholischer Kirche und protestantischen Kirchen, die ihrerseits nach mühsamen Auseinandersetzungen zu großen Teilen wieder Abendmahlsgemeinschaft leben, aber auch in neueren Abendmahlsfeiern, die in bewusster Abgrenzung von einem in der herkömmlichen Liturgie vermuteten „paulinischen Gedanken eines Sühneopfers Jesu" andere Formen eines Abendmahls erproben (Zitat aus der Homepage der Ev. Kirchengemeinde Dießen a. Ammersee; vgl. Klaus-Peter Jörns, Lebensgaben Gottes feiern. Abschied vom Sühnopfermahl: eine neue Liturgie, Gütersloh, 2007).

Wie lassen sich diese Friktionen innerhalb der Christenheit verstehen und aushalten? Möglicherweise ist es hilfreich, einmal nicht theologisch dogmatisch auf die Situation zu schauen, sondern *systemisch*. Wie wäre es, unterschiedliche Mahlfeiern von Kirchen, Gemeinden und Gruppen einmal eher positiv in den Blick zu nehmen, ihre Unterschiedlichkeit nicht als Bedrohung, sondern als etwas zu nehmen, was ‚*Sollbruchstellen*' sichtbar werden lässt, um miteinander in Gespräch, Diskurs und Feier Selbstgewissheiten in Frage zu stellen.

> Sollbruchstellen dienen gezielt dem Überlastungsschutz eines Systems. Sie sollen den Schaden in einem Gesamtsystem bei Überlastung klein halten, dienen mithin als Ventil für unkontrollierbare Kräfte.

Schaut man so auf die unterschiedlichen Mahlfeiern, müssen sie nicht zwangsläufig als *trennende* Risse und Brüche wahrgenommen werden, die das *Ganze* des christlichen Glaubens infrage stellen und den „Leib Christi" gefährden. Sie könnten vielmehr als etwas gesehen werden, das zum Glauben und Leben in christlicher Freiheit und Gemeinschaft gehört, bewusst möglich bleibt, damit Gemeinschaft je glaubwürdig gelebt und gestaltet werden kann und der „Leib" als Ganzes nicht Schaden nimmt, sondern Raum gewinnt.

3. *Brot und Kelch*

„Ebenso lehrt die Heilige Schrift, dass wir vor Gott gerechtfertigt werden durch den Glauben an Christus. Wenn also die Messe einfach durch ihren Vollzug die Sünden der Lebendigen und der Toten tilgt, so erlangt man Rechtfertigung aus dem Werke der Messe und nicht aus dem Glauben; das ist aber gegen die Heilige Schrift. Vielmehr lautet der Befehl Christi: „Tut dies zu meinem Gedächtnis". So ist also die Messe dazu eingesetzt, dass der Glaube in den Empfängern des Sakraments sich an die Wohltaten erinnere, welche er durch Christus empfängt, und so das erschrockene Gewissen aufrichte und tröste. (…) wie Ambrosius sagt: ‚Weil ich immer sündige, muss ich immer Medizin nehmen'" (übersetzter Auszug aus einem ursprünglich nur lateinischen Abschnitt aus dem Augsburger Bekenntnis, Artikel 24, nach: Heinrich Bornkamm (Hg.), Das Augsburger Bekenntnis, Gütersloh 1978, 43).

Im Augsburger Bekenntnis von 1530 setzen sich die Theologen der zukünftigen lutherischen Kirche ab vom römisch-katholischen Verständnis des Abendmahls als Zentrum einer ‚Messe', die ‚ex opere operatum' = durch ihren bloßen, rituell korrekten Vollzug für die Kommunikanten heilswirksam wird. Paulus kannte weder diese noch die lutherische Lehre von den Sakramenten. Auch um das individuelle Seelenheil ging es ihm eher nicht, als er sich mit der Frage nach dem ‚richtigen' Herrenmahl in der von ihm ursprünglich gegründeten Gemeinde in Korinth beschäftigte. Offensichtlich kommt zu ihm – neben anderen Beschwerden über Konflikte in der Gemeinde – die Kunde über Mahlfeiern, die eher Spaltungstendenzen als gelebte Gemeinschaft offenkundig werden lassen.

16 Der Kelch des Segens, den wir segnen, ist er nicht Gemeinschaft mit dem Blut Christi? Das Brot, das wir brechen, ist es nicht Gemeinschaft mit dem Leib Christi? 17 Denn ein Brot, ein Leib sind wir vielen, die wir alle an einem Brot teilhaben (1. Kor 10,16–17, Übersetzung Standhartinger).

21 Ihr könnt nicht des Herrn Kelch trinken und der Dämonen Kelch; ihr könnt nicht am Tisch des Herrn teilnehmen und am Tisch der Dämonen. 22 Oder wollen wir den Herrn zur Eifersucht reizen? Sind wir etwa stärker als er? (1. Kor 10,21–22 ES).

20 Wenn ihr nun zusammenkommt, so ist es nicht [möglich], das Herrenmahl zu essen. 21 Denn jeder nimmt beim Essen sein eigenes Mahl vorweg, und der eine ist hungrig, der andere ist betrunken. 22 Habt ihr denn nicht Häuser, um zu essen und zu trinken? Oder verachtet ihr die Gemeinde Gottes und beschämt die, welche nichts haben? Was soll ich euch sagen? Soll ich euch loben? Hierin lobe ich nicht. 23 Denn ich habe von dem Herrn empfangen, was ich auch euch überliefert habe, dass der Herr Jesus in der Nacht, in der er überliefert wurde, Brot nahm, 24 und als er gedankt hatte, es brach und sprach: Dies ist mein Leib, der für euch ist; dies tut zu

meinem Gedächtnis. 25 Ebenso auch den Kelch nach dem Mahl und sprach: Dieser Kelch ist der neue Bund in meinem Blut, dies tut, sooft ihr trinkt, zu meinem Gedächtnis. 26 Denn sooft ihr dieses Brot esst und den Kelch trinkt, verkündigt ihr den Tod des Herrn, bis er kommt (1. Kor 11,20–26 ES).

Zwei Zielrichtungen lassen sich in diesen Abschnitten erkennen:

In 1. Kor 10,14–22 nimmt Paulus das Verhalten einzelner Mitglieder im Umfeld der Gemeinde in den Blick. Paulus eröffnet seine Rede mit einer rhetorischen Frage zum Thema „Brot und Kelch". Vermutlich war also die Feier des „Herrenmahls" bereits Gemeindetradition. Diese in 1. Kor 10 von Paulus aufgenommene Herrenmahltradition bezieht sich auf den „Kelch des Segens" und das „Brot, das wir brechen". Von Einsetzungsworten schreibt Paulus hier nichts. Er verknüpft „Brot und Kelch" mit dem Felswunder bei der Wüstenwanderung (1. Kor 10,1ff., vgl. 2. Mose 17,1–7) und legt dieses Wunder christologisch aus – der Fels als der Christus. Paulus weist warnend auf die Untreue des Volkes und auf deren Folgen hin. Auch in 1. Kor 10,16ff. geht es um *Treue*, um die ausschließliche Treue zum „Kyrios": „Ihr könnt nicht des Herrn Kelch trinken und der Dämonen Kelch; ihr könnt nicht am Tisch des Herrn teilnehmen und am Tisch der Dämonen. Oder wollen wir den Herrn zur Eifersucht reizen? Sind wir etwa stärker als er?" (21f. ES). Paulus überträgt darüber hinaus ein Gottesbild der hebräischen Bibel, das des eifersüchtigen Gottes (z. B. 5. Mose 5,9), auf den Kyrios Jesus – Treue und Eifersucht: Ausdruck einer leidenschaftlichen Liebesbeziehung.

Im 1. Kor 11,17–34 wird die *ungeteilte Gemeinschaft* der Mahlteilnehmenden Thema, die die Einheit der christlichen Gemeinde *dar*-, andererseits aber auch *her*stellt – in der Teilhabe (Partizipation bzw. Inklusion) *aller* (Wolter, 275). Wolter nimmt Bezug auf Karl Rahner, der vom Herrenmahl als einem Realsymbol schreibt: Das Symbol bewirkt, was es ‚symbolisiert'.

Wichtig ist Paulus auch – neben Kritik an der Art und Weise, wie dieses Mahl gemeinschaftszerstörend ‚gefeiert' wird (einige sind bereits satt und trunken, während andere hungrig bleiben) –, dass die Feier dem Gedächtnis des Kyrios dient und so *Vergegenwärtigung und Verkündigung* dessen ist, was geglaubt wird: Tod und Wiederkehr des „Kyrios" und im Verweis auf die Wüstenwanderung des Gottesvolkes (1. Kor 10f.) auch *Wegzehrung* im Interim (= in der Zeit zwischen Auferstehung und Wiederkunft Christi). Im Mittelpunkt steht nicht die Sünde des einzelnen, sondern die *Weggemeinschaft* in der Zeit und durch die Zeit. Diese Gemeinschaft setzt ihre Existenz aufs Spiel, wenn das Herrenmahl nicht zuerst und vor allem in der gleichzeitigen Vergegenwärtigung des auferstandenen Christus gefeiert wird unter Einbeziehung *aller*.

Paulus geht es nicht um ein „Richtig“ oder „Falsch“ in Liturgie oder Ablauf der Feier, sondern darum, dass der Liebesbeziehung mit dem „Kyrios“ Jesus eine spezifische *Exklusion* innewohnt – ausgeschlossen sind die die Gemeinschaft störenden „Mächte“ – sowie die *Inklusion* aller, die zum Christusraum gehören. 1. Kor 11,29.34: Das Gericht gilt der Zerstörung der Gemeinschaft. Interessant ist, dass Paulus auch in Gal 2,11 davon schreibt, dass Petrus „gerichtet“ sei, weil er die Tischgemeinschaft zerstört. Hier im sog. Antiochenischen Konflikt geht es Paulus ebenso um Inklusion. Der Vorwurf an Petrus lautet: Du zerstörst mit deinem Verhalten (deiner Skrupulosität und scheinbaren Gesetzestreue) die Gemeinschaft (s. Kap. III). Das gesamte Mahlgeschehen ist somit erfahrene Vergegenwärtigung und sichtbare Verkündigung dieses Christus Jesus in der Weggemeinschaft der Ekklesia.

Demgegenüber wurde das ‚Gericht‘, das Paulus in Bezug auf die Einnahme des Abendmahls androht, immer individualistisch verstanden: Man prüfe sich skrupulös, ob man zur Abendmahlsfeier wirklich ‚würdig‘ ist (1. Kor 11,27).

4. *Nochmal: Sühnopfer?*

Es ist davon auszugehen, dass die Auslegungsdebatte über den ‚Sinn‘ des Foltertodes Jesu bereits unmittelbar nach dessen Hinrichtung und mit der Gründung der ersten Gemeinden begann, ja die Verständigung darüber zum Gründungsmythos christlicher Gemeinden wurde. Die Briefe des Paulus gelten als die ältesten Schriften im Neuen Testament. Sie sind also am nächsten ‚dran‘ am Geschehen relativ kurz nach Kreuz und Auferstehung. Wenn der 1. Korintherbrief um ca. 52/53 entstanden ist, dann gehörte bereits ca. 20 Jahre nach dem Tod Jesu ein „Herrenmahl“ zur Tradition. Paulus schreibt von einer „Überlieferung“, die er „vom Herrn“ (Kyrios) empfangen habe. Paulus nennt den Auferstandenen als Urheber und baut auf dieser Herrenmahltradition auf.

Entscheidend bei der Frage nach *der Deutung des Todes* Jesu im und mit dem Herrenmahl ist nicht in erster Linie, ‚woher‘ die jeweilige Deutung denn nun kommt und ob sie in der hebräischen Bibel oder auch in anderen Überlieferungen der ‚heidnischen‘ Umwelt ihren Ursprung und damit angeblich ihre Legitimität hat.

Es seien hier nur einige Wurzeln erwähnt, die in den letzten Jahren eine Fülle von wissenschaftlichen Untersuchungen provoziert haben: In 3. Mose 4–5 der Opferkult; die Opfer am Versöhnungstag nach 3. Mose 16, in Ezechiel der Versöhnungstag; der Gottesknecht in Jes 52/53; die Sühne schaffenden Märtyrertode nach 4. Makkabäer; bes. Hebräer 9,22 („ohne Blutvergießen geschieht keine Vergebung“), und V. 26: „ein für alle Mal“ usw.

Entscheidend im Hinblick auf Paulus, dem theoretischen Praktiker und situativ-kreativen Denker, ist vielmehr, wie er mögliche theologische Deutungen in seinen Briefen aufnimmt und mit ihnen umgeht, hier speziell im 1. Korintherbrief.

Nach neuerer Forschung wird davon ausgegangen, dass nicht etwa eine Pessachliturgie als Vorbild für die liturgischen Abläufe bei der Feier des Abendmahles Pate stand, sondern dass sich beide Traditionen, die des Abendmahls und die der Pessach-, insbesondere der Seder-Tradition, in den Jahren nach dem Tempelfall nach 70 im Detail erst entwickelt und möglicherweise gegenseitig befruchtet haben könnten (vgl. Christine Schlund, Deutungen des Todes Jesu im Rahmen der Pesach-Tradition, in: Jörg Frey / Jens Schröter (Hg.), Deutungen des Todes Jesu im Neuen Testament, Tübingen, 2. Aufl. 2012, 397–411, hier: 399). Siehe auch J. Jeremias mit seinem anderen Ansatz in: Die Abendmahlsworte Jesu, Göttingen 4. Aufl. 1967, 216–223 (hierzu wird unten ausführlich Stellung genommen). I. Yuval wählt für einen Aufsatz über Traditionen von Hagadda und Herrenmahl sogar den schönen Titel: Easter and Passover as early Jewish-Christian dialogue (= Ostern und Pessach als früher jüdisch-christlicher Dialog), in: Bradshaw/Hoffmann (Hg), Passover and Easter, 98–124.

Annette Mirjam Böckler, Bibliothekarin und Dozentin für Bibel und jüdische Liturgie am Leo Baeck College London, schreibt hierzu: „Der Sederabend gehört zu den jüngsten Entwicklungen des Pessachfestes. Er geht auf das rabbinische Judentum zurück, welches das Judentum nach der Zerstörung des Tempels durch die Römer im Jahr 70 nach Christus neu definierte. Das Pessachfest selbst hat seine Wurzeln jedoch tief in der jüdischen Geschichte. Man erzählt, vor langer Zeit wurde eine Menschengruppe von Machthabern versklavt und unterdrückt. Als auch noch jeder Sohn nach seiner Geburt getötet wurde, drohte ihnen sogar die Vernichtung. Gott aber hat das Schreien dieser Menschen gehört, und eines Nachts gelang ihnen auf wundersame Weise die Flucht in die Freiheit (2. Mose 12–14). Sie wurden zum Gottesberg Sinai geführt, wo sie Gesetze für ihr Zusammenleben bekamen (2. Mose 19, 4. Mose 10). Als Folge der Befreiung priesen diese Menschen Gott als den König der Welt und betrachteten sich von nun an als eine Gemeinschaft: das Volk des Königs der Welt (2. Mose 15). Seitdem feiert dieses Volk regelmäßig jedes Jahr seinen Geburtstag, jenen befreienden nächtlichen Auszug, durch den es überhaupt zu einem Volk wurde (2. Mose 12,14). Im Verhältnis zu Gott ausgedrückt, sagt man, Pessach sei der Beginn der Beziehung zwischen Volk und Gott, sozusagen die Verlobung zwischen Gott und seiner Geliebten Israel." (Annette Böckler, Eine Nacht, anders als alle Nächte. Gedanken zu Sederfeiern in Kirchen, in: Freiburger Rundbrief Heft 2 (2005), 94–107; Text zugänglich auf www.annette-boeckler.de (Böckler)).

Paulus ist der einzige Autor im NT, der theologisch *explizit* mit einer *Christus-Pessach-Typologie* arbeitet, die er aber gerade nicht auf das Abendmahl bezieht. Er kennt die *Christus-Pessach-Tradition*, die die Synoptiker für ihre Erzählungen vom letzten Mahl Jesu mit seinem Jüngerkreis stark machen. Interessanterweise nimmt er diese Deutungsmöglichkeit aber nur im Zusammenhang mit 1. Kor 5,7ff. auf, wo es ihm wesentlich darum geht, die Gemeinschaft von zerstörerischen Einflüssen zu reinigen.

In der heutigen Debatte um Abendmahl und Sühne ist zu beobachten, dass Formulierungen in den Einsetzungsworten beim Brotwort: „für euch“ schnell ergänzt werden mit: *„für eure Sünden“* (Paulus Handbuch, 280). Viele Ausleger und die liturgische Tradition verknüpfen das von Paulus in 1. Kor 15,3b–5 („für eure Sünden gestorben nach der Schrift“) zitierte urchristliche Bekenntnis mit den Herrenworten beim Abendmahl, obwohl es bei Paulus so gerade nicht steht.

Eine weitere Beobachtung: Im Zusammenhang mit dem Kelchwort nach 1. Kor 11,25 wird „der neue Bund in meinem Blut“ mit der Opfer- und Sühnethematik verknüpft. Damit wird diesen Worten eine Eindeutigkeit zugeschrieben, die zumindest vorschnell andere Deutungsmöglichkeiten ausblendet und einlinig bleibt, was dem – wie wir ja bereits mehrfach in den Blick genommen haben – *aspektivischen Denken* des Juden Paulus nicht gerecht wird.

Besonders schön kann man aspektivischem Schauen und Denken als Tradition in jüdischer Poesie und Erzählkunst in den Psalmdichtungen und in der Weisheitsliteratur der hebräischen Bibel nachspüren (Bernd Janowski, Konfliktgespräche mit Gott, Neukirchen 2013, 13ff.).

Wir können uns diese Sichtweisen für viele Passagen der Paulusbriefe zu Nutze machen, denn: „die Vieldimensionalität (das Aspektivische, d. Vff.) gleicht einem Raum, in dem sich das Verstehen hin und her bewegen kann“ (Norbert Lohfink, Psalmgebet und Psalterredaktion, in: ALW 34/1992, 1–22, hier 12).

Der Neutestamentler Michael Wolter (Michael Wolter, Der Heilstod Jesu als theologisches Argument, in: Jörg Frey / Jens Schröter (Hg.), Deutungen des Todes Jesu im Neuen Testament, Tübingen, 2. Aufl. 2012, 297–313) setzt sich mit der Frage auseinander, „in welcher Weise die Autoren der neutestamentlichen Schriften den Tod Jesu in theologische Begründungszusammenhänge integriert haben“. Dabei weist er einleitend darauf hin, dass die bei der Deutung des Todes Jesu vielfach als Leitbegriffe fungierenden Begriffe *„Sühne“* und *„Stellvertretung“* keine biblischen sind und dass es in der gesamten antiken Literatur kein quellensprachliches Äquivalent dafür gibt. Dies lässt sich leicht nachprüfen, indem man diese Begriffe in einer Bibelsoftware aufruft, lediglich der Begriff „Sühne“ taucht z. B. in der Elberfelder- oder Lutherübersetzung ein einziges Mal (in 2. Sam 21,3) auf. Es handele sich um „metasprachliche Abstraktionen“. *Sühne* stamme aus dem germanischen Rechtswesen und *Stellvertretung* sei erst ab dem 18. Jahrhundert in Gebrauch. Diese beiden Begriffe möchte Wolter keineswegs tabuisieren. Man solle sich jedoch darüber im Klaren sein, dass sie nicht als quellensprachliche, sondern immer nur als wissenschaftliche Begriffe zu gebrauchen seien. Man könne gerade nicht sagen „daß Paulus für die Beschreibung der Heilsbedeutung des Todes Jesu die ‚Vorstellung der Sühne (verwendet)‘ oder daß bei Paulus hierfür als ‚dominierendes Grundmodell […] der Gedanke der Stellvertretung‘ in Anschlag zu bringen ist,“ wie dies bei H. Hübner und U. Schnelle geschehe. Wolter plädiert für eine klare Trennung zwischen quellensprachlichen und wissenschaftlichen Begriffen, und wenn es denn so sei, dass man zum Denken Begriffe brauche, so „konnte Paulus ‚Sühne‘ und ‚Stellvertretung‘ nicht einmal denken.“

Wer im Zusammenhang mit dem „Herrenmahl“ bzw. in heutigen Diskursen über Abendmahlsverständnisse und Liturgie von dem „paulinischen Gedanken eines Sühneopfers Jesu“ ausgeht (vgl. oben unter 2.), fordert schnell einen „Notwendige(n) Abschied“ vom traditionellen Abendmahl (vgl. Klaus Peter Jörns, Notwendige Abschiede. Auf dem Weg zu einem glaubwürdigen Christentum, Gütersloh 2. Aufl. 2005). Das ist aber eine Engführung, die von nur einer der möglichen Deutungen des paulinischen Herrenmahlverständnisses als der ‚richtigen‘ ausgeht.

5. Und was ist mit den Einsetzungsworten?

Die Einsetzungsworte finden sich mehrfach im Neuen Testament. Bei den Überlieferungen des Markus und des Paulus handelt es sich um die ältesten überlieferten Fassungen (Angela Standhartinger, Dies ist mein Leib (Standhartinger, Leib), in: Wolfgang Weiß (Hg.), Der eine Gott und das gemeinschaftliche Mahl. Inklusion und Exklusion biblischer Vorstellungen von Mahl und Gemeinschaft im Kontext antiker Festkultur, Neukirchen 2011, 123–157, hier: 124 mit weiteren Nachweisen).

Die im Evangelischen Gottesdienstbuch für die lutherischen und unierten Kirchen aufgenommenen „Einsetzungsworte“ sind eine Zusammenstellung von Zitaten aus den synoptischen Evangelien (Johannes hat keine Überlieferung des „letzten Mahles“, bei ihm erscheint die Fußwaschung als eine der letzten Szenen mit dem Jünger- und Jüngerinnenkreis) und aus 1. Kor 11,23–26 zusammen.

Aus 1. Kor 11 stammen folgende Zitate:

- *Unser* Herr Jesus *Christus*, in der Nacht, da er *verraten* ward
- Nahm er das Brot, dankte und brach's und sprach
- Dies ist mein Leib
- Der für euch gegeben wird. Solches tut zu meinem Gedächtnis.
- Desgleichen nahm er auch den Kelch nach dem *Abend*mahl und sprach
- Dieser Kelch ist das *neue Testament (der neue Bund)* in meinem Blut
- Solches tut, so oft ihr'*s* trinket, zu meinem Gedächtnis
- *Deinen* Tod, *o* Herr verkündigen wir *und deine Auferstehung preisen wir*, bis *du* kommst *in Herrlichkeit*!

Die kursiv markierten Worte weichen von der Vorlage des 1. Kor 11 ab bzw. sind erklärungsbedürftig: Das „unser“ zu Beginn der sog. Einsetzungsworte, sowie die Anrede am Ende, die als preisende Anrufung formuliert ist, ist dem liturgischen Gebrauch dieser Überlieferung geschuldet. Interessant ist, dass mit dem Schlusssatz („Deinen Tod …“) das dann folgende Mahl ganz im Sinne des Paulus als Verkündigung definiert wird. In gemeindlicher Anrufung wird der Kyrios gegenwärtig und die nun folgende Handlung Verkündigung. Dabei werden Vergangenheit, Gegenwart und Zukunft gleichzeitig. Die Übersetzung des griechischen Wortes paradídomi mit „verraten“ ist „im paulinischen Kontext zumindest problematisch“ (Angela

Standhartinger, Das Abendmahl im Neuen Testament (Standhartinger, Abendmahl), in: Judith Hartenstein / Silke Petersen / Angela Standhartinger (Hg.), „Eine gewöhnliche und harmlose Speise“? Von den Entwicklungen frühchristlicher Abendmahlstraditionen, Gütersloh 2008, 19–33, hier: 20). Paulus gebraucht dieses Verb an anderen Stellen im Sinne von übergeben oder ausliefern, wobei „häufig Gott das Subjekt ist“ (Röm 4,25; 8,32; Gal, 2,20; Standhartinger, Abendmahl, ebd.). Mit der Übersetzung „verraten“ soll der Verrat durch Judas assoziiert werden, den Paulus vermutlich nicht im Blick hatte. Das griechische Wort diathéke wird heute mit „Bund“, in der alten Lutherübersetzung bis 1912 mit „Testament“ übersetzt.

Wann und in welchem Zusammenhang die Entstehung der Einsetzungsworte vermutet wird, hat Konsequenzen für das Abendmahlverständnis bei Paulus. Drei Grundpositionen sind:

- Jesus hat die Einsetzungsworte gesagt und zwar beim letzten gemeinsamen Mahl mit seinen Jüngerinnen und Jüngern, bevor er hingerichtet wurde. Sie sind also eine Stiftung des historischen Jesus. Diese Worte verbinden den historischen Jesus mit dem geglaubten auferstandenen Kyrios Christus Jesus.
- Die Herrenmahltradition hat sich aus den griechisch-römischen Symposien entwickelt. Deren ‚Liturgie‘ hat als Vorlage für die Herrenmahlliturgie gedient. Die sogenannten Einsetzungsworte verdanken sich verschiedenen religionsgeschichtlichen Einflüssen.
- Die dritte Position geht davon aus, dass sich die Abendmahltradition aus zwei unterschiedlichen Quellen speist. Einerseits setze es die von Jesus gelebten Mahlgemeinschaften fort, andererseits seien die Einsetzungsworte selbst nachösterlich entstanden (Standhartinger, Leib, 122).

Die Vorstellung, dass das jüdische Pessach der Hintergrund der Einsetzung und Liturgie des Abendmahles ist, hat die *Gründonnerstagsfeiern* in vielen Kirchengemeinden wesentlich geprägt. Die landauf landab gefeierten Tischabendmahlsfeiern zum Gründonnerstag knüpfen häufig an die jüdische Sederabendtradition an. Es gibt zahlreiche Feiern, die mit Bitterkräutern (hebr. maror), Matzen (hebr. matzah) und Lamm (hebr. pesah) den Mahlelementen des Sedermahles (2. Mose 12) nachspüren, um dann in eine traditionelle Abendmahlfeier zu münden mit der intendierten Aussage: Der historische Jesus hat die jüdische Sederfeier mit Einsetzungsworten über Brot und Kelch neu gedeutet. Er stiftet mit diesen Worten das Sakrament. Diese Feiern haben die problematische Tendenz, die jüdische Sederfeier zu beerben und zu überbieten. Auch nimmt die Feier des Abendmahls im Kontext der Pessach-Christus-Tradition die Thematik von Opfer und Sühne auf, die Paulus so eindeutig mit der durch ihn beschriebenen Herrenmahltradition(en) in 1. Kor 10 und 11 gerade nicht begründet hat (s. o.).

Impulsgeber dieser seit einigen Jahren gefeierten Tradition ist vermutlich der Theologe Joachim Jeremias (1900–1971). Er gilt als einer der herausragenden historisch-kritischen Exegeten des 20. Jahrhunderts. Nicht von ungefähr war ein Forschungsschwerpunkt Jeremias’ der Sühnetod Jesu; in seiner Schrift „die Abendmahlsworte Jesu“ (1935; Göttingen 4. Aufl. 1967) deutet er das letzte Abendmahl auf dem Hintergrund des jüdischen Pessach. Er stützt sich dabei vor allem auf die Überlieferung nach Mk 14,22–25, Paulus’ 1. Kor 11 vernachlässigt er.

Jeremias führt die Einsetzungsworte in ihrem Ursprung auf die Liturgie des Sederabends zurück. Jesus habe mit Gleichnishandlungen den Elementen Brot und Kelch den neuen Sinn gegeben: „ich gehe als das wahre Pessachopfer in den Tod“ (Jeremias, 215). In der „die damalige Diskussion bestimmenden Kerygmatheologie Rudolf Bultmanns nahm Joachim Jeremias eine klare Position ein. [...] Für Jeremias (stellte) die Verkündigung Jesu nicht allein die Voraussetzung urchristlicher Theologie da, sondern war deren Zentrum schlechthin“ (Martina Janßen, Joachim Jeremias, in: http://www.bibelwissenschaft.de/stichwort/51860/, aufgerufen am 29.9.2015).

Die jüdische Theologin A. M. Böckler schreibt: „Zur Zeit des Tempels war das religiöse Hauptkennzeichen die Wallfahrt zum Tempel nach Jerusalem (5. Mose 16,5). [...] Mit einem Opfer war in der Regel eine fleischhaltige Festmahlzeit verbunden. [...] Das Lamm, das zu Pessach geopfert wurde, erinnerte an das Blut des Lammes an den Türpfosten in Ägypten, das die Erstgeborenen der Kinder Jisraels vor dem Tod rettete, den die ägyptischen Erstgeborenen erlitten (2. Mose 12,27). Dies scheint zur Zeit des Tempels das einzige Symbol des Festes gewesen zu sein: Das Blut des Lammes, Symbol für die Erlösung vor dem Tod in der Versklavung (2. Mose 12,13). [...] Der Blutritus der Opferzeremonie an Pessach muss im Rahmen der antiken Opfertheologie als Reinigungsritus von Sünden verstanden werden, denn nur in diesem Zusammenhang gab es einen Blutritus beim Opfer. [...] Auch ohne den Tempel feiern Juden das Pessachfest, wenn auch ohne das ‚Pessach‘, d. h. das für das Fest spezifische Opferritual. [...] Ein Symbol verschwand in rabbinischer Zeit vollständig: das Blut des Lammes als Zeichen der Rettung vor dem Tod in der Versklavung (2. Mose 12,13 u. 27). [...] Das Symbol des Bluts verschwand nicht zuletzt deshalb, weil es das Hauptsymbol des inzwischen verbreiteten Christentums geworden war. ‚Paschalamm‘ wurde eine übliche Bezeichnung für Jesus (1. Kor 5,7)“ (Böckler, o. S.).

Die Synoptiker stellen das letzte Mahl und darin die Einsetzungsworte Jesu in bewusst theologischer Entscheidung in den Pessachzusammenhang. Paulus tut das nicht ausdrücklich, allenfalls indirekt über die Einsetzungsworte. Für die Synoptiker bot sich diese Parallelisierung Pessach – letzte Mahlfeier Jesu an: Beide Feiern sind in einen Erzählzusammenhang eingebunden. Das Pessach erinnert den Auszug Israels aus Ägypten, das Herrenmahl jene „Nacht“ der beginnenden Passion. Die Einsetzungsworte versetzen die Feiernden in das Passionsdrama. Insbesondere bei Paulus hat das Herrenmahl neben dem Gedächtnischarakter weitere Funktionen. Im Herrenmahl geschieht Verkündigung und die Gemeinschaft des „Leib“es Christi.

Der Theologe *Gerd Theißen* rechnet damit, dass Jesus bei diesem letzten Mahl einen *neuen Kult gestiftet* hat und zwar mit den Worten „Dies ist mein Leib für euch“ und „Dieser gemeinsam getrunkene Kelch ist der neue Bund“ (Gerd Theißen / Annette Merz, Der historische Jesus, Göttingen 1996, 282). Jesus wollte, so Theißen, mit diesem neuen Kult den Tempelkult ersetzen. Das setzt voraus, dass Jesus seinen Tod erwartet hat und darüber hinaus „die heilstiftende Bedeutung seines eigenen Todes voraus sah“ (Standhartinger, Leib, 125). Andere bezweifeln das. Ihrer Auffassung nach ist die theologische Deutung des Lebens und des Todes

Jesu rein nachösterliches Geschehen. Es setze die Auferstehungserfahrung der Jesusbewegung voraus.

Beachte: Die jüdische wie die christliche Gemeinschaft mussten ständig ihre Erfahrungen theologisch kreativ verarbeiten. Den Eindruck, den manche christlichen Theologen wecken, als sei nur das frühe Christentum kreativ z. B. mit der Zerstörung des Tempels umgegangen, ist falsch (s. o. Böckler zur Sederfeier).

Die „Heiligen" in Korinth, überwiegend mit hellenistischen Wurzeln, werden ihre Feste und so auch das Herrenmahl in der Tradition der Symposien gefeiert haben. Jedenfalls lässt dies der sozialgeschichtliche Hintergrund vermuten. Die Frage, ob bei diesen Feiern bereits die Einsetzungsworte über Brot und Kelch als Zitate des Kyrios Jesus gesprochen wurden, muss offen bleiben. Wahrscheinlicher ist ein Brot- und Bechersegen. Die Mahlgebete der frühchristlichen Liturgie nach der Didache führen *keine* Einsetzungsworte an. Auch der Bericht vom Brotbrechen in der Apostelgeschichte (2,42.46; 20,7) weiß nichts davon.

Bei den Feiern werden die Mahlgemeinschaften des historischen Jesus Pate gestanden haben. Allerdings konnten diese nicht bruchlos in die Herrenmahltradition übernommen werden. „Zwar überliefert bereits die Logienquelle das Wort von den Vielen, die im Reich Gottes zu Tische liegen, und das Festmahl, in dem ein Festbankett als Bild für die Gottesherrschaft sichtbar wird. Aber in beiden Bildtraditionen geht es gerade nicht um den universellen Einschluss aller, sondern um den Ausschluss einiger, bei gleichzeitiger unerwarteter Einladung anderer" (Standhartinger, Leib, 131). Darüber hinaus ist Jesus in den meisten Mahlerzählungen nicht selbst Gastgeber, sondern lässt sich einladen. In der Herrenmahltradition ist es der Kyrios selbst, der einlädt.

6. *Methodisch*

Die gemeinsame Tafel ist von L vorbereitet. Wein und/oder Traubensaft, ein Abendmahlskelch, Wasser und ein Brotlaib (idealerweise Fladenbrot, Ciabatta oder ähnlich), Gläser und Servietten. 1–2 Schalen, 1–2 Krüge mit Wasser, 2 Handtücher liegen bereit. Die Tafel ist großzügig in die Mitte des Raumes gestellt.

6.1 Ankommen (15 Min.)

TN sind gebeten worden, „Fingerfood" mitzubringen. L und TN decken und gestalten die Tafel *gemeinsam* („Tafelmusik" im Hintergrund).

6.2 Brotsegen und Essen (30 Min.)

L bittet TN, sich zu setzen. 2 L nehmen je eine Schale und einen Krug mit Wasser sowie ein Handtuch, gehen von TN zu TN und waschen deren Hände: Die geöffneten Hände werden über die Schale gehalten, mit ein wenig Wasser aus dem Krug langsam übergossen und im Anschluss abgetrocknet.

L nimmt den Brotlaib in beide Hände, spricht einen Segen über dem Laib, bricht ihn entzwei und legt ihn zurück auf die Tafel.

Es folgt das gemeinsame Essen, bei dem sich alle auch an dem Brot bedienen. Die Unterhaltung während des Essens darf lebhaft sein und sich auch um andere, „leichte" Themen drehen; alternativ können die L im Gespräch, auf dem Vorwissen der TN aufbauend, Informationen zu jüdischen und griechischen Mählern geben.

6.3 Kelchsegen, Trinken und Lesungen (35 Min.)

L beendet das Essen, nimmt den Kelch und spricht einen Segen.

L lädt ein, sich an Wein, Saft und Wasser zu bedienen. L verteilen an TN vorbereitete Texte, die die TN jeweils vortragen, sowie Liederzettel bzw. Gesangbücher an alle. Als Texte schlagen wir vor: Jes 52,13–53,12; 2. Mose 12,12–20; Phil 2, 5–10; Hld 1,1–3.7.9–11.15f.; 2,16; 4,10ff.; 1. Kor 10,16–17. (Lieder nach Belieben und Möglichkeiten – es müssen nicht nur Abendmahlslieder sein.)

L leiten die Lesungen. Zwischen den Lesungen wird gesungen oder / und musiziert. L übernimmt die letzte Lesung und bittet TN, das Trinken zu beenden.

6.4 Lesung von Bibeltext und Agende (5 Min.)

L liest 1. Kor 11,24b-26, anschließend die agendarischen Einsetzungsworte.

6.5 Reflexion (35 Min.)

L leiten Diskussion:

- Blitzlichter zu der gerade beendeten Feier
- Einsetzung durch den historischen Jesus?
- Verständnis von Abendmahl
- Welche Gottesbilder werden in je ‚meinem' bzw. ‚unserem' Abendmahlsverständnis gespiegelt?

X. Wer sind wir, dass wir das Gute tun?

Übersicht (120 Min.)

Zeit	Phase	Methode und Sozialform	Inhalt
30 Min.	Provokation und Einstieg in die Diskussion Erarbeitung I	Mündlicher Vortrag und anschließend (kurze) Diskussion im Plenum	Zwei Texte aus dem Umfeld von Kirche (Theologie) und NS-Staat bzw. aus der Wirkungsgeschichte von Röm 13
40 Min.	Erarbeitung II	Gruppenarbeit	Die Auslegung von Römer 13,1–7 1933 und das Darmstädter Wort 1947
45 Min.	Erarbeitung III	Plenum Diskussion	Römer 12,1f./ Röm 13,8ff. u. a.: Was hilft uns Bibel/ Paulus in den ethischen Fragen heute?
5 Min.	Schlusswort	Hören und beten	Ein Abschnitt, max. zwei Abschnitte aus der Tageszeitung

Werkzeuge und Material

- Flipchart und Filzstifte
- Texte Röm 13, Röm 12 und Darmstädter Wort für alle TN
- Zumindest einen katholischen und einen evangelischen Text 1933/1938
- Einen aktuellen Text zur politischen Ethik (aus der Tageszeitung, dem Internet oder den mitgelieferten Text „Wir sind die Guten!“, s. u.)

Prolog

Nun aber bleibt Glaube, Hoffnung, Liebe, diese drei;
die größte aber unter diesen ist die Liebe“ (1. Kor 13.13)

Die freiwilligen Helfer und Helferinnen aus ganz Europa, die im Herbst 2015 längs der ‚Balkan-Route‘ den Flüchtlingen halfen, hatten als eine ihrer Losungen „one love“ ausgegeben: Egal, wo du herkommst, welchen Glauben du teilst, welche politischen Optionen dir nahe stehen, welche persönlichen ethischen Standards du hast … hier geht es konkret um gelebte Menschlichkeit. Was das ist, scheint für die Aktiven völlig eindeutig zu sein. Das gleiche spielt sich ab in vielen Kommunen (oft in Dörfern): Gelebte Menschlichkeit jenseits von Religion und Konfession. Nicht immer nur hilfreich und aus gemischten Beweggründen, aber immerhin: Was getan werden muss, was das ‚Gute‘ sein könnte, scheint klar. Andererseits gibt es Abschottung gegen die ‚Fremden‘ bei wütenden Bürgern und in europäischen Regierungen. Das

,Gute' wird der nationalen und kulturellen Einheit unterstellt: Gut ist, was der Nation nützt. Europa zeigt im Herbst 2015 Qualität und Brüchigkeit seiner ,Wertegemeinschaft'. Kann christliche Ethik Sinnvolles in die Diskussionen einbringen?

Jahrhundertelang hat christliche Ethik den einzelnen Christen angeblich klar zu zeigen gewusst, was Gottes Gebot entspricht und was nicht. Je nach Konfession und Zeitgeist ging es dabei stärker um ,christliche' ,Pflichten' (was sollen wir tun?) oder um für christlich gehaltene ,Tugenden' (Wie können wir gut handeln?), ausgerichtet am Ziel der menschlichen Geschichte im Reich Gottes (Güterethik: Wie wollen wir leben?). Mit der Entwicklung der modernen pluralistischen Gesellschaft und dem Auftritt widerstreitender Subjekte, Interessen und Handlungsoptionen ist die christliche Ethik in Begründungs- und Erklärungsnot gekommen: Was ist heute das ,Christliche' einer Lehre vom sittlich guten Verhalten? Lassen sich nachvollziehbar biblische Texte auf die vielfältigen Wirklichkeitsfelder beziehen? Lässt sich – etwa auf Weltklimakonferenzen – von Nichtchristen verstehen, was Christen meinen, wenn sie von der ,Gerechtigkeit' sprechen, von der in biblischen Texten die Rede ist?

Erschwerend kommt für christliche Ethik ihr Erbe an der politischen Ethik dazu. In einem kaum vollständig entwirrbaren Knäuel von Einstellungen, Interessen und Auffassungen haben Kirche und ihre (Moral-)Theologie (Ethik) im Anschluss z. B. an Röm 13,1–7 und die Offenbarung des Johannes jeden Staat unter den Vorbehalt seiner Vorläufigkeit gegenüber dem kommenden Reich Gottes gestellt. Der römische Staat und später das mittelalterliche Kaiserreich galten als zeitlich vorübergehende göttliche Anordnungen sozusagen ohne eigene Würde. Andererseits haben Kirche und Theologie fast jeden zweifelhaften Staat (jede ,Obrigkeit', Luther) als Gottes Werkzeug gegen das Böse (gegen die Sünde) betrachtet. Im Bereich der evangelischen Theologie wurde dem Staat in der Spitze eine ,Eigengesetzlichkeit' zugestanden, gemäß derer die jeweiligen Oberhäupter ,von Gottes Gnaden' ihre Art von Realpolitik nach Normen machen konnten, die die Theologen dem Naturrecht, einer ,Schöpfungsordnung' entnahmen, wodurch z. B. die Herrschaft von Männern über Frauen und weißhäutigen über dunkelhäutige ,Rassen' gerechtfertigt schien. Als im 20. Jahrhundert selbsternannte ,Führer' sich als Gottes Werkzeug ausgaben und ihre Geführten im Namen des ,Volkes', der ,Nation' oder der ,Vorsehung' in den Ruin trieben, haben die evangelischen Kirchen und ihre Theologen dem oft zunächst nichts entgegenzusetzen gehabt, im Gegenteil sogar sich beteiligt, insofern das Christliche als Verordnung von ,oben' und in Verbindung mit tradierten Werten wie z. B. ,Volk' und ,Anstand' sich durchsetzen sollte. Die katholische Kirche geriet aufgrund ihrer anderen Verfasstheit und Theologie 1933 in ein Konkurrenzverhältnis und einen Machtkampf mit dem NS-Staat, ohne ihrerseits rechtzeitig gegenüber reaktionärer und faschistischer Politik wachsam gewesen zu sein. Der Staat als Projekt des Volkes, als Instrument der Demokratie, als Institution des Interessenausgleichs zwischen im Prinzip gleichberechtigten Bürgern (keineswegs nur zum Bösen bereiten Sündern, denen ein Staat als Anordnung Gottes wehren müsste) konnte aus innertheologischen Gründen in beiden Kirchen und Theologien nicht in den Blick kommen.

Eine kleine Stelle aus dem Römerbrief des Paulus (Röm 13,1–7) ist als gottgegebene Anweisung für alle Zeiten gelesen worden. Christen lernten, sich entweder aus der Politik herauszuhalten oder aber besonders eifrige Untertanen zu werden. In Deutschland hat diese durch verschiedene andere Faktoren geförderte Mentalität eines ‚Quietismus' und eines ‚Obrigkeitsgehorsams' katastrophale Folgen gezeitigt. Erst nach 1945 gelang nach und nach eine Neuorientierung, wurde zum ersten Mal Demokratie theologisch gedacht (eine Wegmarke war das Darmstädter Wort 1947, s. u.). Nun erst kamen die Bürger und Bürgerinnen, die den Staat bilden, als Subjekte der Politik wirklich in den Blick. Die Demokratiedenkschrift der EKD 1985 markiert einen Meilenstein in der Geschichte der politischen Ethik. Fragt man nach der Gestalt christlicher Ethik in aktuellen politischen Fragen, erweist sich jedenfalls evangelische Ethik vor allem als Ethik der Verantwortung. Gefragt wird weniger nach Pflichten und Tugenden, eher nach den Folgen eines bestimmten Handelns im Sinne des Guten (zum Ganzen Hans-Richard Reuter und Reiner Anselm, in: Huber, 9–123, 195–263).

Ein Weiterdenken an christlicher Ethik könnte im Anschluss an Paulus die Frage ins Zentrum stellen: Wer sind wir, dass wir das Gute tun? Es ist nicht die einzige mögliche Frage am Beginn einer Ethik, aber jedenfalls eine, für die paulinische Texte besonders aussagekräftig sind.

1. Der Text: Röm 12,1f. und 13,1–10

12,1 Ich ermahne also euch, Brüder, durch die Erbarmungen Gottes eure Leiber Gott darzubringen als lebendiges, heiliges, wohlgefälliges Opfer, euren geistigen Gottesdienst. 2 Und passt nicht euer Wesen dieser Welt an, sondern lasst euch umgestalten der Erneuerung des Denkens dazu, dass ihr beurteilen könnt, was der Wille Gottes ist, das Gute und Wohlgefällige und das Vollkommene! (Röm 12,1f.).

Luther übersetzt V. 1: euren „vernünftigen" Gottesdienst. Der griechische Begriff logikos umfasst die Vernunftbegabung des Menschen, aber auch die Nähe des menschlichen Geistes zum Göttlichen. Außerdem schwingt für den Juden Paulus das lebendige ‚Wort' (hebr. dabar, gr. logos) Gottes mit.

13,1 Jede Seele soll sich den übergeordneten Gewalten unterwerfen! Denn (staatliche) Gewalt ist nicht, wenn nicht von Gott, die aber sind, (die) sind von Gott eingesetzt. 2 Daher widersteht, wer sich der staatlichen Gewalt widersetzt, der Anordnung

Gottes, aber die, die widerstehen, werden sich ihr Urteil zuziehen. 3 Denn die Regierenden sind nicht ein Schrecken für das gute Werk, sondern für das böse. Du willst aber nicht fürchten die staatliche Gewalt? Tue das Gute, und du wirst Lob von ihr haben. 4 Denn Gottes Dienerin ist sie dir hin zum Guten. Wenn du aber das Böse tust, fürchte dich! Denn nicht trägt sie das Schwert; denn Gottes Dienerin ist sie, Rächerin zum Zorngericht dem, der das Böse tut. 5 Deswegen ist es nötig sich unterzuordnen, nicht nur wegen der Strafe, sondern auch wegen des Gewissens. 6 Denn deswegen zahlt ihr auch Steuern; Minister (gr leitourgoi = ‚Liturgen' = Behördenchefs!) Gottes nämlich sind sie, auf eben dieses ständig bedacht. 7 Lasst zukommen allen die Verpflichtungen, dem die Steuer (dem die Steuer zusteht), dem den Zoll (dem der Zoll zusteht), dem die Furcht (dem die Furcht zusteht), dem die Ehre (dem die Ehre zusteht)!
8 Bleibt niemandem etwas schuldig, außer das Einanderlieben; denn wer liebt hat den anderen (das) Gesetz erfüllt. 9 Denn das: Nicht sollst du ehebrechen, nicht sollst du töten, nicht sollst du stehlen, nicht sollst du begehren, und wenn irgendein anderes Gebot ist, wird es in diesem Wort zusammengefasst: Du sollst lieben dein Nächsten wie dich selbst! 10 Die Liebe tut dem Nächsten nichts Böses; (die) Erfüllung also (des) Gesetzes (ist) die Liebe. (Röm 13,1–10)

2. Römer 13 und die Folgen

2.1 Ein Text seiner Zeit

Im Bewusstsein einer problematischen Wirkungsgeschichte von Röm 13,1–7 wurden *historisch-kritisch* alle möglichen Hypothesen über Herkunft, Sinn und Absicht dieser Passage aufgestellt. Sprachlich ist ein direkter Anschluss von Röm 13,8ff. an Röm 12,21 herstellbar, was zu Versuchen animiert hat, die Passage Röm 13,1–7 als spätere Einfügung von fremder Hand (als Interpolation) zu verstehen. Die Mehrheit der Exegeten hält Römer 13,1–7 dagegen für ‚echt'. Die meisten meinen, Paulus vertrete in Röm 13 eine *durchschnittliche Haltung eines jüdischen Schriftgelehrten seiner Zeit*: Nur der eine Gott Israels ist der eigentliche und einzige König der Welt. Die Macht in Rom ist Gott gegenüber verantwortlich und zeitlich beschränkt.

Nach dem Tanach beauftragt Gott als der eigentliche König seines Volkes irdische Machthaber, die irdische Geschichte in seinem Namen zu lenken. Der israelitische König konnte als Jahwes Stellvertreter (Spr 8,15f., Sir 10,4) und Gesalbter (hebr. Messias, Ps 2,2; 20,7; 84,10) bezeichnet werden. Am Ende des babylonischen Exils sieht Deuterojesaja im persischen Großkönig Kyros einen von Jahwe Gesalbten (Jes 45,1)! Königskritische Stimmen gab es seit dem Anfang der Staatenbildung (Richter und Propheten): Könige tendieren zur Machtanmaßung. Darüber hinaus wurde das Königsamt überhaupt in Frage gestellt. Die Herrschaft Gottes (JHWH) kritisiert jede irdische Macht im Namen der göttlichen Gerechtigkeit. Der Aufstand der Makkabäer gegen die seleukidische Herrschaft begann als innerjüdischer Machtkonflikt um das Hohepriesteramt und wurde dann im Namen Gottes und der Reinhaltung des Glaubens geführt (165 v. Chr.). Er führte zur Herrschaft der Hasmonäer, in deren Reihe Herodes (genannt der Große) eine Schreckensherrschaft als Vasall Roms führte. Die jüdischen Schriftgelehrten und mit ihnen Paulus machten sich also keine Illusionen über die Absichten und die Qualität der irdischen Herrscher, ob sie nun jüdisch oder nichtjüdisch waren. Sie vertrauten darauf, dass alle Herrschaft vorläufig, von Gott verliehen und beendet und vor Gott zu verantworten war (vgl. dazu Vilho Riekkinen, Römer 13. Aufzeichnung und Weiterführung der exegetischen Diskussion, Helsinki 1980, bes. 52ff.).

Nach den Erfahrungen des Kirchenkampfes formulierte *Ernst Käsemann*:

- Paulus dachte und schrieb in der hohen Erwartung des *Weltendes*, der Erneuerung der Welt durch den wiederkommenden Christus im ‚Eschaton' (= Das Letzte, Ende und Ziel der Welt). Paulus stand nicht der Sinn nach einer ‚Metaphysik' des (heidnischen, römischen!) Staates.
- Paulus hatte es möglicherweise auch in Rom mit *enthusiastischen Schwärmern* zu tun, die meinten, mit Christus bereits auferstanden und darum aller weltlichen Beschränkungen ledig zu sein. Gegen diesen *Enthusiasmus* fordert er Unterordnung unter die von Gott eingesetzte staatliche Macht.
- Paulus fordert von den römischen Christusleuten freiwillige Unterordnung unter die von Gott eingesetzten staatlichen Amtsträger. Die Christusleute bringen eine große *Distanz zum Staat* (schon gar zum Caesaren-Regime in Rom!) mit (s. 1. Kor 6) *und* eine aus freien Stücken mögliche Loyalität zu staatlichen Personen und Anordnungen, weil diese letztlich sich erweisen werden (!) als durch Gottes Anordnung gesetzt.
- Es geht Paulus nicht um eine Rechtfertigung oder gar Glorifizierung des Staates als einer zeitlosen Schöpfungs- oder Erhaltungsordnung Gottes, sondern praktisch um einen *konkreten ‚Gehorsam'* (Unterordnung) in einer anstehenden *Steuer- und Zollfrage* (Ernst Käsemann, An die Römer (Handbuch zum Neuen Testament 8a), Tübingen 1973 (Käsemann), 334ff.).

2.2 Gottgegebenes Amt und Regiment (Luther)

In Luthers Großem Katechismus (1529) klingt Röm 13 in der Auslegung zum 4. Gebot an. Interessanterweise entwickelt Luther seine Lehre von der ‚Oberkeit' hier nicht direkt von Paulus her, sondern von einer Art patriarchaler (väterlicher) Fürsorge und Regierung Gottes durch das *‚Amt' der Eltern* (insbesondere des Hausvaters). Den Landesfürsten will Luther als ‚pater patriae' (Vater des Vaterlandes) verstehen und *geht davon aus*, dass dieser *kein böser Bube und Tyrann sein will*, sondern sich von Gott ins Amt gesetzt sieht und unter Gottes Gebot regiert.

> „In dieses Gebot gehöret auch weiter zu sagen von allerlei Gehorsam gegen Oberpersonen, die zu gepieten und zu regieren haben. Denn aus der Eltern Oberkeit fleußet und breitet sich aus alle andere. Denn wo ein Vater nicht allein vermag sein Kind aufziehen, nimmpt er ein Schulmeister dazu, der es lehre [...] Item so muß er auch Gesind, Knecht und Mägde zum Hausregiment unter sich haben. [...] Also auch ihre Landesfursten und Oberherrn haben sie Patres patriae, das ist Vater des ganzen Landes geheißen, uns, die wir Christen sein wöllen, zu großen Schanden, daß wir sie nicht auch also heißen oder zum wenigsten dafur halten und ehren. [...] Desgleichen ist auch zu reden von Gehorsam weltlicher Oberkeit, welche (wie gesagt) alle in den Vaterstand gehöret und am allerweitesten ümb sich greifet [...] Wer nu hie gehorsam, willig und dienstbar ist und gerne tut alles, was die Ehre belanget, der weiß, daß er Gott Gefallen tuet und Glück zu Lohn kriegt – Will er's nicht mit Liebe tuen, sondern verachten und sich sperren oder rumoren, so wisse er auch wiederümb, daß er kein Gnade noch Segen habe. [...] Gott [...] will nicht Buben noch Tyrannen zu diesem Ampt und Regiment haben, gibt ihn auch nicht darümb die Ehre, das ist Macht und Recht zu regieren, daß sie sich anbeten lassen, sondern denken, daß sie unter Gottes Gehorsam sind und fur allen Dingen sich ihres Ampts herzlich und treulich annehmen, ihre Kinder, Gesind, Untertanen etc. nicht allein zu nähren und leiblich zu versorgen, sondern allermeist zu Gottes Lob und Ehre aufzuziehen. [...] Denn wollen wir feine, geschickte Leute haben beide zu weltlichem und geistlichem Regiment, so müssen wir wahrlich kein Fleiß, Mühe, noch Kost an unsern Kindern sparen zu lehren und erziehen, daß sie Gott und der Welt dienen mögen, und nicht allein denken, wie wir ihn Geld und Gut sammeln; denn Gott kann sie wohl ohne uns nähren und reich machen, wie er auch täglich tuet. Darumb aber hat er uns Kinder geben und befohlen, daß wir sie nach seinem Willen aufziehen und regieren, sonst dürfte er Vater und Mutter nirgend zu. [...]" (Martin Luther, Großer Katechismus, zum 4. Gebot, in: Die Bekenntnisschriften der Evangelisch-Lutherischen Kirche, Göttingen 1979, 586ff.)

Dieses von Luther gelernte Vertrauen in die väterliche Regierung hat Jahrhunderte lang preußische Junker in ihrer christlich-patriarchalen Fürsorge für ihr ‚Gesinde' inspiriert, andererseits – so scheint es – unempfindlich gemacht für den Ungeist eines ‚Führers', der wiederum auf ein in weiten Teilen der Obrigkeit gegenüber passives bis vertrauensvoll gläubiges Volk setzen konnte.

2.3 Römer 13 in der NS-Zeit

Wie konnte es dazu kommen, dass sieben Verse Römerbrief eine Legitimation für den Nazi-Staat hergaben? Das Ursprungsland der Reformation, das Land der klassischen und romantischen Dichter und idealistischen Denker ist nach 1945 in eine nüchterne, geradezu technisch-kühle, oft auch kleinmütige und ängstliche geistige Gemütslage versunken. Ist das eine Nachwirkung des Verrats an den großen Ideen der deutschen Geistesgeschichte – bis hin zum Missbrauch biblischer Texte für mörderische Zwecke? Vielleicht lässt sich in der ‚Willkommenskultur' etwas von einer informierten Nachdenklichkeit wiederentdecken, die auch mit der Erinnerung an die Schuldgeschichte des Volkes zu tun hat und sich aus jüdisch-christlichen Quellen speist.

Nach dem Krieg haben nicht nur die Alliierten, sondern auch viele eher säkular eingestellte Menschen in den Kirchen Verbündete für die Erneuerung der geistigen Kultur im moralisch untergegangen Deutschland gesucht. In radikaler Weiterführung der Stuttgarter Schulderklärung von 1945 hat der ‚linke' Flügel der Bekennenden Kirche im Darmstädter Wort von 1947 versucht, von einem konkreten Schuldbekenntnis aus die theologische Erneuerung zu suchen. Es darf bezweifelt werden, dass dies in den Kirchen wirklich Wirkung gehabt hat.

Zu Römer 13,1–7 und seiner Aufnahme im theologischen Denken in Kirche und Gesellschaft vgl. z. B. Ulrich Duchrow, Christenheit und Weltverantwortung. Traditionsgeschichte und systematische Struktur der Zweireichelehre, 2. Aufl. Stuttgart 1983; 137–180; Ernst Käsemann, Römer 13,1–7 in unserer Generation, in: Zeitschrift für Theologie und Kirche 56. Jahrgang 1959, 316–376; Lutz Pohle, Die Christen und der Staat nach Römer 13, Mainz 1984, 159–176; Gerta Scharffenorth, Römer 13 in der Geschichte des politischen Denkens. Ein Beitrag zur Klärung der politischen Traditionen in Deutschland seit dem 15. Jahrhundert, Heidelberg 1964 (Scharffenorth), 289–295; Vilho Riekkinen, Römer 13. Aufzeichnung und Weiterführung der exegetischen Diskussion, Helsinki 1980, 217–227; Jacob Taubes, Die Politische Theologie des Paulus, München 3. Aufl. 1983, 56–75; Robert Jewett, Romans, Minneapolis 2006 (Jewett), 780–803.

2.3.1 Aus dem Hirtenbrief der katholischen deutschen Bischöfe 8. Juni 1933

„Gerade in unserer heiligen, katholischen Kirche kommen Wert und Sinn der Autorität ganz besonders zu Geltung und haben zu jener lückenlosen Geschlossenheit und sieghaften Widerstandskraft geführt, die selbst unsere Gegner bewundern. Es fällt deswegen uns Katholiken auch keineswegs schwer, die neue starke Betonung der Autorität im deutschen Staatswesen zu würdigen und uns mit jener Bereitschaft ihr zu unterwerfen, die sich nicht nur als eine natürliche Tugend, sondern als eine übernatürliche kennzeichnet, weil wir in jeder menschlichen Obrigkeit einen Abglanz der göttlichen Herrschaft und eine Teilnahme an der ewigen Autorität Gottes erblicken *(Röm 13,1ff)*" (Hans Müller, Katholische Kirche und Nationalsozialismus. Dokumente 1930–1935, München 1963, 154, kursiv d. Vff.).

2.3.2. Vademecum für den katholischen Soldaten. Bischöfliches Ordinariat Münster (Bischof von Galen) 8. November 1938

Dieses Zitat und die in diesem Zusammenhang folgenden unter http://www.rothenburg-unterm-hakenkreuz.de/ 5.4.2015. Kursiv d. Vff.

„Der *Führer verkörpert die Einheit* des Volkes und Reiches. Er ist der oberste Träger der staatlichen Gewalt. *Ihm als solchem zu gehorchen*, ist der *christliche Deutsche auch ohne Eid im Gewissen verbunden.* […] Ist dem deutschen Soldaten solche Treue seinem Führer und obersten Befehlshaber zu geloben schon leicht gemacht, weil er in ihm das Vorbild wahrhaft soldatischen Wesens und soldatischer Treue erkennt, weil er seine Treue einem Manne schenkt, der den Sinn seines Lebens in der Mehrung der Größe und Ehre seines Volkes sieht und Tag und Nacht selbst das Beispiel der Treue gibt, dann wird der christliche Soldat erst recht sein Gelöbnis in Ernst und Freudigkeit des Herzens sprechen können, weil ihn sein Glaube lehrt, *in der Person des Herrschers über die rein menschlichen Fähigkeiten und Leistungen hinaus die ihm von Gott verliehene Herrlichkeit und Ehre zu erkennen und anzuerkennen.*"

Bischof Graf von Galen war *der* Gegner des *Euthanasieprogramms* des NS-Staates. Auch er hatte nach dem Reichskonkordat 1933 dem ‚Führer' in die Hand zu geloben: „Vor Gott und auf die Heiligen Evangelien schwöre und verspreche ich, so wie es einem Bischof geziemt, dem Deutschen Reich und dem Lande […] Treue. Ich schwöre und verspreche, die verfassungsmäßig gebildete Regierung zu achten und von meinem Klerus achten zu lassen. In der pflichtmäßigen Sorge um das Wohl und das Interesse des deutschen Staatswesens werde ich in Ausübung des mir übertragenen geistlichen Amtes jeden Schaden zu verhüten trachten, der es bedrohen könnte." (http://de.wikipedia.org/w/index.php?title=Reichskonkordat&oldid=142145494).

2.3.3 *Der ev. Landesbischof von Thüringen, Wilhelm Reichardt, 25. Oktober 1933*

„Schuldige Dankespflicht gegen Gott und Adolf Hitler treibt uns, uns feierlich und einmütig hinter den Mann zu stellen, der unserem Volk und der Welt gesandt ist, die *Macht der Finsternis zu überwinden.* Wir rufen darum unsere Gemeinden auf, gleichen Sinnes mit uns sich als ein einig Volk von Brüdern hinter den Führer zu stellen."

Abgesehen von der persönlichen Einstellung von Wilhelm Reichardt weist der Text inhaltlich u. a. auf die Tradition des Verständnisses von Röm 13 hin: Mit der „Macht der Finsternis" ist hier gemeint der ‚atheistische Bolschewismus' (möglicherweise auch das Judentum). So konnte Römer 13,4 von der ‚Obrigkeit' als Gottes Dienerin gegen den, der ‚Böses' tut, zugleich zugunsten des NS–Regimes gelesen werden.

2.3.4 *Erklärung des Pfarrernotbundes 13. November 1933*

„Die Mitglieder des Pfarrernotbundes stehen *unbedingt zu dem Führer des Volkes Adolf Hitler.* Sie schämen sich, dass sie durch kirchliche Gegner genötigt werden, diese *Selbstverständlichkeit* überhaupt auszusprechen."

Der Pfarrernotbund unter Leitung Martin Niemöllers galt und gilt als *die* Initialzündung innerkirchlichen Widerstands gegen die Vereinnahmung der Kirche durch Deutsche Christen und staatliche Eingriffe in die Kirche. Aus ihm ging die Bekennende Kirche hervor; wichtige Mitglieder wurden vom NS-Staat verfolgt (Niemöller selbst war 1938–1945 im KZ inhaftiert).

‚*Selbstverständlich*' war für evangelische Pastoren die Interpretaton von *Römer 13* im Sinne einer Aufteilung von Christi Weltherrschaft in zwei faktisch *getrennte* Bereiche: Den Bereich des Staates (in Luthers wirkmächtiger Übersetzung: der ‚Obrigkeit') und den Bereich der Kirche. Organisatorisch war die größte evangelische Landeskirche, die Kirche der Altpreußischen Union, eng mit dem Staat verknüpft. Bis

1918 war der preußische König das weltliche Oberhaupt (der ‚summus episkopus', der höchste Bischof) der evangelischen Kirche. Das Bündnis von ‚*Thron und Altar*' war selbstverständliches geistiges Gemeingut geworden. Seinen Anfang nahm es weniger in Luthers Lehre als in seiner späten und der Realpolitik (Furcht vor dem Verlust der reformatorischen Wende) geschuldeten Praxis der Kooperation mit den Landesfürsten.

Eine theologische Neubesinnung in Bezug auf die Stellung der Kirche zum Staat setzte im evangelisch-lutherischen Bereich zuerst mit Dietrich Bonhoeffer ein. Er formulierte für die „Gotteswirklichkeit" und die „Weltwirklichkeit" einen gemeinsamen Grund in der „Christuswirklichkeit". Ganz im Sinne des Paulus , für den das „in Christus" zentraler Erkenntnisgrund und zentrale Wirklichkeit war, sind ‚in Christus' Gott und Welt eine Einheit; d. h. es gibt keine Trennung eines etwa frommen, religiösen, innerlichen, privaten usw. Wirklichkeitsbereiches von einem weltlichen, eigengesetzlich politischen, äußeren usw. Wirklichkeitsbereich. So sehr man (durchaus im Sinne Luthers) die ‚Mandate' (Bonhoeffer) von ‚Kirche' und ‚Staat' unterscheiden muss, sind sie doch nicht voneinander zu trennen, so dass dem Staat eine ‚Eigengesetzlichkeit' zukäme. Christen handeln innerhalb aller ‚Mandate' Gottes (wozu Bonhoeffer noch die Ehe/Familie und die Kultur zählte) nach dem konkreten Gebot Gottes und sind ‚in Christus' frei von Rücksichten und Abhängigkeiten etwa gegenüber ‚Rasse', ‚Volk', ‚Nation' usw.: „In Christus begegnet uns das Angebot, an der Gotteswirklichkeit und an der Weltwirklichkeit zugleich teil zu bekommen, eines nicht ohne das andere. Die Wirklichkeit Gottes erschließt sich nicht anders als indem sie mich ganz in die Weltwirklichkeit hineinstellt, die Weltwirklichkeit aber finde ich immer schon getragen, angenommen, versöhnt in der Wirklichkeit Gottes vor. Das ist das Geheimnis der Offenbarung Gottes in dem Menschen Jesus Christus" (DBW 6, 40).

3. *Zweierlei Treue – zurück zu den Anfängen!*

„In meiner Regierungszeit erlebten auch sehr viele andere Völker die Treue (lat. fides! D. Vff.) des römischen Volkes, die zuvor mit dem römischen Volk keinen Austausch von Gesandtschaften oder Freundschaftsbekundungen gepflegt hatten" (Augustus, Meine Taten. res gestae Divi Augusti, 32, in: Dreisprachige Ausgabe von Lenelotte Möller (Übersetzerin), ebook 2014).

Röm 13,1–7 steht im *weltgeschichtlichen* Kontext seiner Zeit. *Augustus* hatte die römische Administration reformiert und auf eine auf den Dienst am Imperium fokussierte Staatsmoral eingeschworen. Er verherrlicht sich in seinen „Gestae" selbst. Dabei verwendet er die großen Begriffe von römischer Philosophie, Rhetorik und

Recht und stilisiert sich als den Garanten der römischen Weltherrschaft und Befriedung der Welt (pax romana).

Das Abhängigkeitsverhältnis der Unterworfenen gegenüber Rom nennt Augustus eine *Anteilgabe* an der ‚*Treue*' Roms und des römischen Volkes. Das ist inhaltlich das Gegenprogramm zu jener Anteilgabe, die der Gott Israels seinem Volk bzw. in Paulus der ganzen Welt zusichert, insofern sie ‚glauben'.

Augustus benutzt für die ‚*Treue' Roms* das lateinische Wort ‚*fides*', dem im Griechischen ‚*pistis*' entspricht. Die pistis Christou (s. u.) ist bei Paulus einer der Zentralbegriffe der Treue Gottes, die er in Jesus Christus allen Menschen eröffnet, die diesem Gott in Christus mit eben solcher Treue (pistis) entsprechen können. Es ist offensichtlich für Briefe in die hellenisch-römische Welt, dass Paulus seine Begriffe nicht exklusiv im innerjüdischen Sinn verwendet, sondern dass er – herkommend von seiner Schriftkenntnis (Tora und Propheten) – seine Begriffe z. B. in einem Brief an die Gemeinde in Rom bewusst so wählt und setzt, dass seine römischen Leser(innen) die Botschaft des Apostels im *Kontext* der offiziellen kaiserlichen Propaganda verstehen konnten. Der ‚*Glaube Christi*' (gr. pistis Christou, s. Röm 3,26 und öfter) ist bei *Paulus* nicht eingeengt auf einen Glauben ‚an' Christus als an den einzigen Grund von Heilsgewissheit. Für Paulus ist der Begriff des ‚Glaubens' zugleich ein Kampfbegriff gegen die ‚Treue' Roms, wie sie in den Gestae des Augustus verherrlicht wurde und zur Zeit des Paulus geistiges Allgemeingut im Imperium Romanum war. Der Gott und Vater Jesu Christi, die Treue Gottes und Jesu Christi stehen gegen Jupiter, vergöttlichten Kaiser und die Göttin Fides (Augustus hatte den Kult der Göttin Fides erneuert, s. u.). Auf diesem Hintergrund muss Röm 13,1–7 in seiner imperiumskritischen Spitze gelesen werden.

Die pistis Christou ist die Alternative des Evangeliums zum ‚Evangelium' der Caesaren. Während Augustus verlangt, dass man seiner persönlichen ‚Treue' treu entspricht, und das ‚Evangelium' in der Durchsetzung der ‚pax romana' und in der römischen Zivilisation sieht, ist das Evangelium des Paulus an die pistis Christou (durchaus im Sinne der Treue des Christus!) gebunden und meint die Befreiung aus den Mächten der Sünde und des Todes.
In Rom verlangte der Kaiser, der *Göttin Fides* die eigene Treue durch Opfer zu beweisen, die opfernde Hand in weißes Tuch gehüllt (vgl. Der kleine Pauly, Lexikon der Antike, Fides, 546.).

Wir können davon ausgehen, dass die Leser des Römerbriefs mit pistis/fides/Treue (Glaube), dikaiosyne/iustitia/Gerechtigkeit usw. nicht nur ihre eine persönliche Wirklichkeit, sondern auch ihre öffentliche und politische Wirklichkeit angesprochen und theologisch durchleuchtet sahen (vgl. zu dieser Interpretation K. K. Yeo (Hg.), From Rome to Beijing: Symposia on Robert Jewett's Commentary on Romans, ebook 2013).

4. *Aus der Auslegungsgeschichte Röm 13*

Als Gottes *Dienerin* (Röm 13,4; 13,6: Die ‚Liturgen' Gottes = profan: Bevollmächtigter einer Behörde, ‚Minister', vgl. Käsemann, 338) muss sich die Obrigkeit grundsätzlich an *Gottes* Gebot halten. Der Gott Roms ist aus der Sicht des Paulus nicht Jupiter, sondern der Schöpfer der Welt und der Gott Israels.

Den Widerspruch zwischen dem Vertrauen in die gottgegebene Regierung und der oft gegenteiligen Wirklichkeit lösen Paulus und auch Luther nicht auf. Beide blickten auf das *Weltende*. Lange Zeit ist versäumt worden, bei der Interpretation von Röm 13 darauf zu achten, dass Paulus seine Ausführungen praktisch unter einen ‚eschatologischen Vorbehalt' stellte, d. h. was er zu der staatlichen ‚Gewalt' schrieb, muss als ein vorletztes Wort (Bonhoeffer) verstanden werden, nicht als eine zeitlos gültige Ansage über das Wesen des Staates.

Luther empfahl im Sinne des Paulus: Christen sollten im Zweifel das Handeln des Staates, den Widerspruch von Anspruch und Wirklichkeit erleiden. Widerstand ist für den Einzelnen prinzipiell nur mit dem Wort erlaubt (vgl. Scharffenorth, 291). Freilich gab es im Lauf der Theologiegeschichte unterschiedliche Ansichten dazu, ob mit den von Gott gesetzten „übergeordneten Gewalten" (Röm 13,1) eher der Papst über dem Kaiser oder der Landesfürst auf Seiten des Evangeliums gegen den Kaiser gemeint sei (so bei Luther gegenüber Friedrich dem Weisen). Luther sprach im Bauernkrieg der ‚Obrigkeit', seinen evangelischen Landesfürsten das Recht zu, mit der ‚Schwertgewalt' die Bauern niederzuschlagen. Ursprünglich war mit der ‚Schwertgewalt' in Anlehnung an Röm 13 die legislative und exekutive Macht des Staates zur Abwehr des Bösen und Förderung des Guten gemeint. Nun bekam das Wort einen schrecklich vordergründigen und blutigen Sinn. Chaos und Anarchie galten nicht nur Luther als das Grundübel menschlichen Zusammenlebens schlechthin. Auf diesem Hintergrund bekam Röm 13,1–7 als Gottes Ordnung, an anderer Stelle auch ‚Notregiment' genannt, in der vergehenden Welt seine Bedeutung für die politische Ethik der Kirche und der Christen. Pointiert gesagt: Eine autoritäre und notfalls auch blutig gewaltsame Regierung galt als allemal besser als das ‚Chaos' widerstreitender Interessen des Volkes. Luther war mit dieser Haltung nicht allein. Die furchtbare Schlachterei der Bauenkriege hat Luther persönlich schwer mitgenommen; aber er hat theologisch keinen anderen Weg sehen können als den, den er gegangen ist und an dessen Ende – sicherlich nicht monokausal – eben auch das unterschiedliche Versagen beider Kirchen in Bezug auf Faschismus und Nazi-Herrschaft stand.

Im *Darmstädter Wort* des Bruderrates der Bekennenden Kirche vom 8. August 1947 distanzierte sich in einem klaren Schuldbekenntnis dieser (kleinere) Teil der evangelischen Kirche (Theologen und Theologinnen und kirchenleitende Persönlichkeiten) von der

unheilvollen Theologie der Vergangenheit. Indirekt, aber in der Sache deutlich kritisierten die Verfasser die Art und Weise, wie der theologische Mainstream bis dato Röm 13 faktisch als Staatslehre verstanden und den Beitrag der Kirche zum gesellschaftlichen Zusammenleben unkritisch als moralische Unterstützung des Staates statt als Parteinahme für die Armen und Entrechteten interpretiert hatte.
„Wir sind in die Irre gegangen, als wir begannen, eine ‚christliche Front' aufzurichten gegenüber notwendig gewordenen Neuordnungen im gesellschaftlichen Leben der Menschen. Das Bündnis der Kirche mit den das Alte und Herkömmliche konservierenden Mächten hat sich schwer an uns gerächt [...] Wir sind in die Irre gegangen, als wir meinten, eine Front der Guten gegen die Bösen [...] im politischen Leben und mit politischen Mitteln bilden zu müssen. [...] Wir haben es unterlassen, die Rechte der Armen und Entrechteten [...] zur Sache der Christenheit zu machen" (Darmstädter Wort, s. Internetpool, auch in Günther van Norden / Paul Gerhard Schönborn / Volkmar Wittmütz, Wir verwerfen die falsche Lehre. Arbeits- und Lesebuch zur Barmer Theologischen Erklärung und zum Kirchenkampf, Wuppertal-Barmen 1984, 266f.).

5. *Mission für eine neue Welt (Robert Jewett)*

Nach Auffassung von *Robert Jewett* hat Paulus seinen Brief an die Gemeinde in der Hauptstadt Rom in Vorbereitung seiner geplanten Mission nach Spanien geschrieben. Er habe sich dazu beauftragt gewusst, das Evangelium einer Menschen und Völker übergreifenden Gnade Gottes der ganzen Welt zu bringen. Jedes Über und Unter, Macht und Ohnmacht, Ehre und Beschämung beleidigt die Ehre Gottes, dem es eine Ehre ist, ganz Mensch zu sein (Jewett, 1ff., 271, 780ff. u. ö.; vgl. auch Dietrich Bonhoeffer in DBW 12, 342).

Die antiken mediterranen Kulturen inklusive Israel waren wie die arabischen Kulturen bis heute ‚*Kulturen der Ehre*', in denen „die gesellschaftliche Anerkennung wichtiger war und ist als z. B. materieller Besitz und Selbstverwirklichung. [...] Ehre bedeutet den Wert, den eine Person sich selbst gibt (d. h. auf den sie Anspruch erhebt), und den Wert, den eine Person in den Augen ihrer sozialen Gruppe hat" (Othmar Keel, Die Geschichte Jerusalems und die Entstehung des Monotheismus, Teil 2, Göttingen 2007, 824 – Keel zitiert hier B. J. Malina).

Robert Jewett sieht insbesondere den kulturgeschichtlichen Kontext des Römerbriefs in der Opposition der Jesusbewegung und speziell des Paulus gegen die gesellschaftlichen Folgen der römischen Kultur:

> „Anstelle der traditionellen theologischen Auslegung des Römerbriefs, die sich auf individuelle Schuld konzentriert und auf die Vergebung für die, die dem Gesetz nicht genüge tun, schlage ich vor, dass das zentrale Anliegen die Ins-(göttliche-)Recht-Setzung der Welt (setting

the world right) durch Überwindung des perversen Systems von Ehre und Schande/Beschämung (perverse systems of honour and shame) ist. Diese Sicht ist spezifisch bedeutsam (fresh relevance) für das 21. Jahrhundert. Obwohl es in früheren Jahrhunderten wichtig war, die Vergebung zu betonen, weil die meisten Menschen die Höllenfeuer fürchteten, ist Vergebung für die meisten Gesellschaften heute weniger wichtig. Die meisten Leute in Europa und den USA fühlen sich nicht mehr vom Gesetz gebunden (bound by the law); und einige Gesellschaften in Afrika und Asien haben überhaupt keine Tradition biblischer Gebote. Die bedeutsamsten Konflikte unserer Zeit entstehen aus verschiedenen Ausprägungen sozialer Abwertung (shame) wie aus Diskriminierung. Des Paulus Argumentation hat in dieser Situation große Bedeutung, weil Römer 1–3 ausführt, dass kein Mensch höher steht, dass alle Völker gesündigt haben und der Ehre Gottes mangeln. In Anbetracht von Vorstellungen, dass die eigene Gruppe Gottes Segen verdient wegen der persönlichen Vorzüge, sagt Römer 3–6 und 9–11, dass alle Menschen allein durch Gnade gerettet werden können. Wir müssen die klassische reformatorische Lehre von der „Rechtfertigung durch Glauben" neu formulieren. „Gerecht zu werden durch Glauben" bedeutet, das Evangelium vom Schandtod Christi (Christ's shameful death) für die Beschämten/Geschändeten (in behalf oft he shamed) anzunehmen, was wiederum bedeutet, dass wir alle als Menschen gleichermaßen Ehre haben. Gott ist kein Gott der Juden oder der Nichtjuden allein, sagt Paulus am Ende von Römer 3, weil Gottes Gerechtigkeit unteilbar ist (impartial). Wenn wir dies verstünden, würden wir aufhören, gegeneinander Kreuzzüge zu führen und uns unter die gleichen Standards internationalen Rechts beugen, was ein Schritt zum Weltfrieden wäre" (Robert Jewett, Paul's Letter to Rome and Beyond, in: K. K. Yeo (Hg.), Frome Rome to Beijing. Symposia on Robert Jewett's Commentary on Romans, 2013 (ebook), darin: Pos. 388–684, Zitat Pos. 443–463, Übersetzung d. Vff.).

Nach Jewett sei Röm 13,1–7 taktisch zu verstehen: Paulus brauchte ideelle und logistische Unterstützung für seine Mission und das teilweise auch von den römischen Behörden, die er als ‚Diener' Gottes in Anspruch nimmt. Insbesondere weiß Paulus von keiner jüdischen Siedlung in Spanien, kann also anders als zuvor in den griechischen Großstädten wie Korinth, Ephesus und Thessaloniki weder geistig noch logistisch auf eine Unterstützung durch Mitglieder einer Synagoge rechnen (Jewett, 74 ff; 780ff.). Darum braucht er die Unterstützung von Christen und wohlgesinnten römischen Verwaltungsbeamten. Er bittet sie am Ende des Römerbriefs explizit um praktische Unterstützung für seine Spanienmission. In diesem Kontext ist der freiwillige Gehorsam der Christusanhänger gegenüber Steuerforderungen des römischen Staates eine Art Anpassung an die Verhältnisse um eines höheren Zieles willen.

6. *Ethischer Diskurs und die Vielfalt der Lebensmöglichkeiten*

„Es geht nicht um die Frage ‚Ja' oder ‚Nein', dürfen sie jetzt die Hostie nehmen oder nicht? Es geht um genaues Hinschauen, es geht ums Begleiten. Es gibt nicht die Situation von den wiederverheirateten Geschiedenen, sondern es gibt eine riesige Vielfalt von Situationen. Und dieses Differenzieren erlaubt keine Rezepte, sondern erfordert Kriterien." So fasste Kardinal Schönborn im Oktober 2015 die Ergebnisse der Bischofssynode in Rom zusammen (tagesschau.de vom 25.10.2015).

Das Lehramt der katholischen Kirche mutet dem Volk Gottes zu, dass Gottes Gebot im Zweifel autoritativ und verbindlich für alle ausgelegt wird. Im Grundsatz ändert sich daran nichts, auch wenn auf Betreiben von Papst Franziskus in Zukunft hierbei die Ortsbischöfe größeres Gewicht erhalten sollen.

Ob die katholische Basis den Geboten ihrer Kirchenleitung im alltäglichen Leben tatsächlich folgt und wie die Gemeindepastoral vor Ort seelsorgerlich mit den Geboten umgeht, steht auf einem anderen Blatt. Zur Vorbereitung der sogenannten Familiensynode 2015 fand eine große innerkirchliche Umfrage statt, deren Ergebnisse nun auch quasi kirchenamtlich bestätigt haben, was längst zu erahnen war: Zumindest in Fragen der persönlichen Lebensführung spielen die kirchli-chen Vorgaben praktisch keine Rolle für das ‚Volk Gottes'. Nicht nur darum wird selbst in der katholischen Kirche diskutiert, ob noch und unter welchen Bedingungen von einem klar erkennbaren ‚Gebot' Gottes die Rede sein kann.

In einem aktuellen *Handbuch der Evangelischen Ethik* heißt es: „Diese ambiguitätstolerante Differenzsensibilität stellt zumindest gegenüber dem gebotsorientierten Verständnis lehramtlicher katholischer Bioethik ein Proprium evangelischer Bioethik dar […]. Der Geist, von dem sich eine evangelisch-theologische Bioethik leiten lassen sollte, findet seinen angemessenen Ausdruck daher in einem Zitat aus einer Argumentationshilfe der EKD zu bioethischen Fragen: ‚Wir brauchen […] dringend die Bereitschaft, aufeinander zu hören, und jedenfalls die ernsthafte Absicht, sich bei besserer Belehrung auch zu korrigieren'" (Huber, 535).

Auf dem Feld der alltäglichen Lebensentscheidungen gilt *Selbstbestimmung* der handelnden Bürger und Bürgerinnen als Ausdruck nicht reduzierbarer Menschenwürde. Sie entscheiden nach unterschiedlichen, manchmal unbewussten, manchmal bewussten Kriterien, teils traditionell geleitet (dann auch von christlichen und/oder kirchlichen Maximen), teils in unwillkürlicher oder bewusster Abgrenzung von Maximen ‚von oben'. Die „Vielfalt" wird in nächster Zeit noch größer, die Erfordernis von „Differenzsensibilität" noch wichtiger, wenn mit den Zuwanderern andere kulturelle Muster in das weitgehend säkulare Deutschland einwandern.

Kann es Grundzüge einer christlichen Ethik unabhängig von kirchlichen und konfessionellen Unterschieden geben, die dem ‚Volk Gottes' und allen Interessierten die Chance eröffnet, selbstständig Bibel zu lesen in der Vielfalt der Lebenssituationen im 21. Jahrhundert?

Eine solche Ethik müsste

- für alle Interessierten *verständlich* und zumindest theoretisch *plausibel* und *partizipatorisch* sein: zum Mitdenken und Weiterdenken einladen, und
- Grundzüge einer *Bibelhermeneutik* zur Verfügung stellen, mit deren Hilfe jede/r Interessierte tatsächlich theologisch reflektieren kann. Mit ‚Bibelhopping' (einander biblische Belegstellen vorwerfen) ist keine verantwortliche ethische Argumentation zu machen.

7. *Wer sind wir, dass wir das Gute tun?*

„Bleibt niemandem etwas schuldig, außer dass wir einander lieben ..."

Solche Sätze klingen minimalistisch. Ist uns mit ihnen eine Richtung gewiesen oder sonst geholfen? Können paulinische Texte Menschen im 21. Jahrhundert Orientierungshilfe in moralischen Fragen geben? Können sie Grund und Inhalt einer christlichen Ethik in vielfältigen und komplexen Konflikten sein, in denen es ‚einfache' Antworten oft nicht gibt? Sind sie aussagekräftig in staatlichen Ethik-Kommissionen zur Präimplantationsdiagnostik? Helfen sie in der Schwangerschaftskonfliktberatung und bei der Erarbeitung gesetzlicher Grundlagen im Bundestag?

Gibt es vielleicht nicht mehr in dem früher üblichen Maß direkt aus der Bibel zitierfähige klare Regeln, anscheinend eindeutige Gottesgebote für alle Zeiten, dafür aber Maximen, Grundstimmungen, geistige Orientierungsrahmen, Inspirationen aus biblischen Texten für Menschen von heute? Wie wäre bibelhermeneutisch verantwortlich mit *Paulustexten* umzugehen? Mindestens wäre zu bedenken:

1. Paulinische Texte müssen im Zusammenhang des ganzen Briefes gelesen und verstanden werden.
2. Sie müssen möglichst in Bezügen zu anderen neutestamentlichen und vor allem Texten des Ersten Testaments gesehen und interpretiert werden: Weil Paulus auf Grundlage der Septuaginta (des Tanach) argumentierte, können wir das heute nicht übergehen, ohne den Sinn seiner Texte zu verfehlen.
3. Es gehört ein Minimum an exegetischem Wissen über die zeitgeschichtlichen und kulturellen Umstände dazu, um z. B. des Paulus konkrete Anweisungen und Haltungen zu Ehe, Sexualität, dem Verhältnis von Mann und Frau und Homosexualität als Auslegungen der Tora (des ‚Gesetzes') in einer bestimmten Zeit und Situation zu verstehen.

4. Eine Anwendung (Applikation) paulinischer Texte auf ethische Fragen, die es zur Zeit des Paulus gar nicht gab (z. B. Bioethik) kann nur mittelbar gelingen, indem Grundstrukturen seines Denkens ermittelt und auf die konkreten Fragen von heute hin ausgezogen werden.
5. Auf jeden Fall ist zu leisten – und nicht nur von den ‚Fachleuten', sondern vor Ort, in den Gemeinden, Bürgerforen, in der Bildungsarbeit, auf dem Marktplatz –, dass rein binnentheologische Argumentationen und christliche Insider-Sprache übersetzt werden in Sprachmuster, die auch außerhalb verstanden werden können.

Theologen und Theologinnen sollen nicht vorsagen, was ihrer Meinung nach in den Texten ‚drin' steht, sondern den Interessierten innerhalb und außerhalb von Kirche helfen, mit dem nötigen Wissen die biblischen Texte *eigenständig* und *kreativ* zu lesen.

Immer noch erleben wir, dass – wenn überhaupt Bibel in Bezug auf konkrete ethische Fragen gelesen wird – dies praktisch oft so abläuft, dass die Texte gelesen werden, als stünden sie in einem aktuellen Ratgeber und wären sie unmittelbar übertragbar und verständlich, ohne dass man fragte: Welche Umstände bestanden zur Zeit der Abfassung? Welche Konfliktlage ist zu rekonstruieren? Welche Denkmöglichkeiten hatten Menschen damals überhaupt? Was unterscheidet unsere Lebenswirklichkeit heute von der Lebenswirklichkeit des Verfassers? usw.
Wenn wir heute mit paulinischer Theologie Orientierung in unseren ethischen und politischen Fragen bekommen wollen, müssen wir die Grundstrukturen paulinischer Ethik kennen und zugrunde legen, nicht einzelne Texte zitieren und als ‚Schriftbeweis' für unsere (vielleicht schon vorab festgestellte) Position missbrauchen (s. o. die unheilvolle Auslegungsgeschichte zu Röm 13,1–7).

Röm 13,1–7 steht im textlichen und gedanklichen Zusammenhang mit Kap. 12 und der ab Röm 13,8 folgenden ethischen ‚Paränese' (Belehrung/Ermahnung):

12,1 Ich ermahne also euch, Brüder, durch die Erbarmungen Gottes eure Leiber (gr. somata) Gott darzubringen als lebendiges, heiliges, wohlgefälliges Opfer, euren geistigen Gottesdienst. 2 Und passt nicht euer Wesen dieser Welt an, sondern lasst euch umgestalten der Erneuerung des Denkens dazu, dass ihr beurteilen könnt, was der Wille Gottes ist, das Gute und Wohlgefällige und das Vollkommene! [...] 13,8 Bleibt niemandem etwas schuldig außer das Einanderlieben; denn wer liebt hat den anderen (das) Gesetz erfüllt. 9 Denn das: Nicht sollst du ehebrechen, nicht sollst du töten, nicht sollst du stehlen, nicht sollst du begehren, und wenn irgendein anderes Gebot ist, wird es in diesem Wort zusammengefasst: Du sollst lieben deinen Nächsten wie dich selbst! 10 Die Liebe tut dem Nächsten nichts Böses; (die) Erfüllung (gr. pleroma = das, was er-/anfüllt) also (des) Gesetzes (ist) die Liebe (Röm 12,1–2; 13,8–10).

Der ‚Leib' ist für Paulus – jüdisch gedacht – die Ganzheit der Person, nicht nur ‚body', sondern die Gestalt des Menschen mitsamt seiner Seele, seinem Wesen. Mit ihrem ‚Leib' sollen die ‚Brüder' (und Schwestern, das griechische Wort meint die Frauen mit) Gott und damit den Mitmenschen dienen. Peter Dabrock hält die Rede vom ‚Leib' bzw. vom ‚leiblichen Selbst' für ein Sprachmuster, das biblisch inspiriert und zugleich verständlich, ‚anschlussfähig' und brauchbar in öffentlichen Diskursen ist (Huber, 531f.). Das metaphorisch gemeinte ‚Opfer' des ‚Leibes' (Röm 12,1) meint nicht Aufopferung, gar freiwilligen Missbrauch des eigenen Leibes für Gott und für andere, sondern Hingabe im Sinne eines ‚vernünftigen' (!) Gottesdienstes. Das griechische Wort ‚thusia' meint in diesem Zusammenhang eine uneigentliche Rede vom ‚Opfer' = das gerechte Tun als einziges Gott gefallendes ‚Opfer' im Sinne von Hosea 6,3–6! Es geht Paulus um die ‚Logik' der Liebe, nicht um Selbstausbeutung. Nach V. 2 ist das das Spezifikum der Christusleute, dass sie sich dieser Weltzeit nicht anpassen, sondern ihre Widerständigkeit, ihre Eigenart als freie Menschen bewahren, die erkennen und tun können, was der Wille Gottes ist.

„*Bleibt niemandem etwas schuldig außer das Einanderlieben.*" – Christliche Ethik könnte zentral ‚compassion' verstehen lehren, geprägt sein von echtem Mitempfinden (Mitfreude und Mitleiden) mit anderen Menschen in deren individueller Lebenslust und persönlichem Schmerz. Die Liebe, die dem Nächsten nichts schuldet, nichts Böses tut und des Gesetzes Christi ‚Erfüllung' ist, erfüllt zunächst einmal den Menschen, der liebt. Von ihm geht sie dann aus zu denen, die der Liebende liebt. In 1. Kor 13 (im ‚Hohelied der Liebe') spricht Paulus nicht moralisch (was man tun soll), sondern ganz und gar ontologisch (das Sein derer betreffend, die lieben): Die Liebe (gr. agape) als die ‚größte' Gnadengabe Gottes. – 1. Kor 13,13 – steht im Zusammenhang der Ausführungen über die Offenbarungen des Geistes Gottes (1. Kor 12,1.7f.) und Charismen = Gnadengaben (1. Kor 12,9ff.) und bewirkt in denen, die sich von ihr erfüllen lassen, die Bereitschaft und Fähigkeit im präzisen Sinne selbstlos = ohne den primären Blick auf das eigene Interesse zu lieben.

Die von Gott gegebene und vom Menschen gelebte Liebe (Agape) entspricht dem kategorischen Imperativ Immanuel Kants, nach dem es wichtig ist, das moralische Handeln nicht an den eigenen Vorteil zu binden. Der Mensch soll vielmehr seine ‚Pflicht' erfüllen, im besten Fall ohne die eigenen Interessen dabei im Blick zu haben. Die Liebe von 1. Kor 13 entspricht auch einer Güterethik, insofern die Liebe zugleich Gottes höchste Gabe und des Menschen Lebensziel und Aufgabe ist. Sie entspricht – drittens – der Tugendethik, insofern die Liebe nicht nur das Geforderte (die Pflicht) und das Ziel, sondern auch die Fähigkeit ist, das konkrete ‚Gute' zu erkennen und zu tun. *Thomas von Aquin* (1224–1274) sprach von der eingegossenen Gnade Gottes (gratia infusa). Da *Martin Luther* sich gegen die ‚verdienstlichen Werke' wehrte und darüber hinaus ein insgesamt eher skeptisches Bild vom Menschen hatte, betonte er den Vorrang des Glaubens vor der Liebe: Allein der Glaube setze aus Dankbarkeit gegen Gott und als Zuwendung zum Nächsten die Liebe frei. Allerdings konnte auch Luther vom lebenslangen Christ*werden* sprechen, d. h. auch von einem täglichen Sich-Bemühen (ohne allerdings darin das ‚Heil' finden zu wollen oder zu können).

Was aber ist in einer konkreten Frage das konkrete Gute, Wohlgefällige, das Vollkommene, das Zielführende (gr. telos = Ziel, Röm 12,2)? Woran erkenne ‚ich' das (Individualethik) bzw. woran erkennt es eine Gruppe, eine Gesellschaft? Das sagt heute kein Priester, kein Pastor und kein Expertengremium mehr, sondern sagt sich das Individuum selbstbestimmt, vielleicht beraten von Experten und Freundinnen. In Bezug auf Politik und Gesellschaft könnte ein möglichst ‚herrschaftsfreier Diskurs' (Jürgen Habermas) um die richtige Erkenntnis und Verwirklichung des Guten als des für alle Gerechten pragmatische Richtlinie sein.

Kann christliche *Ethik* etwa aus Rücksicht vor einem kulturellen Klima, in dem eine Autorität Gottes nicht (mehr) anerkannt wird, auf die Kategorie von Gottes Gebot verzichten? Geht es nicht vielmehr darum, das in der biblischen (paulinischen) Rede von Gottes Gebot (und Weisung = Gesetz, Paulus) Gemeinte heute zu elementarisieren und verständlich neu zu formulieren?

Dietrich Bonhoeffer rang sein Leben lang mit der Frage, ob es Kriterien gibt, an denen die Kirche und auch der einzelne Mensch das „konkrete Gebot" Gottes erkennen könnte. Das Ergebnis: Letztlich bleibt die Entscheidung, etwas als Gottes Gebot wahrzunehmen und zu tun, ein Risiko, das Wagnis einer freien Entscheidung, das der Mensch in Beziehung zu Jesus Christus auf sich nimmt. Auch *Karl Barth* sprach in seiner vielbändigen ‚Kirchlichen Dogmatik' vom Gebot Gottes. Barths Lösung: Weil Christen glauben, dass Gott sich selbst treu, also Gottes Handeln für solche Menschen bedingt erkennbar sei, die vom Gott Jesu Christi in der Bibel lesen, den Spuren seiner „Offenbarung" in Jesus Christus nachdenken, können Christen mit einer „gewissen Kontinuität von Gottes Gebieten" rechnen" (Hans-Richard Reuter, in: Huber, 68) und bei ihren Entscheidungen einer gewissen „Richtung und Linie" (Barth) folgen, die z. B. von des Menschen Würde und Recht und von der Gerechtigkeit geprägt sind. Nach Karl Barth ist das politische Gemeinwesen gleichnisfähig und gleichnisbedürftig für das Reich Gottes. Der Mensch kann versuchen, in seinen Handlungen ein Gleichnis des Reiches Gottes zu bewerkstelligen. „Maßstäblich für die Gerechtigkeit des Staates ist somit nicht ‚das' Naturrecht, sondern die Existenz des Staates als Gleichnis des Reiches Gottes" (Reuter, in: Huber, 67).

Menschen und Gruppen bilden sich heute weitgehend unabhängig von theologischer Beratung ihr Urteil über In-Vitro-Fertilisation, pränatale Diagnostik, therapeutisches Klonen, medizinisch indizierte gentechnische Eingriffe in die Keimbahn ebenso wie über den praktischen Umgang mit alten Menschen, mit Schwerkranken und Sterbenden, über assistierten Suizid und aktive Sterbehilfe.

Möglicherweise kann evangelische Theologie in dieser ‚mündigen' (Bonhoeffer), selbstbestimmten Lebensart einen aktuellen Ausdruck von Menschenwürde *und* Gottes Geist ausmachen: In der konkreten Situation können Christen das zu tun Geforderte als das Gebot Gottes *identifizieren* und mit allen Menschen guten Willens darüber beraten, ob das von ihnen Identifizierte in die Formulierung z. B. von Gesetzestexten einfließen kann und sollte – oder nicht. Dabei können biblische Texte dafür sensibilisieren, dass menschliches Verhalten oft in Konflikte führt, die nicht einfach zu lösen sind, die oft genug als ungelöst (vielleicht unlösbar) ertragen und ausgehalten werden müssen.

Christliche Ethik – gerade im Sinne des Paulus – weiß um die Geschöpflichkeit, d. h. um des Menschen unbedingte und spezielle gottgegebene Würde (1. Mose 1,26ff.; Ps 8) und seine unübersteigbare Grenze (1. Mose 2 – geschaffen aus Staube und Gottes Lebensatem/Geist – und 1. Mose 3 – sog. ‚Sündenfall', vgl. Röm 1–3). Nicht nur an den ‚Grenzfragen' des Lebens muss christliche Ethik versuchen, ihr Proprium, ihr eigenes Thema in den gesellschaftlichen Diskurs einzubringen: Der Mensch scheitert immer wieder an seinen Aufgaben. Er findet in Konflikten oft keine ‚perfekte' Lösung, weder theoretisch noch praktisch. Er muss seine Entscheidungen vor den Foren des eigenen Gewissens und des positiven Rechtes verantworten.

Christliche Ethik spricht im Sinne des *doppelten Liebesgebots* (Lk 10,27) von der Verantwortung des Menschen *vor Gott* und damit von der Gnade Gottes und von der *Vergebung* ‚vor Gott', wo es für Nichtchristen nur die Möglichkeit zu geben scheint, sich selbst zu erklären, zu rechtfertigen und sich selbst zu verzeihen.
In einer weitgehend säkularen, weltanschaulich pluralistischen Gesellschaft muss christliche Ethik im individual- wie im sozialethischen Diskurs sich verständlich auf *biblische Texte* und *theologische Denkmuster* beziehen und gleichzeitig auf der *Höhe der wissenschaftlichen Erkenntnis* argumentieren, plausibel und verständlich kommunizieren. Diese enorme Herausforderung können nicht sogenannte Experten an den Universitäten oder in den Kirchenleitungen für alle erledigen. Vielmehr muss es die Aufgabe der unterschiedlichen Fachleute an den unterschiedlichen Orten sein, in den Schulen, in der Erwachsenenbildung, in den Kirchengemeinden, in der Öffentlichkeit Orientierungswissen zur Verfügung zu stellen. Vor Ort sollen nicht nur einzelne Individuen, sondern auch Nachbarschaften, Gruppen, Gemeinden *mit einander* darüber sprechen lernen, wie sie ihr Leben in der Gesellschaft des 21. Jahrhunderts wesentlich leben wollen.

Kirchengemeinden sollten sich als Initiatoren und Foren gesellschaftlicher Diskussion anbieten und aus der Nische traditionsverhafteter religiöser Clubs heraustreten. Die großen Lebens- und Überlebensfragen der Menschheit gehören auf die Agenda jeder Kirchengemeinde, je nach Lage und Möglichkeiten.

8. *Methodisch*

8.1 Provokation und Einstieg in die Diskussion (30 Min.)

- L suchen sich 2 Texte (1 kath. und 1 ev., s. o.) aus und tragen sie im Geist der damaligen Zeit vor (nicht parodistisch übertrieben).
- *„Wie konnte es dahin kommen, dass beide großen Kirchen in Deutschland insgesamt so wehrlos gegenüber bzw. sogar teilweise begeistert vom NS waren?"*

- Die Diskussionsleitung muss darauf achten, dass sich die Gruppe nicht in historischen Detailfragen und Rechthaberei verläuft (bei diesem Thema erfahrungsgemäß immer die Gefahr), sondern dass noch Zeit ist für die zweite Diskussionsfrage:
- *„Welche Bedeutung haben Bibelauslegung/Theologie und insbesondere Römer 13 dabei gehabt?“*

8.2 Gruppenarbeit zu Römer 13,1–10 und Darmstädter Wort 1947 (40 Min.)

In diesem Arbeitsschritt geht es darum, den geistigen Fortschritt innerhalb der evangelischen politischen Ethik zwischen 1933 und 1947 ansatzweise nachzuvollziehen. 1947 haben die Verantwortlichen Konsequenzen aus der Mitschuld von 1933ff. und davor zu ziehen. Aus dem moralischen Impetus heraus ging es in theologische Bezüge. Zum ersten Mal in Deutschland deutete sich an, dass Bibelexegese und Pluralität, Theologie und Demokratie zusammen gehen könnten.

- Die TN sollen Röm 13 reihum Vers für Vers lesen.
- L tragen in Auszügen (!) das Darmstädter Wort vor.
- Diskussion mit den drei Brennpunkten Röm 13 (Paulus und sein Kontext) – Röm 13 in der NS-Zeit – Konsequenzen des ‚linken‘ Flügels der Bekennenden Kirche 1947 aus den Erfahrungen im Bekenntnis eigener Schuld und theologischer Irrtümer.
- Was ist theologisch zwischen 1933 und 1947 passiert? Wesentliche Ergebnisse der Diskussion, Fragen etc. werden auf Papierbögen festgehalten.

8.3 Was hilft uns Paulus in den ethischen Fragen heute? (45 Min.)

Als im September 2015 Bundeskanzlerin Angela Merkel wie über Nacht – vielleicht ‚bekehrt‘ durch das kleine syrische Mädchen, dem sie vor laufenden Kameras begegnete – die in Ungarn festsitzenden Flüchtlinge nach Deutschland einlud und dann nachlegte „Wir schaffen das!“, handelte sie aus einem christlichen Impuls, gestützt von einem christlichen Menschenbild. Syrische Flüchtlinge, die gefragt werden, warum sie nach Deutschland wollen, antworten – uninformiert, wie der Deutschlandfunk-Sprecher meint kommentieren zu müssen – spontan: „Weil Frau Merkel eine gute Frau ist“ (Nachrichtensendung des DLF am 1.10.2015). – Genaue Analyse könnte aufzeigen, dass hier auch ein jesuanischer, ja paulinischer Impuls gewirkt hat: Die Idee einer weltumfassenden Menschlichkeit, ein Ansehen jeder Person mit gleichem Recht auf Leben, Würde und Lebensentfaltung, die Vernachlässigung der Frage von Grenzziehungen, stattdessen die Überwindung von Eigeninteressen. Leider ist diesem menschlichen Impuls (verstanden als Impuls der Nachfolge) ein ängstlicher fremdbestimmter, das ‚Gewissen' als Herzpuls Gottes verdrängender Pragmatismus des angeblich Machbaren (der Akteure) gefolgt.

Integration der Flüchtlinge, Bioethik oder ein anderes aktuelles Thema: L stellen aus einer Passage aus einer *Tageszeitung* zur Diskussion:

- ob sie darin biblisch-theologische Bezüge und darüber hinaus theologische Argumentationen erkennen,
- und ob sie z. B. mit Röm 12,1f., Röm 12,21, Röm 13,8ff. das in dem Artikel erkennbare ethische Problem klarer und aspektivischer formulieren könnten bzw. ob andere biblische und theologische Bezüge und Argumentationen in dieser Hinsicht aussagekräftig sein könnten.

Bei der 45-minütigen Diskussion geht es nicht darum, am Ende eine eigene irgendwie ‚richtige' Auffassung oder sonstige Lösung der anstehenden ethischen Frage gefunden zu haben, sondern ehrlich die verschiedenen Facetten der beschriebenen und im Gespräch ausdifferenzierten Problemlage wahrzunehmen und anfangshaft theologisch zu bearbeiten. Mindestens Röm 12,1f. und Röm 13,8ff. sollten von L als Impuls eingebracht werden.

8.4 Schlusswort: Eine Lesung aus einem Zeitungsartikel (5 Min.)

- Nach all dem Gelesenen, Diskutierten, nach all den Gedanken über einen Paulustext lesen L einen, max. zwei kurze Abschnitte aus der aktuellen Tageszeitung.
- Gebet im Schweigen.

Die Methode kommt aus der Tradition des politischen Gebets auf Kirchentagen in den 60-er Jahren des 20. Jahrhunderts (Dorothee Sölles ‚politisches Nachtgebet').

XI. Den Tod besiegen

Übersicht (120 Min.)

Zeit	Phase	Methode und Sozialform	Inhalt
15 Min.	Liturgischer Einstieg	Musik, Bild- und Textprojektion im Plenum	Aus Georg F. Händels „Messias" Chor, Rezitativ und Arie (Bass) zu 1. Kor 15,21f.51–53 – Parallel: 1. Bildbetrachtung (Schongauer), 2. Textprojektion (Text 1. Kor 15,21f. und 51–53)
20 Min.	Erarbeitung I	Szenische Lesung aus dem Nikodemus-Evangelium Plenum	Information zur Anastasis-Ikone, zur westlichen Malkunst und zu den apokryphen Evangelien
50 Min.	Erarbeitung II	2 thematische Gesprächsgruppen	1. Kor 15,20–28 / 1. Kor 15,35–58 und Trauerannouncen
30 Min.	Erarbeitung III	Kurze Präsentation im Plenum – Austausch	
5 Min.	Schluss		Händel, „Messias", Rezitativ, Duett und Chor zu 1. Kor. 15,54–57

Werkzeuge und Material

- 2 x gute Projektionstechnik für Bild- und Textprojektion
- Gute Musikanlage, Aufnahme von G. F. Händels „Messias"
- Bild von Schongauer (Internetpool)
- Nikodemus-Evangelium (Hinweise im Internetpool) und Texte aus 1. Kor 15 kopiert
- Traueranzeigen unterschiedlicher Art
- Flipchart, Stifte

Prolog

„I am strictly against it!"
Der Filmkünstler Woody Allen, befragt, wie seine Haltung zum Tod sei.

Im weitgehend säkularisierten Westen ist die Tatsache, dass niemand von uns bleiben und jeder vergehen wird, die eine große bleibende *Kränkung* und Überforderung der Gedanken und Gefühle, mit der ‚wir' nicht fertig werden. Wer den Geist auf einer Intensivstation eines großen Krankenhauses aufmerksam wahrgenommen hat, spürt den oft verbissenen Kampf gegen körperlichen Zerfall und Tod. Doch dann gibt es den ‚glücklichen Tod' – und der Mediziner tröstet die Angehörigen und vor allem sich selbst damit, man habe alles Menschenmögliche versucht. Folgt man Berichten aus den Großstädten, bestimmen zunehmend Individualisierung, Ökononomisierung und Entsorgungsmentalität die anschließende Bestattung: Höchst individuell bis schrill, billig und möglichst schmerzlos soll der letzte Akt sein, bei der der Verstorbene noch eine Rolle spielt. Von ‚Auferstehung' ist bei vielen Angehörigen kaum noch die Rede (‚Da ist der Wurm drin', Süddeutsche Zeitung vom 31.10./1.11.2015). Und dennoch gibt es sie, die Straßenkreuze, an denen Freunde der Toten am Jahrestag des Toten Andacht halten, mit Musik und Rauch und Alkohol … und der Sehnsucht: hier am Ort des Todes möge ein Rest, ein Moment, eine „Aura" der Person geblieben sein, die hier ihr Leben ausgehaucht hat. Für Paulus war der Tod keine lästige Beigabe des Lebens, keine biologische Tatsache, der man möglichst resigniert und nüchtern kalkuliert zu begegnen hätte, sondern Preis der menschlichen ‚Sünde', seiner Verfallenheit an die widergöttlichen Mächte und darum Ausdruck eines Falschen, gegen das im Namen Gottes und des Menschen protestiert werden muss. Die Befreiung daraus bestand für ihn in der Hoffnung darauf, dass Christus Jesus in seiner Auferstehung den Tod besiegt hat und einmal sichtbar für alle besiegen wird. Lässt sich paulinische Gewissheit heute neu inszenieren, vielleicht in österlichen Liturgien, wie sie die Alte Kirche entwickelte und wie sie heute wieder gefeiert werden?

1. *„I am strictly against it!" – Geschichte gegen den Tod*

1.1 Theologie der Hoffnung

Für Paulus ist der Tod nicht eine biologische Realität, sondern Konsequenz der Sünde Adams (Röm 5,12). Der „Stachel des Todes" (1. Kor 15,56) macht klar: Tod ist nicht ‚Erlösung' aus einem am Ende etwa schmerzvollen und aussichtslosen Leben (siehe heutige Traueranzeigen), sondern unausweichliches Verhängnis, letzter und furchtbarster Ausdruck der ‚Sünde' und letzter Feind Gottes (1. Kor 15,26). Paulus protestiert im Namen des Gottes Jesu Christi gegen den Tod. Und er hat, so ist er überzeugt, das denkbar stärkste Argument auf seiner Seite: In der Auferstehung Jesu Christi als des „Erstlings der Entschlafenen" ist die neue Schöpfung, der neue Äon, das Reich Christi (die Begriffe bei Paulus variieren je nach Argumentationszusammenhang) bereits enthüllt = offenbart. Das, was vor aller Welt Augen geschehen ist, wird sich bald schon universal erfüllen. Und es wird in der Sicht des Paulus nicht geschehen als je individuelle Auferstehung von einzelnen Seelen (obwohl Phil 1,23 in diese Richtung zu weisen scheint), sondern als kollektive Verwandlung dieses irdischen ‚Leibes' in den kommenden ‚geistlichen' Leib (gr. soma pneumatikon, 1. Kor

15,44), den Paulus in Metaphern aus dem Bereich der Natur und des Kultes näher beschreibt (1. Kor 15,35ff.): ‚Himmlischer' Leib mit dem ‚Glanz' der Himmlischen, ‚Unvergänglichkeit', ‚Herrlichkeit', ‚Kraft' usw.

Johan Christiaan Beker findet die ‚Mitte' der paulinischen Theologie in der paulinischen Ansage der „Herrschaft des Lebens" = der „Herrschaft Christi" über die „Herrschaft des Todes" (Röm 5,17.21). Die widergöttlichen Mächte Sünde, Fleisch (sarx) und Gesetz unter der Führung des Todes als des letzten Feindes Gottes (1. Kor 15,26) sind im Kreuzestod Jesu Christi definitiv entlarvt, verurteilt und im Prinzip entmachtet. In der Auferstehung Jesu Christi hat die neue Schöpfung ohne Beteiligung der widergöttlichen Mächte begonnen. Die Christen leben in der Hoffnung auf Teilhabe an diesem universalen Sieg Gottes gegen seine Feinde, die auch die Feinde des Menschen sind (Beker, 76ff.). In paulinischer Sicht ist das Leben ein Schauplatz dynamischer Kämpfe von ‚Mächten'. Schon die korinthische Gemeinde konnte diesen jüdisch-apokalyptischen Drive des Paulus kaum verstehen. Sie tendierte eher dahin, Geist und Leib einander statisch gegenüber zu sehen, als ob der Geist vor allem eine geistige Realität des Menschen sei, der (von göttlichem Geist vielleicht erhellt und befeuert) im Moment des Todes den sterblichen Leib wie ein Gefängnis des Geistes (bzw. der ‚Seele') verlässt (Beker, 87).

Ähnlich dieser korinthischen Sicht wird in heutigen Traueranzeigen der Tod als die Erlösung von Krankheit und Leiden verherrlicht. Das entspricht – philosophisch gesehen – eher der der griechisch-philosophischen Position in der Gemeinde von Korinth zur Zeit des Paulus: Wir sind mit Christus bereits – in einem spirituellen Sinn – auferstanden (mitten im Leben, vgl. das bekannte Gedicht von Luise Kaschnitz); die Vorstellung einer leiblichen Auferstehung ‚nach dem Tod' brauchen wir nicht, wollen wir nicht. Eher noch denken wir an die Befreiung der unsterblichen Seelen aus dem vergänglichen Körper. Diese von Plato herkommende Sicht auf den Menschen als Leib-Seele-Dualität hat sich gegenüber der jüdisch-ganzheitlichen Anthropologie insgesamt durchgesetzt. Die moderne Wiederentdeckung der *Psychosomatik*, der innersten und vielfältigen Zusammenhänge von Seele und Körper ändert daran nichts. Menschen kombinieren heute z. B. psychosomatische Erkenntnis anscheinend problemlos mit Reinkarnationsvorstellungen. Die jüdisch-apokalyptische Sicht des Paulus, der von der ‚Verwandlung' des ‚Leibes' in den neuen Äon hinein schreibt, ist anscheinend so gut wie unverstanden bzw. nicht akzeptiert geblieben.

Im Sinne seiner Theologie des Glaubens, der Liebe und der Hoffnung (vgl. 1. Kor 13,13) muss und will Paulus die *Hoffnung* hochhalten, dass die Macht des Todes, die für ihn Folge der Sünde Adams ist (Röm 1,32; 5,12.15; 6,23; 8,13 u. ö.) und die auch die außermenschliche Schöpfung „seufzen" lässt (Röm 8,20f.), in Christi Auferstehung prinzipiell gebrochen und am Ende der Zeit sichtbar für alle Geschöpfe überwunden sein wird.

Ohne die Hoffnung auf die Überwindung des Todes stünden für Paulus der Glaube und die Liebe auf verlorenem Posten.

1.2 Bilder gegen Tod und Teufel

Bild: *Martin Schongauer* (1450–1491): Der auferstandene Christus befreit Adam und Eva aus der Hölle (Internetpool).

Das Bild von *Martin Schongauer* (1445/50–1491) ist eine *westliche* Adaption einer *östlichen Ikone* mit gleichem Thema. Es zeigt den Auferstandenen, geführt von zwei weißgekleideten Jünglingen. Das Kreuz folgt ihm in Form einer Fahne. Diese Szene wird im Petrusevangelium geschildert. Die Herausführung Adams und Evas, denen weitere Verstorbene folgen, das Zerbrechen der eisernen Riegel an der Pforte der Unterwelt und der Sieg über Tod und Teufel sind dem apokryphen, im 4. Jahrhundert entstandenen *Nikodemus-Evangelium* entnommen.

1.3 1. Kor 15 innerhalb des 1. Korintherbriefs

Der *1. Korintherbrief* ist eine theologische Auseinandersetzung des Paulus mit der Gemeinde in Korinth, die vornehmlich durch *soziale Spannungen* und weit gefächerte kulturelle und geistige Interessen und Auffassungen geprägt war.

Paulus betont in *1. Kor 15,13–19*, dass die Tatsächlichkeit des Todes und der Auferstehung Jesu Christi existenziell für den christlichen Glauben ist:

„Wenn es keine Auferstehung der Toten gibt, ist auch Christus nicht auferweckt worden. Ist aber Christus nicht auferweckt worden, dann ist unsere Verkündigung leer und euer Glaube sinnlos" (1. Kor 15,13f.).

Mit allen Ausführungen in Kapitel 15 antwortet Paulus auf ihm zugetragene Äußerungen und Verhaltensweisen von einigen Christusanhängern, die voller Enthusiasmus behaupteten, dass Christus nicht leibhaftig von den Toten auferstanden sei, sondern dass seine Auferstehung als Metapher zu verstehen sei für eine Art geistige, innere Auferstehung in ihnen selbst und in diesem irdischen Leben. Paulus kontert mit einem umfassenden geschichtstheologischen Entwurf, in dem Christus die Rolle des Bezwingers und Vernichters des Todes zukommt. Paulus will die Überwindung des *Todes nicht nur individualistisch* denken (mein Tod und ich), sondern universal und kosmologisch als letzten Akt im weltgeschichtlichen Drama Gottes. Außerdem spricht Paulus gegen die Spiritualisierung der Auferweckung/Auferstehung durch die platonisch denkenden Adressaten in Korinth im Sinne jüdischer Theologie von Auferweckung als geheimnisvoller *„Verwandlung"* des irdischen Körpers in einen *geistigen (himmlischen) Körper*.

Bei der Übersetzung aus dem Griechischen sind in 1. Kor 15 beide Übersetzungen möglich: „Auferweckung“ (durch Gott) und „Auferstehung“ (was suggeriert, Jesus Christus sei sozusagen selbstständig aufgestanden). Man muss sich entscheiden. Wir entscheiden uns für „Auferweckung“ (s. Übersetzung 1. Kor 15 im Folgenden).

Paulus will des Menschen Körperlichkeit, seine Existenz als Leib und Seele im Gegenüber zum lebendigen Gott festhalten. Das jüdische Verständnis von ‚Identität‘ und ‚Person‘ (beides griechische bzw. lateinische Begriffe) beinhaltet den Menschen als leibhaftes Geschöpf Gottes in Beziehung zu seinem Schöpfer. Eine ‚unsterbliche Seele‘, die etwa auch noch unabhängig von einer konkreten *Gottesbeziehung* (in Christus) nach dem physischen Tod vom Körper(-gefängnis) befreit von sich aus weiter existiert, war Paulus ebenso wenig denkbar wie die korinthische Variante von Spiritualität, Christi Auferweckung sozusagen als Symbol einer jedermann möglichen spirituellen Auferweckung mitten im Leben zu verstehen.

1.4 Nikodemusevangelium: Liturgisches Drama gegen Tod und Teufel

Die *apokryphen Evangelien* schmücken die Leerstellen aus, die Paulus in seinen Briefen ebenso offen lässt wie die neutestamentlichen Evangelien. Sie antworten auf Fragen der Menschen damals, wie denn das zu *denken* sei, was da erzählt und argumentiert wird. Und wie ist das *bildlich vorstellbar*, dass Jesus Christus den Tod besiegt nicht nur für sich selbst, sondern als „Erstling“ (Paulus) für alle?

Dass Christus den Tod am Ende der Zeit besiegen wird, wie es Paulus zu glauben und wissen reicht, reichte den Menschen z. B. im 4. Jh. eben nicht. Zumindest in der *Liturgie der Gottesdienste* wagte man sich über die geschriebenen Worte hinaus in neue Bereiche. Schon der Apokalyptiker Johannes hatte wirkmächtige Sprachbilder gemalt, die die Fantasien der Glaubenden, der Fragenden, der Künstler seither angeregt haben. So auch die *‚apokryphen‘ (gr. = verborgenen) Texte*, die nicht in den Kanon der dann ‚kanonischen‘ biblischen Texte aufgenommen wurden, weil sie als inhaltlich zweifelhaft galten oder erst nach Abschluss des Kanonisierungsprozesses entstanden sind.

Das *Nikodemus-Evangelium* stammt sicher nicht vom neutestamentlichen Nikodemus, Mitglied des jüdischen Sanhedrin zur Zeit Jesu (vgl. Joh 3), sondern ist eine Dichtung aus dem 4. nachchristlichen Jahrhundert, die beansprucht, im Namen des Nikodemus die wahre Geschichte über Jesus als den Sieger über Tod und Teufel zu erzählen. Das Nikodemus-Evangelium zeigt sich inhaltlich auf der Höhe der christologischen und trinitätstheologischen Streitigkeiten des 4. Jahrhunderts mit Anfängen der sogenannten Zwei-Naturen-Lehre (Christus als ganzer Mensch – aber ohne Sünde – und ganzer Gott, lehrmäßig festgehalten erst 451 in Chalcedon).

Mit dem Abschnitt aus dem Nikodemus-Evangelium lesen wir einen dramatisch konzipierten Text, wie er Grundlage *orthodoxer Osterliturgie* wurde. Ungefähr im selben Zeitraum (4. Jh.) begannen Ikonographen (wörtlich: Ikonenschreiber) anhand solcher apokryphen Texte ‚*Ikonen*' zu ‚schreiben' (gr. eikon = Bild, gemeint ist das Abbild des ‚Urbildes' = des lebendigen Christus). Später gestalten die Maler im kirchlichen Westen ihre Bilder teilweise in Kenntnis dieser Ikonen.

Als Wort des lebendigen Gottes werden Ikonen ‚geschrieben' (nicht ‚gemalt'). Sie werden verehrt, wobei die bleibende Differenz zwischen unverfügbarem Gotte und handgreiflich zu betastender und zu küssender Ikone im Laufe der Kirchengeschichte sehr unterschiedlich betont wird.

Das *Nikodemus-Evangelium* schildert dramatisch die *Höllenfahrt Christi.* Jesus Christus geht in die tiefsten Tiefen der Unterwelt (des Hades und Satans Reich), um die Toten von Adam an zu befreien, den Satan zu besiegen und dem Tod zur Verwahrung zu geben. Vor seiner „zweiten Ankunft" wird er dann auch den Hades (den Tod) besiegen und damit das Totenreich aufheben.

„Hinabgestiegen in das Reich des Todes ...". Früher hieß es „in die Hölle". Theologiegeschichtlich und liturgisch ist es sinnvoll, die Hölle nicht außen vor zu lassen, nur weil angeblich modernes Denken Hölle nicht mehr denken könne. Es hängt vieles daran, die alten Worte nicht zu eliminieren, sondern neu zu gebrauchen. Vielleicht in einer Richtung, wie sie der katholische Theologe Hans Urs von Balthasar vorschlug: Es gibt die Hölle, aber wir dürfen hoffen, dass sie leer ist (vgl. Hans Urs von Balthasar, Kleiner Diskurs über die Hölle, Freiburg, 5. Aufl. 2013).

Ein Pferdefuß bei manchen apokryphen Texten ist ein dem Text inhärenter, oft offen zutage tretender Antijudaismus. Im Anschluss vor allem an Passagen des Johannesevangeliums (z. B. Juden als Kinder des Teufels, Joh 8,44) erscheinen „die Juden" als vom Satan verführte Christusmörder. Das muss man mit bedenken und entsprechende Passagen bei dramatischen Aufführungen des Textes u. U. auslassen. Den Text gibt es in verschiedenen Textausgaben oder als kleines ‚Drama' grafisch aufbereitet im Internetpool.

2. *Das musikalische Drama – Georg Friedrich Händels „Messias"*

Georg Friedrich Händels „Messias" (1741) ist neben Johann Sebastian Bachs Passionen *das* Meisterwerk europäischer Musik, das es mit dem Tod aufnimmt.

Den „Messias" zeichnet neben seiner monumentalen Lyrik und seiner händelschen konzertanten Schwunghaftigkeit *theologisch* aus, dass hier das *„Alte Testament"* prominent zitiert wird und in intertextuellen Bezügen zu neutestamentlichen Texten zur Geltung kommt.

3. *Der Text*

Zum Weiterlesen für das Folgende eignet sich Paulus Handbuch, 374 ff, bes. 461ff., und auch Stefan Schreiber, Die Anfänge der Christologie. Deutungen Jesu im Neuen Testament, Neukirchen 2015, 59ff.

Paulus schreibt der korinthischen Gemeinde vom Tod und von Christus als dem Sieger über den Tod. Er tut das, weil in der Gemeinde einige den Tod nicht mehr ernstnehmen. Sie seien ja mit Christus auferstanden, sagen sie! Er tut das, weil andere – oder sind es die gleichen? – auch die Auferstehung vom Tod nicht glauben können. Ist Christus nicht auferstanden, so ist „unsere Predigt", so ist auch euer Glaube „leer", also eine hohle Phrase, ein Nichts, sagt er ihnen (1. Kor 15,14). Er gibt weiter, was er „empfangen hat": „Dass Christus gestorben ist für unsere Sünden gemäß den Schriften [...] dass er auferweckt worden ist am dritten Tag" [...] und „dass er erschienen ist dem Kephas" etc. (1. Kor 15,3ff.) ... und legt dann mit seiner eigenen Predigt vom Tod und von der Besiegung des Todes durch den Christus los:

20 Nun aber ist Christus auferweckt worden aus Toten als Erstlingsfrucht der Entschlafenen. 21 Da nämlich durch einen Menschen Tod, auch durch einen Menschen Auferstehung der Toten (zu ergänzen: gekommen ist.). 22 Denn gleichwie in Adam alle sterben, so werden auch in Christus alle lebendig gemacht werden. 23 Jeder aber in der eigenen Ordnung: als Erstling (= der von Anfang an) Christus, dann die des Christus in (bei) seiner Ankunft, 24 danach das Ende (Ziel), wenn er das Reich (die Königsherrschaft) übergibt Gott und Vater, wenn er zu nichts gemacht hat jede Herrschaft und jede Macht und Kraft.

25 Denn es ist nötig, dass er herrscht, bis er alle Feinde unter seine Füße gelegt hat. 26 Als letzter Feind wird zu nichts gemacht der Tod, 27 denn alle Dinge (alles) hat er unterworfen unter seine Füße. Wenn aber er sagt, dass alles unterworfen ist (ist) klar, dass (zu ergänzen: das gilt ...) außer (zu ergänzen: für den), der unterworfen hat. 28 Wenn aber ihm alle Dinge gehorchen, dann wird sich der Sohn auch selbst unterwerfen dem, der ihm die ganzen Dinge unterworfen hat, damit Gott ist alle Dinge in allem (alles in allem).

[...]

35 Aber irgendeiner wird sagen: Wie werden die Toten auferweckt? Und mit welchem Leib kommen sie? 36 Du Unvernünftiger! Was du säst, wird nicht lebendig, wenn es nicht stirbt. 37 und was du säst, du säst nicht den Leib, der werden wird, sondern ein nacktes Samenkorn, wenn es sich so trifft, von Weizen oder von irgendeinem der übrigen Gewächse, 38 aber Gott gibt ihm einen Leib, wie er wollte, und einem jeden der Samen einen eigenen Körper (Leib). 39 Nicht jedes Fleisch ist dasselbe Fleisch, sondern ein anderes von Menschen, ein anderes aber der Herdentiere,

ein anderes aber das Fleisch der Vögel, ein anderes aber von Fischen 40 und himmlische Körper und irdische Körper, aber eine andere Herrlichkeit haben die himmlischen und eine andere die irdischen. 41 Eine andere Herrlichkeit der Sonne und eine andere Herrlichkeit des Mondes und eine andere Herrlichkeit der Sterne; denn ein Stern nämlich unterscheidet sich von einem Stern im Glanz (in der Herrlichkeit; gr. ‚doxa' = Herrlichkeit Gottes, zugleich hier der Glanz der Sterne, bewusst schillernder Begriff). 42 So auch die Auferstehung der Toten. Es wird gesät in Vergänglichkeit. Es wird auferweckt in Unvergänglichkeit. 43 Es wird gesät in Unehre, es wird auferweckt in Herrlichkeit, gesät wird in Schwäche, es wird auferweckt in Kraft. 44 Gesät wird ein irdischer Körper, es wird auferweckt ein geistiger Leib. Wenn es einen seelischen Körper gibt, gibt es auch einen geistigen. 45 So auch ist geschrieben worden: Es wurde der erste Mensch Adam zu einem lebendigen Wesen, der letzte Adam zu einem Geist, der lebendig macht. 46 Aber nicht zuerst ist das Geistige, sondern das Seelische, danach das Geistige. 47 Der erste Mensch aus der Erde ist irdisch, der zweite Mensch vom Himmel her. 48 Wie beschaffen der Irdische, so beschaffen auch die Irdischen, und wie beschaffen der Himmlische, so beschaffen auch die Himmlischen. 49 Und wie wir trugen das Bild des Irdischen, werden wir tragen auch das Bild des Himmlischen. 50 Dies aber sage ich, Geschwister, dass Fleisch und Blut das Reich Gottes nicht erben können, auch die Verweslichkeit nicht die Unververweslichkeit erbt. 51 Siehe, ein Geheimnis euch sage ich: Alle nicht werden wir entschlafen, aber alle aber werden wir verwandelt werden 52 in einem Moment, in einem Augenblick, bei der letzten Posaune, es wird posaunen nämlich, und die Toten werden auferweckt als Unvergängliche und wir werden verwandelt werden. 53 Denn es ist nämlich nötig, dass dieses Vergängliche anzieht Unvergänglichkeit und dieses Sterbliche anzieht Unsterblichkeit. 54 Wenn aber dieses Vergängliche anzieht Unvergänglichkeit und dieses Sterbliche anzieht Unsterblichkeit, dann wird erfüllt werden das geschriebene Wort: „Verschluckt worden ist der Tod hinein in den Sieg." 55 Wo ist, Tod, dein Sieg? Wo ist, Tod dein Stachel? 56 Aber der Stachel des Todes ist die Sünde, aber die Kraft der Sünde ist das Gesetz. 57 Aber Gott sei Dank, der uns den Sieg gibt durch unseren Herrn Jesus Christus! 58 Daher, meine geliebten Geschwister, seid standhaft, unerschütterlich, indem ihr euch hervortut durch das Werk des Herrn allezeit, indem ihr wisst, dass eure Mühe nicht vergeblich ist im Herrn!

4. *Einblicke in den Text*

Ein paar Lesehinweise:

V. 20: „Erstlingsfrucht der Entschlafenen" – Die Erstlingsfrucht ist das Zeichen, dass alle anderen Früchte folgen werden.

V. 21: „Da nämlich durch einen Menschen Tod, auch durch einen Menschen Auferstehung der Toten" – Innerhalb des jüdischen Denkens gibt es eine große Spannweite möglicher Interpretationen des Geschehens, das in 1. Mose 3 in christlicher Lesart als ‚Sündenfall' apostrophiert wird: Das Misstrauen bzw. der Ungehorsam des ersten Menschenpaares führt zu Hinfälligkeit (Krankheiten) und Vergänglichkeit. Oder: Der Tod ist der Tod von Gerechtigkeit und Liebe, der in der Welt zu Gewalt und Bösem führt (vgl. Röm 1–3) und den Menschen in das Schattenreich (hebr. scheol) führt. Paulus stellt einen Zusammenhang her zwischen dem neuen Leben der Getauften, deren Leben hier auf der Erde neu ist und in das ewige Leben (‚nach' dem Tod?) einmündet, sowie einem Leben, dessen „Lohn" der Tod ist – in diesem Leben und darüber hinaus (vgl. Röm 6, 22f.).

(Ggf. wie) lässt sich ‚glauben', dass der Tod als das biologische Ende von Organismen ursächlich auf die Sünde des ersten Menschenpaares zurückzuführen sei? Oder führt diese Frage in die Irre? Wenn wir Paulus kreativ lesen (so wie er kreativ dachte), dann müsste es heute gelingen, Erkenntnisse der Biologie und den Glauben anders zu verknüpfen als im fundamentalistischen Kurzschluss (Glaube contra Evolution) oder in rationalistischer Verkürzung auf das, was man ‚noch' glauben könne!

V. 24: „danach das Ende (Ziel), wenn er das Reich (die Königsherrschaft) übergibt Gott und Vater, wenn er zu nichts gemacht hat jede Herrschaft und jede Macht und Kraft." – „Zu nichts gemacht" jede Herrschaft (als letzte die des Todes): Karl Barth sprach von dem Tod, der Sünde und den gottwidrigen Mächten überhaupt als von den Mächten des „Nichtigen." Im Nikodemus-Evangelium gibt es eine Andeutung, dass sich der Tod schon an Lazarus, vor allem aber am Christus verschluckt: Der Allesverschlingende wird verschlungen vom Christus, indem er sich an ihm übernimmt. Im Nikodemus-Evangelium ist (wie in 1. Kor 15) der Tod der letzte Feind, nicht der Satan!

V. 45: „So auch ist geschrieben worden: Es wurde der erste Mensch Adam zu einem lebendigen Wesen, der letzte Adam zu einem Geist, der lebendig macht." Vieldeutiger Meistersatz. Adam wurde nach 1. Mose 2,7 zu einem ‚lebendigen Wesen' (näfesch (eigentlich: ‚Kehle') chaja) durch den Atem Gottes, durch denselben Atem, der als „ruach" (Geist) den letzten Adam = Jesus Christus zu dem „Geist" macht, der wiederum alle, die an ihn glauben und in ihm wandeln (leben), lebendig macht. Es geht um *Neuschöpfung*! Gottes Gnade (gr. charis, lat. gratia, dt. Übertragung = Grazie) ist hier nicht primär Heilszuspruch, Befreiung aus dem tödlichen Gericht, gar aus Schuldgefühlen (Luther), sondern Neuschöpfung zu einem Leben, das hier und jetzt neu wird, über die Todesgrenze hinaus, dort dann „alles in allem" in Gott.

V. 46: Gr. ‚psyche' meint weder den platonischen Begriff einer unsterblichen ‚Seele' im körperlichen Gefängnis, noch unseren modernen psychoanalytisch gefärbten Begriff der *Seele* als Sitz der Gefühle, sondern als Übersetzung des hebräischen

‚näfesch' (vgl. 1. Mose 2,7) des Menschen geschöpfliche Vitalität (vgl. Dunn, Theology, 76). – Gr. ‚pneuma' ist die Übersetzung von ‚ruach' und meint die Geistkraft Gottes, die von außen den Menschen ergreift, durchdringt, formt, sein Innerstes lebendig macht und so beseelt. Beide Begriffe: näfesch/psyche und ruach/pneuma lassen sich hebräisch auf Gottes Geist = Lebensatem zurückführen. Dunn (Theology, 77) weist darauf hin, dass das in 1. Mose 2,7 gebrauchte Wort für Gottes Lebensatem, den Gott dem Erdling ‚Adam' in die Nase bläst (und ihn damit lebendig macht), ein Synonym zur göttlichen Schöpferkraft = ruach ist.

V. 54: „Wenn aber dieses Vergängliche anzieht Unvergänglichkeit und dieses Sterbliche anzieht Unsterblichkeit, dann wird erfüllt werden das geschriebene Wort: „Verschluckt worden ist der Tod hinein in den Sieg." – Paulus denkt an *Jes 25,8* („Er wird den Tod verschlingen auf ewig ...") und *Hosea 13,14* („Aber ich will sie aus dem Totenreich erlösen und vom Tode erretten. Tod, ich will dir ein Gift sein; Totenreich, ich will dir eine Pest sein; Rache kenne ich nicht mehr."). Anklingen mag auch *Hiob 18,14*, wo der Tod als der „König des Schreckens" und als Feind Hiobs und letztlich an seiner Seite (!) als Feind Gottes zu stehen kommt. Paulus verwendet in jüdischer Schriftgelehrtenmanier solche Texte aus Tora und Propheten, um das Christusereignis verstehen und aussagen zu können.

Wenn wir um den *doppelten* Ausgang unseres ‚AT' als Jüdische Bibel und als Teil der christlichen Bibel wissen und Israel damit nicht ‚enterben', können wir Heutige dann auch versuchen, den Tanach ‚christologisch' zu lesen. Jüdische Theologen werden Jes 25,8 und Hosea 13,14 gleichfalls endzeitlich in Bezug auf die göttliche Überwindung des Todes verstehen können, allerdings *ohne* Bezug zu Jesus Christus.

Zu bedenken ist, dass speziell die apokalyptische jüdische Literatur bis in die Zeit des Paulus hinein und darüber hinaus bei der Rettung aus dem Tod vornehmlich an die Rettung des *Gottesvolkes* Israel durch den gerechten Gott denkt. Auferweckung meinte nicht den umstandslosen Eingang jedes Einzelnen in die Herrlichkeit (gr. doxa) Gottes, sondern Gerechtigkeit für alle Leidenden und für Opfer und Täter.

Das ewige Leben ist jüdisch gesehen und so auch für Paulus nicht einfach eine Verlängerung dieses Lebens ins Unendliche, sondern eine Neuschöpfung durch den gerechten und sich erbarmenden, liebenden Gott. Ewiges Leben kommt notwendig durch das göttliche Gericht hindurch. Die Geretteten aber kennt Gott. Sie sind im Buch des Lebens verzeichnet. Paulus universalisiert im Sinne Jesu seine Hoffnung auf den Sieg des Christus über den Tod auf die *ganze* Menschheit. In Bezug auf das *Gericht* und die Errettung daraus darf der Mensch „in Christus" hoffen, dass das *unvermeidbare* Gericht, das nach Paulus auch dem Christen nach seinen „Werken" geschehen wird (!), am Ende darum zum Eingang in die Herrlichkeit Gottes führt, weil faktisch kein Mensch nach der Tora „gerecht" zu sprechen ist und stattdessen Gottes Liebe in Christus den Menschen zu sich hin reißt und rettet.

5. *Methodisch*

5.1 Musik, Bild- und Textprojektion (15 Min.)

Auszüge aus Georg F. Händels „Messias“: Chor, Rezitativ und Arie (Bass) zu 1. Korinther 15,21f. u. 51–53:

- 1. Kor 15,21f.: For since by man came death, by man came also the resurrection of the dead. For as in Adam all die, even so in Christ shall all be made alive.
- 1. Kor 15,51: Behold, I shew you a mystery; We shall not all sleep, but we shall all be changed at the last trumpet.
- 1. Kor 15, 52–53: The trumpet shall sound, and the dead shall be raised incorruptible, and we shall be changed. For this corruptible must put on incorruption, and this mortal must put on immortality. So when this corruptible shall have put on incorruption, and this mortal shall have put on immortality, then shall be brought to pass the saying that is written, Death is swallowed up in victory.

Parallel zur Musik: Bildbetrachtung (Martin Schongauer) und Textprojektion (Text 1. Kor 15,21f. und 1. Kor 15,51–53)

5.2 Lesung und Information zum Gesehenen (20 Min.)

- In Auswahl knappe Informationen zur Tradition der ostkirchlichen (orthodoxen) Anastasis-(Auferstehungs-)Ikone, dem Motiv von Christi Abstieg ins Totenreich bzw. in die Hölle (!) und der Herausführung von Adam und Eva (vgl. 1. Kor 15!), zu den apokryphen Evangelien (s. o.)
- Lesung aus dem Nikodemus-Evangelium (ein selbst ausgesuchter Abschnitt, möglicherweise von verschiedenen Lesenden szenisch gelesen. Vorsicht: Für diesen Zweck antijudaistische Halbsätze streichen!)

5.3 Gesprächsgruppen zu 1. Kor 15 und zu Traueranzeigen (50 Min.)

- Verteilung der Kopien.
- L helfen in der Gruppe, die wörtliche Neuübersetzung des Textes zu Gehör und in das Gespräch zu bringen.
- L (und ausgesuchte TN) lesen 3–4 Traueranzeigen aus verschiedenen Tageszeitungen vor (z. B. örtliches Blatt – Vorsicht: Keine persönlich bekannten Namen!

–, dazu aus überregionalen Zeitung: SZ, FAZ o. ä. Tipp: Viele Tageszeitungen stellen ihre Traueranzeigen inzwischen auch online).

- Gespräch zur Leitfrage: Finden sich biblische Bezüge, Symbole christlichen Glaubens in den Annoucen? Welche? Auf welche Haltungen / Auffassungen von Tod und Hoffnung auf Überwindung des Todes lassen die Anzeigen schließen?
- Die Gruppen entscheiden, was sie den anderen im Plenum präsentieren wollen:
  - Fragen und Einsichten zum Themenumfeld Bibel / christlicher Glaube und heutige Trauerkultur?
  - Fragen und Einsichten speziell zu 1. Kor 15 (wenn z. B. zu dem Thema Glaube versus naturwissenschaftliche Sicht auf den biologischen Tod diskutiert wurde o. ä.)?

5.4 Präsentation und Austausch im Plenum (30 Min.)

Die Gruppen präsentieren ihre entscheidenden Fragen und Einsichten und stellen sie zur allgemeinen (kurzen!) Diskussion im Plenum.

5.5 Zum Schluss: G. F. Händels Musik zu 1. Kor 15,54–57 (5 Min.)

Evtl. Zentralbegriffe / Sätze aus dem Englischen ins Deutsche übersetzt am Flipchart aufschlagen.

[So when this corruptible shall have put on incorruption, and this mortal shall have put on immortality], then shall be brought to pass the saying that is written, Death is swallowed up in victory. O death, where is thy sting? O grave, where is thy victory? The sting of death is sin; and the strength of sin is the law.

But thanks be to God, which giveth us the victory through our Lord Jesus Christ.

XII. Gottes Gnade für die Welt

Übersicht (120 Min.)

Zeit	Phase	Methode und Sozialform	Inhalt
15 Min.	Erarbeitung I	Bibelteilen Plenum	Gnade; 1. Kor 1,1–3
25 Min.	Erarbeitung II	Austausch in Gruppen über „GNADE“	
30 Min.	Erarbeitung III	Diskussion zur universellen Gnade Gottes Plenum	Dietrich Bonhoeffer: Christen und Heiden
40 Min.	Feedback	Angeleitetes Feedback Plenum	Was nehme ich mit? Was lasse ich hier?
10 Min.	Ausklang	Plenum	Engelskarten

Werkzeuge und Material
- 1. Kor 1,1–3 (LT)
- DIN A4 Blätter (quer): „GNADE“ (für die Gruppen)
- Beschriftete Karten: Huld, Zorn, Vergebung, Demut, Schöpfung, Liebe, Christus Jesus, Kreuz, Weihnachten, Gerechtigkeit, Gott
- Text von Bonhoeffer: Christen und Heiden

Prolog
Die letzte thematische Einheit hat zwei unterschiedliche Schwerpunkte. Im 2. Teil soll Gelegenheit für ein ausführliches angeleitetes Feedback sein. Davor soll im 1. Teil das Gespräch anhand von Paulustexten um das Wort ‚Gnade‘ noch einmal auf den springenden Punkt gebracht werden. Die TN können (noch) mehr als in manchen vorangegangenen Einheiten mit ihrem Wissen, ihren Einsichten diese Einheit gestalten.

1. Gnade sei mit euch!

Paulus, berufen zum Apostel Christi Jesu durch den Willen Gottes, und Sosthenes, der Bruder, 2 an die Gemeinde Gottes in Korinth, an die Geheiligten in Christus Jesus, die berufenen Heiligen samt allen, die den Namen unsres Herrn Jesus Christus anrufen an jedem Ort, bei ihnen und bei uns: 3 Gnade sei mit euch und Friede von Gott, unserm Vater, und dem Herrn Jesus Christus! (1. Kor 1,1–3 LT).

Paulus hat traditionelle Grußformeln verwendet und sie christologisch umformuliert. Der ‚kyrios' Jesus Christus wird von ihm sozusagen in die Gegenwart der versammelten Gemeinde zitiert; und Gott fungiert als Absender!

Nicht zufällig ist von Gottes Gnade (und Friede) für die Welt am ehesten im liturgischen Kontext zu reden. Was als ‚Kanzelgruß' in der Liturgie fungiert, funktioniert dort, insofern die Anwesenden von dieser Gotteskraft (1. Kor 1,18) auszugehen wagen, die „höher als alle Vernunft" (Phil 4,7) sie jetzt ergreifen und bewegen möge. Es ist ein Segenswunsch, ein Gebet auf beiden Seiten von Spender und Empfängern.

Der Begriff „Gnade" (gr. cháris) begleitet nicht von ungefähr die Einheiten dieses Werkbuches wie ein cantus firmus. Die cháris ist neben pístis (Glaube, auch Treue) und nómos (Gesetz) der Begriff, den Paulus in seinen Briefen prominent verwendet.

Für Paulus ist der Glaube *an* bzw. der Glaube *des* Christus der Dreh- und Angelpunkt seiner Theologie. In Christus Jesus verdichtet sich für ihn die *Gnade Gottes* (Dieter Zeller, Charis bei Philon und Paulus, Stuttgart 1990, 147). Jesus Christus ist für Paulus die personifizierte Gnade Gottes. Allerdings kann Paulus auch von der Gnade *Christi* schreiben (genitivus subjektivus, z. B. 2. Kor 8,9; Gal 1,6; Röm 5,15).

Paulus spricht von *Gnade* (gr. *charis*) in je unterschiedlichen Kontexten. Je nachdem schwingen andere Bedeutungen mit oder ist gezielt anderes gemeint. Indem Paulus aus der Septuaginta das griechische Wort charis für hebr. *hen* (Gnade, Gunst, Huld, aber auch Liebreiz und Wohlgefallen) nimmt, mag er auch dessen Bedeutungsgehalt mitmeinen: Gottes einseitige zuvorkommende Gnade im Sinne von unbedingter Liebe. Das griechische *eleos* vertritt in der Septuaginta das hebräische *haesaed* (im Englischen mit ‚mercy' wiedergegeben, im Deutschen z. B. mit Luther als ‚Barmherzigkeit'). Paulus verwendet dieses Wort nur vier Mal und im Zusammenhang mit Gottes Barmherzigkeit als Gottes Bundestreue gegenüber Israel (Röm 9,23; 11,31; 15,9, Gal 6,16), das Gottes Gnade in Form der Tora ja bei sich hat.

Wie aber wäre zu reden von Gnade (und Barmherzigkeit) im politischen Umfeld? Bei Paulus ging es um Israel und um das Weltganze. In dieser Einheit soll es darum gehen, Gedanken des Paulus zur Gnade nachzusinnen und darüber hinaus Linien zu ziehen in die Gegenwart, die ein friedliches und kreatives Miteinander der sog. Väterreligionen (Judentum, Christentum, Islam), aber auch darüber hinaus in einer sog. säkularisierten Welt fordert.

Zur Zeit wird in den gesetzgebenden Gremien, in den Behörden und in den Kirchen diskutiert, wie umzugehen sei mit einem neuen Status der muslimischen Gemeinschaft(en) im zukünftigen Deutschland. Was bedeuten neue Staatsverträge für

den Schulunterricht? Wie gehen Vertreter von Kirche und Schule mit Gottesdiensten und multireligiösen Feiern in Kirche und Schule um? Was unterscheidet einen Gottesdienst von einer multireligiösen Feier? Glauben Juden, Christen und Muslime an ‚denselben Gott'? Wie kann ein ehrlicher Dialog der sogenannten ‚abrahamitischen' Religionen vor Ort gelingen – ein Dia- oder Trialog, bei dem die Partner zu ihrem Bekenntnis und zu ihrer Tradition stehen und zugleich offen sind für das Bekenntnis und die Tradition des anderen? Können Religionen zum Frieden in der Gesellschaft beitragen? Kann die intensive Arbeit an den eigenen literarischen Quellen – am Tanach, an der Bibel, am Koran und zwischen den Büchern – zu anderem führen als zu Abgrenzung? Können erhebliche Unterschiede im Verständnis wichtiger Grundlagen der Religion zu gegenseitigem und tieferem Verstehen des Eigenen und des Fremden führen?
Paulus ahnte aufgrund seiner Christuserfahrung vor Damaskus etwas Entscheidendes, das jede Religion transformiert in gelebte Menschlichkeit: Weil kein Mensch sich einer ‚Gerechtigkeit' vor anderen, vor sich selbst und vor Gott ‚rühmen' kann, sind wir alle angewiesen auf göttliche Gnade, die jedes Erleiden und jedes Handeln aufnimmt und verwandelt. Und mehr noch wusste er: Im „Wort vom Kreuz" (1. Kor 1,18) wird jedes religiöse Wissen, das sich als ein Besitz von Wahrheit geriert, zunichte gemacht. Die ‚Weisheit der Weisen' zählt nicht in Wahrheitsfragen (1. Kor 1,19ff.), sobald diese zum Kern der Dinge kommen. Die Gnade Gottes und Gottes Friede kommen zum Ziel bei Menschen, die sich im Prinzip jederzeit ins Wort fallen lassen von dem Frieden, der „höher ist als alle Vernunft" (Phil 4,7), auch und gerade als alle religiöse und theologische Vernunft.

Christen müssen das „Wort vom Kreuz" nicht wie ein Panier vor sich her tragen und etwa jederzeit auf der Richtigkeit ihrer Liturgie und Theologie bestehen, sondern können in Wort und Tat zeigen, was das bedeutet, diesem Gott im Menschen Jesus zu folgen. Sie können auf das Rechthaben gegen andere souverän verzichten (das wäre auch Demut = freiwillige souveräne Selbstrücknahme als Nachfolge i. S. von Phil 2). Christen verkleiden diese Demut nicht hochmütig und werden dabei nicht ethisch indifferent – im Gegenteil: Im Namen der Menschlichkeit Jesu treten die ‚in Christus' immer für den Menschen und gegen Unmenschlichkeit an, gerade, weil sie aufs Rechthaben verzichten. Nicht das Recht ihres Bekenntnisses stellen sie schützend vor sich, sondern den Menschen sehen sie im Mittelpunkt. Sie wissen: Es ist Gnade. Und ER ist der Mensch schlechthin (Bonhoeffer). Sie sind aus Gnaden ‚im Recht'. In einem anderen Recht, als es im Alltag der Welt als recht gilt.

Am 22.9.2015 schreibt der Redakteur der Süddeutschen Zeitung Matthias Drobinski unter dem Titel „Wie weit reicht der Glaube" (Auszug): „Und dann wird sich die religiöse Landschaft in Deutschland ändern, weil die meisten, die da kommen, Muslime sind. Sie bringen einen anderen Islam mit als die türkischen Arbeiter und Bauern aus der verhältnismäßig säkularen Türkei vor 40 Jahren. Es ist der Islam einer gut gebildeten syrischen

Mittel- und Oberschicht, aber auch jener aus der irakischen Provinz. Es besteht die Chance, dass ein aufgeklärt-intellektueller Islam wächst. Es gibt aber auch die anderen Geschichten: Muslime mobben die Christen, die gerade so dem IS entkommen sind; Sunniten und Schiiten prügeln sich – vor kurzem haben sie noch aufeinander geschossen. Religion wird wichtiger werden im Land – als Grund des Engagements für die Schwachen, als Motor der Integration, aber auch als Quelle von Konflikten. Es wird strittiger werden als bisher, welche Rolle die Religion im Staat, in der Öffentlichkeit spielen soll. So gesehen gäbe es einigen Grund für die Kirchen in Deutschland, skeptisch zu sein angesichts der Menschen, die da kommen und das eigene Leben schwieriger machen. Sie sind es nicht. Einmal, weil es der christliche Glaube gebietet, den Fremden nicht zu bedrücken, sondern ihn nach Möglichkeit aufzunehmen. Dann aber auch, weil Caritas und Diakonie, die vielen Gemeinden und noch viel mehr Christen mit ihrer Expertise im Helfen einen realistischen Blick ermöglichen: Einfach wird es nicht, billig wird es nicht, konfliktfrei geht es nicht, und ja: Das Leben im Land wird sich ändern, und noch keiner weiß so recht, wohin. Aber es ist zu schaffen."

Gerade der Begriff der „Gnade" bzw. charis lädt dazu ein, neue Denk- und öffnende Glaubenswege zu wagen. Nicht umsonst hat Martin Luther seine reformatorisch umstürzende Erkenntnis gerade an und mit der Frage nach einem „gnädigen Gott" errungen, damals mit Folgen, die in Krieg und Gewalt mündeten. Heute muss es darum gehen, zu verhindern, dass religiöse und auch weltanschauliche Überzeugungen Menschen weiter in gewaltsame Auseinandersetzungen treiben.

Aus dem etymologischen Wörterbuch (Etymologisches Wörterbuch des Deutschen. Erarbeitet unter der Leitung von Wolfgang Pfeifer, 1. Aufl. München 1995): „Gnade f. ‚verzeihende Güte, Nachsicht, Schonung, herablassende Gunst, Strafnachlass', in der christlichen Religion ‚Barmherzigkeit Gottes, Sündenvergebung', ahd. ginada ‚göttliches Erbarmen, Gottes Hilfe, Wohlwollen, Gunst' (8. Jh.), mhd. g(e)nade ‚das Sichniederlassen, um auszuruhen, ruhige Lage, Glück(seligkeit), Gunst, Huld, Gottes Hilfe und Erbarmen' […] Gnade im Sinne von ‚huldvollem Zugeneigtsein' wird in der südd. Mission Übersetzungswort für kirchenlat. gratia und auf das Verhältnis Gottes zu den Menschen bezogen. Die als Zusatz bei Herrschertiteln erscheinende Formel von Gottes Gnaden ist die seit dem 13. Jh. geläufige Übersetzung von lat. gratia dei, griech. cháriti theú, zurückgehend auf Paulus (1. Kor 15,10), der sein Apostelamt auf die Gnade Gottes aufbaut […]."

Die Zeit der Gnade (2. Kor 6,1f.): Giorgio Agamben befasst sich in seinem Kommentar zum Römerbrief mit dem Titel: „Die Zeit, die bleibt" ausführlich mit den Denkmöglichkeiten der von Paulus geglaubten „Jetztzeit". Die Zeit, die der Apostel erlebe, sei zu unterscheiden von der Apokalypse, die ihren Ort am letzten Tag, am „Tag des Zorns" habe. Der Apostel beschreibe hingegen die *messianische Zeit.* Diese zusammengedrängte Zeit, auf die Paulus sich mit dem Ausdruck *ho nyn kairos* (Agamben: ‚Jetztzeit') beziehe, sei die Zeit des Endes, die Zeit von der Auferstehung bis zur parousia (der Wiederkunft Christi), die Zeit, die zu enden beginnt. Die „Zeit der Gnade" des Paulus ist – so verstanden – weder linear zu verstehen als Zeit zwischen

Auferstehung und Parusie, noch perspektivisch auf einen Fluchtpunkt hin zu denken (das Ende der Zeit), sondern es ist mit dem *aspektivischen* Ansatz der Gleichzeitigkeit eines Denkens Raum zu geben, in der der Jude Paulus zuhause war: „mit der unumkehrbaren Abfolge von Kreuz, Grab und Auferweckung ein lineares Zeitverständnis" (Agamben, 75–82) voraussetzend (Röm 6,1–11), „die Zeitlinie der individuellen Heilsgeschichte der Glaubenden so weit gedehnt und verschoben" wahrzunehmen, „dass sie mit der Zeitlinie der Heilsgeschichte Christi zusammentrifft" (Avemarie, 618).

Dem Begriff ‚Gnade' wohnt im *Deutschen* eine hierarchische Tendenz von Willkür inne. Das Deutsche nimmt damit auf, was den Worten ‚charis' im Griechischen und ‚gratia' im Lateinischen auch schon innewohnte: Die Idee, dass der Höherstehende und Mächtige dem niedriger Stehenden und auf die ‚Gnade' Angewiesenen diese gewährt – oder auch nicht.

In einem modernen juristischen Verständnis ist Gnade nicht ‚gerecht'. Gnade setzt ein, nachdem nach Recht und Gesetz in einem System von Gewaltenteilung und transparentem Prozess vor einem ordentlichen Gericht im „Namen des Volkes" ein Urteil verkündet wurde. Durch den *Gnadenakt*, der bis heute vom Landes- bzw. Bundessouverän – möglicherweise delegiert an Ausschüsse – ausgeübt wird, kann unter bestimmten Voraussetzungen die *Vollstreckung des Urteils* ausgesetzt oder ganz erlassen werden. Dieses Prozedere hat seinen eigentlichen Ursprung im Absolutismus des 17. Jahrhunderts, in einer Zeit, als der Souverän selbstverständlich „Herr" über Recht und Gesetz war und Gerichte und Rechtsprechung nicht unabhängig waren.

Die cháris Gottes, von der Paulus schreibt und die er mit und in Christus erfährt, ist mehr als „Gnade vor Recht", mehr als Verschonung. Die cháris ist dem Grunde nach universal. Sie ist eine Möglichkeit und Wirklichkeit Gottes. Sie ist die Dynamis (die schöpferische Kraft) Gottes, die auf eine von Paulus in Röm 1,18–3,20 scharf kritisch analysierte Menschheit reagiert, die unrettbar vom Unrecht beherrscht ist. Sie ist *die* Bewegung Gottes zu den Menschen, und zwar unterschiedslos, und *die* Möglichkeit Gottes, den gordischen Knoten von Liebe und Gerechtigkeit zu lösen.

Der Zorn (im Hebräischen ein „Schnauben") Gottes, verstanden als Gottes Leidenschaft für Gottes Schöpfung, Gerechtigkeit und das Leben, entäußert sich in der cháris. Und bringt sich die Souveränität Gottes ins Spiel, können wir davon sprechen, dass die cháris die Demut Gottes sei. Demut, verstanden als freie Selbstrücknahme des Starken, ist am schönsten zum Ausdruck gebracht in Philipper 2,6–11.

So wie Martin Luther mit der Entdeckung der unbedingten und freien Gnade Gottes den Weg aus seiner Höllenangst fand – die ihn leider nicht feite gegen allerlei vermutete Teufel in seinem apokalyptisches Weltbild – so könnte heute die Entdeckung der dem Grunde nach universalen Gnade Gottes Wege zur angstfreien Begegnung mit Menschen anderen Glaubens und anderer Weltanschauungen eröffnen.

Die griechische Mythologie kennt mehrere ‚Gnaden' = Wohltaten (gr. charites), die aus dem Olymp der Götter und Göttinnen den Menschen zeitweilig gewährt werden. Es sind dies sozusagen zeitweilige Gnadenerweise, die z. B. der Apollos von Delos (Statue) gewährte, während die charis bei Paulus der Inbegriff von Gottes Tat (Bultmann, 284.287ff.) und Wesen (Hans Conzelmann, Art. χάρις, in: Theologisches Wörterbuch zum Neuen Testament, Bd. 9, 384) ist. Paulus kennt diesen Sprachgebrauch und unterscheidet Gottes überfließende Gnade von den willkürlichen ‚Gnaden'- (Gunst-) erweisungen der antiken Herrscher.

2. *Methodisches*

2.1 Bibelteilen (15 Min.)

L lesen 1. Kor 1,1–3 vor. (Zur Methode des Bibelteilens finden Sie weitere Informationen im Internetpool.)

2.2 Austausch in Gruppen (25 Min.)

L legen den Begriff „GNADE" und die vorbereiteten Karten und Stifte auf dem Fußboden aus. TN und L nehmen sich spontan Karten oder ergänzen auf leeren Karten ihre Assoziationen zu dem Wort „Gnade". Jeder TN und L begründen ihre Wahl.

2.3 Diskussion im Plenum (30 Min.)

L leiten die Diskussion zur Frage: Universelle Gnade Gottes heute im konkreten Kontext des Miteinanders der Religionen?

Bonhoeffers Gedicht ‚Christen und Heiden' (s. Internetpool) schließt diese Einheit ab.

2.4 Feedback zum gesamten Kurs (40 Min.)

Je nach Gruppengröße kann das angeleitete Feedback variieren. Beispiel: Gestaltete Mitte und die Möglichkeit, sich einen Gegenstand aus einer vorbereiteten Sammlung auszusuchen: Rosenblätter, etwas zu essen, eine Schallplatte, verschiedene Bücher, Zettel zum selber Ausfüllen (dafür Stifte bereit haben) usw. (normale Alltagsgegenstände!).

Die TN legen ihr Objekt in die Mitte. Sie können kurz erläutern, warum sie diesen Gegenstand ausgesucht haben. Damit werden Inhalte, Beziehungen und Dynamik im Kurs sichtbar.

2.5 Schluss mit Ziehung einer Engelskarte (10 Min.)

Als Engelskarten bezeichnet man Segenskarten, die aus einer Schachtel oder einem Korb gezogen werden. Die TN können das auf ihnen stehende Wort als Gedankenanregung oder/und als Segenswort für sich nehmen. Jeder nennt in einer abschließenden Runde den Namen seines/ihres ‚Engels' (Informationen zur Methode „Engelskarten" sowie einige Muster zum Ausdrucken sind im Internetpool zu finden).

Literaturverzeichnis

Aufgeführt ist in alphabetischer Reihenfolge die von uns verwendete Literatur; die verwendeten Kurztitel stehen in Klammern dahinter.

Kristlieb Adloff, Paulus – Prophet des Gottesreiches, Stuttgart 2013

Giorgio Agamben, Die Zeit, die bleibt. Ein Kommentar zum Römerbrief, Frankfurt a. M. 2006 (Agamben)

Anselm von Canterbury, Cur deus homo. Warum Gott Mensch geworden. Lateinisch und Deutsch, München 1970

Jan Assmann, Die mosaische Unterscheidung oder der Preis des Monotheismus, München 2003

Jan Assmann, Exodus. Die Revolution der Alten Welt, München 2015

Augustus, Meine Taten (res gestae Divi Augusti = die Taten des vergöttlichten Augustus), Dreisprachige Ausgabe, Lenelotte Möller (Übersetzerin), ebook 2014

Christine Axt-Piscalar, Artikel ‚Sünde' VII, in: Theologische Realenzyklopädie, Bd. 32, 400 -436

Friedrich Avemarie, Neues Testament und frührabbinisches Judentum. Gesammelte Aufsätze (hg. von Jörg Frey / Angela Standhartinger), Tübingen 2013 (Avemarie)

Friedrich Avemarie, Art. Taufe II, NT, RGG 4, VIII, 2005, 52–59

Alain Badiou, Paulus. Die Begründung des Universalismus, 2002, dt. Zürich/Berlin 2009

Hans Urs von Balthasar, Kleiner Diskurs über die Hölle, Freiburg, 5. Aufl. 2013

Gerhard Barth, Die Taufe in frühchristlicher Zeit, in: Bbiblisch theologische Studien, Neukirchen 1981

Hans-Martin Barth, Konfessionslos glücklich. Auf dem Weg zu einem religionstranszendenten Christsein, Gütersloh 2013

Hans-Martin Barth, Die Theologie Martin Luthers. Eine kritische Würdigung, Gütersloh 2009 (H.-M. Barth)

Karl Barth, Einführung in die evangelische Theologie (Siebenstern Tb), Gütersloh, 3. Aufl. 1980

Karl Barth 1886–1968. How I changed my mind. Introduced and Epilogue by John D. Godsey, Edinburgh 1969

Karl Barth, Kirchliche Dogmatik, Bd. I/1–IV/4, Zürich 1932ff. (Barth, KD)

Karl Barth, Das Wort Gottes als Aufgabe der Theologie, in: Karl Barth, Gesamtausgabe. Vorträge und Kleinere Arbeiten 1922–1925, Zürich 1990, 144–175

Karl Barth, Theologische Existenz heute! In: Karl Barth, Gesamtausgabe. Vorträge und kleinere Arbeiten 1930–1933, Zürich 2013, 271–363

Die Bekenntnisschriften der Evangelisch-Lutherischen Kirche, Göttingen 1979

Johan Christiaan Beker, Der Sieg Gottes. Eine Untersuchung der Struktur paulinischen Denkens (Stuttgarter Bibelstudien 132), Stuttgart 1988 (Beker)

Horst Klaus Berg, Ein Wort wie Feuer. Wege lebendiger Bibelauslegung, München 1991

Eugen Biser, Der inwendige Lehrer, München 1993

Eugen Biser, Einweisung in das Christentum, Düsseldorf 1997

Eugen Biser, Paulus. Zeugnis – Begegnung – Wirkung, Darmstadt 2003 (Biser)

Annette Böckler, Eine Nacht, anders als alle Nächte. Gedanken zu Sederfeiern in Kirchen, in: Freiburger Rundbrief Heft 2 (2005), 94–107; Text zugänglich auf www.annette-boeckler.de (Böckler)

Dietrich Bonhoeffer, Werke, Band 1–17, München/Gütersloh 1986–1999; Sonderausgabe: Gütersloh 2015 (DBW [Nr.])

Marcus J. Borg / John Dominic Crossan, The first Paul, London 2008

Günther Bornkamm, Das Ende des Gesetzes in: Ernst Wolf (Hg.), Beiträge zur evangelischen Theologie Bd 16, München 1961

Günther Bornkamm, Paulus, 3. Aufl. Stuttgart 1976

Heinrich Bornkamm (Hg.), Das Augsburger Bekenntnis, Gütersloh 1978

Martin Buber, Einsichten, Wiesbaden 1953

Rudolf Bultmann, Ist voraussetzungslose Exegese möglich? In: Ders., Glauben und Verstehen III, Tübingen 1960, 142–150

Rudolf Bultmann, Das Problem der Ethik bei Paulus, in: ZNW 23, 1924, 123f.

Rudolf Bultmann, Das Problem der Hermeneutik, in: Ders., Glauben und Verstehen II, Tübingen 1958, 211–235

Rudolf Bultmann, Das Problem einer theologischen Exegese des Neuen Testaments, in: Ders., Neues Testament und christliche Existenz, hg. von Andreas Lindemann, Tübingen 2002, 13–38

Rudolf Bultmann, Theologie des Neuen Testaments, 9. Aufl. Tübingen 1984 (Bultmann)

Hans Conzelmann, Die Mitte der Zeit, Tübingen 1993

Hans Conzelmann, Der erste Brief an die Korinther (KEK V), Göttingen 1969

Hans Conzelmann, Art. χάρις, in: Theologisches Wörterbuch zum Neuen Testament, Bd. 9, 384

Norbert Copray (Hg.), Glaube auf dem Prüfstand, Oberursel 2009

Frank Crüsemann, Das Alte Testament als Wahrheitsraum des Neuen, Gütersloh 2. Aufl. 2015 (Crüsemann)

Ingolf U. Dalferth, Der auferweckte Gekreuzigte, Tübingen 1994 (Dalferth)

DBW: siehe Bonhoeffer

Fjodor M. Dostojewski, Die Brüder Karamasow, Frankfurt a. M. 1986

Eugen Drewermann, Strukturen des Bösen, Paderborn u. a. 1978

Ulrich Duchrow, Christenheit und Weltverantwortung. Traditionsgeschichte und systematische Struktur der Zweireichelehre, 2. Aufl. Stuttgart 1983

James D. G. Dunn, Jesus, Paul and the Law, London 1990, 181–208 (Dunn, Jesus)

James D. G. Dunn, The New Perspective on Paulus, In: Bulletin of the John Rylands University Library of Manchester 65, 1983

James D. G. Dunn. The Theology of Paul the Apostle, Michigan 1998 (Dunn, Theology)

Kathy Ehrensperger, That we may be mutually encouraged. Feminism and the New Perspective in Pauline Studies, London / New York 2004 (Ehrensperger)

EKD Texte 109, Kerncurriculum für das Fach Evangelische Religionslehre in der gymnasialen Oberstufe

Wolfgang Feneberg, Paulus der Weltbürger, München 1992

Walter Feurich (Hg.), Karl Barth. Klärung und Wirkung, Berlin 1966

Tilman Asmus Fischer, Versöhnte Verschiedenheit, in: Evangelische Zeitung in Niedersachsen, Nr. 30, 26. Juli 2015

Franziskus (Papst), Laudato si'. Über die Sorge für das gemeinsame Haus, Stuttgart 2015

Jörg Frey, Das Judentum des Paulus, in: Oda Wischmeyer (Hg.), Paulus. Leben – Umwelt – Werk – Briefe, Tübingen/Basel 2. Aufl. 2012, 25–65

Jörg Frey / Jens Schröter (Hg.), Deutungen des Todes Jesu im Neuen Testament, Tübingen, 2. Aufl. 2012

Jörg Frey, Friedrich Avemarie (1950–2012) und sein wissenschaftliches Vermächtnis, in: Friedrich Avemarie, Neues Testament und frührabbinisches Judentum. Gesammelte Aufsätze (hg. von Jörg Frey / Angela Standhartinger), Tübingen 2013, XI–XXXIII

Peter Frick (Hg.), Paul in the Grip of the Philosophers: The Apostle and Contemporary Continental Philosophy, Minneapolis 2013

Alfons Fürst, in: Franz Xaver Bischof / Thomas Bremer / Giancarlo Collet / Alfons Fürst, Geschichte des Christentums, Freiburg 2014 (Fürst)

Claudia Gärtner, Andreas Brenne (Hrsg.), Kunst im Religionsunterricht – Funktion und Wirkung. Entwicklung und Erprobung empirischer Verfahren, Stuttgart 2015

Dieter Georgi, Gott auf den Kopf stellen: Überlegungen zu Tendenz und Kontext des Theokratiegedankens in paulinischer Praxis und Theologie, in: Jacob Taubes (Hg.), Religionstheorie und Politische Theologie, Bd. 3: Theokratie, Paderborn 1987, 148–205

René Girard, Hiob. Ein Weg aus der Gewalt, Zürich 1990 (Girard)

René Girard, Ich sah den Satan vom Himmel fallen, Berlin 2008

Wilhelm Gräb, Glaube aus freier Einsicht. Eine Theologie der Lebensdeutung, Gütersloh 2014

Wilhelm Gräb, Artikel ‚Sünde' VIII, in: Theologische Realenzyklopädie, Bd. 32, 438–442

Friedrich Wilhelm Graf, Streit ums Alte Testament. Hiobs Botschaft, FAZ 27.4.2015, http://www.faz.net/aktuell/feuilleton/debatten/kann-man-das-alte-testament-einfach-streichen-13558589.html (Aufruf 30.4.2015)

Karl Erich Grözinger, Jüdisches Denken. Theologie, Philosophie, Mystik, Band 4: Zionismus und Schoa, Frankfurt / New York 2015

Ernst Haenchen, Die Apostelgeschichte, Göttingen 1956

Ferdinand Hahn, Der urchristliche Gottesdienst (Stuttgarter Bibelstudien 41), Stuttgart 1970

Hubertus Halbfas, Die Bibel. Erschlossen und kommentiert von Hubertus Halbfas, Düsseldorf 2001

Hubertus Halbfas, Religiöse Sprachlehre. Theorie und Praxis, Ostfildern 2012 (Halbfas)

Ralf von den Hoff u. a., Divus Augustus. Der erste römische Kaiser und seine Welt, München 2014

Max Horkheimer / Theodor W. Adorno, Dialektik der Aufklärung (Erstaufl. 1944), kindle e-book 2010

Friedrich W. Horn (Hg.), Paulus Handbuch, Tübingen 2013 (Paulus Handbuch)

Richard A. Horsley (Hg.), Paul and Politics, Harrisburg 2000

Wolfgang Huber / Torsten Meireis / Hans-Richard Reuter (Hg.), Handbuch der Evangelischen Ethik, München 2015 (Huber)

Hans Hübner, Artikel ‚Paulus' I, in: Theologische Realenzyklopädie, Bd. 26, 133–153

Bernd Janowski, Konfliktgespräche mit Gott, Neukirchen 2013

Robert Jewett, Romans, Minneapolis 2006 (Jewett)

Robert Jewett, Paul's Letter to Rome and Beyond, in: K. K. Yeo (Hg.), Frome Rome to Beijing. Symposia on Robert Jewett's Commentary on Romans, 2013 (ebook), darin: Pos. 388–684

Klaus-Peter Jörns, Lebensgaben Gottes feiern. Abschied vom Sühnopfermahl: eine neue Liturgie, Gütersloh, 2007

Klaus Peter Jörns, Mehr Leben, bitte! Zwölf Schritte zur Freiheit im Glauben, Gütersloh 2009

Klaus Peter Jörns, Notwendige Abschiede. Auf dem Weg zu einem glaubwürdigen Christentum, Gütersloh 2. Aufl. 2005

Ernst Käsemann, Das Problem des historischen Jesus, in: Ders., Exegetische Versuche und Besinnungen, Erster und Zweiter Band, 6. Aufl. Göttingen 1970

Ernst Käsemann, An die Römer (Handbuch zum Neuen Testament 8a), Tübingen 1973 (Käsemann)

Ernst Käsemann, Römer 13,1–7 in unserer Generation, in: Zeitschrift für Theologie und Kirche 56. Jahrgang 1959, 316–376

Brigitte Kahl, Paulus und das Gesetz im Galaterbrief. Römischer Nomos oder jüdische Tora?, in: Ulrich Duchrow / Carsten Jochum-Bortfeld (Hg.), Befreiung zur Gerechtigkeit / Liberation towards Justice (Die Reformation radikalisieren / Radicalizing Reformation 1), Berlin 2015, 78–109 (Kahl)

Immanuel Kant, Zum ewigen Frieden. Ein philosophischer Entwurf, Berliner Ausgabe 4. Aufl. 2015

Othmar Keel, Die Geschichte Jerusalems und die Entstehung des Monotheismus, 2 Bände, Göttingen 2007

Othmar Keel, Jerusalem und der eine Gott. Eine Religionsgeschichte, Göttingen 2014 (Keel)

Navid Kermani, Ungläubiges Staunen. Über das Christentum, München 2015

Sören Kierkegaard, Philosophische Brocken oder ein Bröckchen Philosophie von Johannes Climacus. Herausgegeben von S. Kierkegaard, in: Emanuel Hirsch / Hayo Gerdes (Hg.), Sören Kierkegaard, Gesammelte Werke, 10. Abteilung, Gütersloh 1981

Ulrich H. J. Körtner, Einführung in die theologische Hermeneutik, Darmstadt 2006 (Körtner)

Ulrich H. J. Körtner, Hermeneutische Theologie, Neukirchen 2008

Dietrich Korsch / Lars Charbonnier (Hg.), Der verborgene Sinn. Religiöse Dimensionen des Alltags, Göttingen 2008

Matthias Kroeger, Im religiösen Umbruch der Welt: Der fällige Ruck in den Köpfen der Kirche, Stuttgart 2004

Matthias Kroeger, Über die Kostbarkeit von Mut und Klarheit, Stuttgart 2010

Werner Georg Kümmel, Römer 7 und das Bild des Menschen im Neuen Testament, München 1974

Peter Lampe, New Testament Theology in a Secular World. A Constructivist Work in Philosophical Epistemology and Christian Apologetics, London 2012

Jörg Lauster, Die Verzauberung der Welt. Eine Kulturgeschichte des Christentums, München (ebook) 2014

Christian Lehnert, Korinthische Brocken. Ein Essay über Paulus, Berlin 2. Aufl. 2014 (Lehnert)

Norbert Lohfink, Psalmgebet und Psalterredaktion, in: ALW 34/1992, 1–22

Gotthold Ephraim Lessing, Über den Beweis des Geistes und der Kraft, in: Werke in drei Bänden, Band III, München 2003

Rochus Leonhardt; Grundinformation Dogmatik, Göttingen 2008 (Leonhardt)

Eduard Lohse, Der Brief an die Römer, 15. Aufl. Göttingen 2003

Eduard Lohse, Paulus. Eine Biographie, 2. Aufl. München 2009 (Lohse)

Gerd Lüdemann, Paulus, der Gründer des Christentums, 2. Aufl. Springe 2014

Henning Luther, Religion im Alltag, Stuttgart 1992

Martin Luther, Großer Katechismus, zum 4. Gebot, in: Die Bekenntnisschriften der Evangelisch-Lutherischen Kirche, Göttingen 1979

Martin Luther, De servo arbitrio, Weimarer Ausgabe von Luthers Schriften (WA), Bd 18. Die deutsche Fassung „Vom unfreien Willen“, in: Martin Luther, Die Hauptschriften, 4. Aufl. Berlin o. J., 146–207

Martin Luther, Ein Brief an die Fürsten zu Sachsen von dem aufrührerischen Geist, in: Ludwig Fischer (Hg.), Die lutherischen Pamphlete gegen Thomas Müntzer, Tübingen 1976, 1ff.

Martin Luther, Ein schrecklich Geschicht und Gericht Gottes über Thomas Müntzer, in: Ludwig Fischer (Hg.), Die lutherischen Pamphlete gegen Thomas Müntzer, Tübingen 1976, 17ff.

Martin Luther, Erste Vorlesungen über die Psalmen (1513/1515), 56, in: Digitale Bibliothek, Band 63: Martin Luther, 345, Göttingen/Berlin 2002

Martin Luther, Sendbrief vom Dolmetschen, in: Martin Luther, Die Hauptschriften, 4. Aufl. Berlin o. J., 345–356

Martin Luther, Von der Freiheit eines Christenmenschen, in: Martin Luther, Die Hauptschriften, 4. Aufl. Berlin o. J., 96–110

Martin Luther, Vorrede zum ersten Band der Wittenberger Ausgabe der lateinischen Schriften Luthers, in der Übersetzung von Gerhard Ebeling, in: Karin Bornkamm/Gerhard Ebeling, Martin Luther. Ausgewählte Schriften, Band 2, Frankfurt 1982

Michael Lüthy, Drei Dimensionen des Unverfügbaren im künstlerischen Bild, in: Karl-Josef Pazzini / Andrea Sabisch / Daniel Tyradellis (Hg.), Das Unverfügbare. Wunder, Wissen, Bildung, Zürich-Berlin 2013, 211–228

Ulrich Luz, Theologische Hermeneutik des Neuen Testaments, Neukirchen 2014 (Luz)

Jens-Christian Maschmeier, Rechtfertigung bei Paulus. Eine Kritik alter und neuer Paulusperspektiven, Stuttgart 2010

Odo Marquard, Apologie des Zufälligen, Reclam 1986

Odo Marquard, Zukunft braucht Herkunft. Philosophische Essays, Stuttgart 2003, darin 234–246
Jürgen Moltmann, Politische Ethik, Mainz/München 1984
Markus Mühling, Gott und die Welt in Narnia, Göttingen 2005
Oskar Negt, Gesellschaftsentwurf Europa, 2. Aufl. Göttingen 2012
David Nirenberg, Antijudaismus. Eine andere Geschichte des Westens, München 2015 (Nirenberg)
Günther van Norden / Paul Gerhard Schönborn / Volkmar Wittmütz, Wir verwerfen die falsche Lehre. Arbeits- und Lesebuch zur Barmer Theologischen Erklärung und zum Kirchenkampf, Wuppertal-Barmen 1984
Erhard Oeser, Die Angst vor dem Fremden. Die Wurzeln der Xenophobie, Darmstadt 2015
Pier P. Pasolini, Der heilige Paulus, hg. v. Reinhold Zwick und Dagmar Reichardt, Schüren 2007
Paulus Handbuch: siehe Horn
Petr Pokorný, Die Entstehung der Christologie, Berlin 1985
Lutz Pohle, Die Christen und der Staat nach Römer 13, Mainz 1984
Heribert Prantl, Wir sind viele: Eine Anklage gegen den Finanzkapitalismus, ebook München 2011
Josef Ratzinger / Benedikt XVI, Jesus von Nazareth (3 Bände), Freiburg u. a. 2007–2012
Thomas Reinhuber, Art. ‚Deus absconditus / Deus revelatus', in: Religion in Geschichte und Gegenwart 4. Aufl., Bd. 2, Sp 683–684
Paul Ricœur, Symbolik des Bösen, Freiburg / München 2. Aufl. 1988
Vilho Riekkinen, Römer 13. Aufzeichnung und Weiterführung der exegetischen Diskussion, Helsinki 1980
Jan Roß, Die Verteidigung des Menschen. Warum Gott gebraucht wird, Berlin 2012
Edwin P. Sanders, Paul and Palestinian Judaism, London 1977
Gerta Scharffenorth, Römer 13 in der Geschichte des politischen Denkens. Ein Beitrag zur Klärung der politischen Traditionen in Deutschland seit dem 15. Jahrhundert, Heidelberg 1964 (Scharffenorth)
Brigitte Scheele / Norbert Groeben, Dialog-Konsens-Methoden zur Rekonstruktion subjektiver Theorien: die Heidelberger Struktur-Lege-Technik (SLT), konsensuale Ziel-Mittel-Argumentation und kommunikative Flussdiagramm-Beschreibung von Handlungen, Tübingen 1988
Friedrich Schiller, Über die ästhetische Erziehung des Menschen, Frankfurt a. M. 2009
Heinz Schilling, Martin Luther, München 2012
Alfred Schindler (Hg.), Apokryphen zum Alten und Neuen Testament, Zürich 2007
Friedrich Daniel Schleiermacher, Reden über die Religion, 8. Aufl. Göttingen 2002
Edmund Schlink, Die Lehre von der Taufe, Kassel 1969
Christine Schlund, Deutungen des Todes Jesu im Rahmen der Pesach-Tradition, in: Jörg Frey / Jens Schröter (Hg.), Deutungen des Todes Jesu im Neuen Testament, Tübingen, 2. Aufl. 2012, 397–411
Udo Schnelle, Paulus. Leben und Denken, Berlin/Boston 2. Aufl. 2014 (Schnelle, Paulus)
Udo Schnelle, Theologie des Neuen Testaments, Göttingen 2. Aufl. 2014 (Schnelle, Theologie)
Albert Schweitzer, Die Mystik des Apostels Paulus, Tübingen, 1981
Albert Schweitzer, Geschichte der Leben-Jesu-Forschung, Tübingen 9. Aufl. 1984 (Schweitzer)
Stefan Schreiber, Die Anfänge der Christologie. Deutungen Jesu im Neuen Testament, Neukirchen 2015
Michael Schrom, Gottlos, aber religiös, in: Publik Forum 9/2015, 26–30
Notger Slenczka, Die Kirche und das Alte Testament, in: Elisabeth Gräb-Schmidt / Reiner Preul (Hg.), Das Alte Testament in der Theologie, Marburger Jahrbuch Theologie XXV, Leipzig 2013, 83–119
Thomas Söding, Sühne durch Stellvertretung, in: Jörg Frey / Jens Schröter (Hg.), Deutungen des Todes Jesu im Neuen Testament, Tübingen, 2. Aufl. 2012, 375–396
Angela Standhartinger, Dies ist mein Leib, in: Wolfgang Weiß (Hg.), Der eine Gott und das gemeinschaftliche Mahl. Inklusion und Exklusion biblischer Vorstellungen von Mahl und Gemeinschaft im Kontext antiker Festkultur, Neukirchen 2011, 123–157 (Standhartinger, Leib)

Angela Standhartinger, Das Abendmahl im Neuen Testament, in: Judith Hartenstein / Silke Petersen / Angela Standhartinger (Hg.), „Eine gewöhnliche und harmlose Speise“?: Von den Entwicklungen frühchristlicher Abendmahlstraditionen, Gütersloh 2008, 19–33 (Standhartinger, Abendmahl)

Krister Stendahl, Das Vermächtnis des Paulus. Eine neue Sicht auf den Römerbrief, Zürich 2001 (Stendahl).

Krister Stendahl, Paul among Jews and Gentiles, Philadelphia 1976

Heinz-Günther Stobbe, Religion, Gewalt und Krieg, Stuttgart 2010

Gregor Taxacher, Bruchlinien. Wie wir wurden, was wir sind: Eine theologische Dialektik der Geschichte, Gütersloh 2015

Jacob Taubes, Die Politische Theologie des Paulus, München 3. Aufl. 1983

Gerd Theißen, Die Religion der ersten Christen: Eine Theorie des Urchristentums, Gütersloh 2000

Gerd Theißen, Die Weisheit des Urchristentums, München 2008

Gerd Theißen / Annette Merz, Der Historische Jesus, Göttingen 1996

Gerd Theißen, Zur Bibel motivieren. Aufgaben, Inhalte und Methoden einer offenen Bibeldidaktik, Gütersloh 2003

Gerd Theißen, Psychologische Aspekte paulinischer Theologie, Göttingen 1983

Michael Theobald / Wolfgang Bretschneider, Das Paulus-Oratorium von Felix Mendelssohn-Bartholdy, Stuttgart 2012 (Theobald)

Michael Theobald, Der Römerbrief (EdF 294), Darmstadt 2000

Anthony C. Thiselton, The Living Paul: An introduction to the Apostle's life and thought, ebook London 2009

Peter John Tomson, Presumed Guilty: How the Jews were blamed for the Death of Jesus, ebook Minneapolis 2005

Michael Trowitzsch, Nachkritische Schriftauslegung, in: Ders. (Hg.), Karl Barths Schriftauslegung, Tübingen 1976

Ton Veerkamp, Im Namen des Vaters und des Sohnes und des Heiligen Geistes. Nur noch eine Hohlformel?, in: Ulrich Duchrow / Carsten Jochum-Bortfeld (Hg.), Befreiung zur Gerechtigkeit / Liberation towards Justice (Die Reformation radikalisieren / Radicalizing Reformation 1), Berlin 2015, 197–213 (Veerkamp)

Bernd Vogel / Petra Roedenbeck-Wachsmann / Ilse Tödt, Mensch Jesus! Auf Bonhoeffers Spuren – Jesus Christus neu verstehen lernen, Neukirchen 2007

Nikolaus Walter, Der Brief an die Philipper, in: Das Neue Testament Deutsch (NTD) Band 8/2, Göttingen 1998 (Walter)

Harald Welzer / Dana Giesecke / Luise Tremel (Hg.), FuturZWEI. Zukunftsalmanach 2015 / 2016. Geschichten vom guten Umgang mit der Welt, Frankfurt a. M. 2014

Stephen Westerholm, Perspectives old and new on Paul. The 'Lutheran' Paul and his Chritics, Michigan/Camebridge 2004

Peter Wick, Paulus, Göttingen 2006

Oda Wischmeyer (Hg.), Paulus. Leben – Umwelt – Werk – Briefe, Tübingen/Basel 2. Aufl. 2012

Michael Wolter, Paulus. Ein Grundriss seiner Theologie, Neukirchen 2011 (Wolter)

Michael Wolter, Der Heilstod Jesu als theologisches Argument, in: Jörg Frey / Jens Schröter (Hg.), Deutungen des Todes Jesu im Neuen Testament, Tübingen, 2. Aufl. 2012, 297–313

Nicholas Thomas Wright, Paul and the Faithfulness of God, London 2013

Nicholas Thomas Wright, Paulus für heute, Der Römerbrief Band 1, Gießen 2014

Nicholas Thomas Wright, Worum es Paulus wirklich ging, Gießen 2010

K. K. Yeo (Hg.), From Rome to Beijing: Symposia on Robert Jewett's Commentary on Romans, ebook 2013

Dieter Zeller, Charis bei Philon und Paulus, Stuttgart 1990

Mirjam Zimmermann / Ruben Zimmermann, Handbuch Bibeldidaktik, Tübingen 2013

Wörterbücher und Lexika

Walter Bauer, Wörterbuch zu den Schriften des Neuen Testamentes, Berlin / New York 6. Aufl. 1988

Etymologisches Wörterbuch des Deutschen. Erarbeitet unter der Leitung von Wolfgang Pfeifer, München 1995

Der kleine Pauly. Lexikon der Antike. Auf der Grundlage von Pauly's Realencyklopädie der classischen Altertumswissenschaft unter Mitwirkung zahlreicher Fachgelehrter bearbeitet und herausgegeben von Konrat Ziegler und Walter Sontheimer, München 1975

Georgi Schischkoff (Hg.), Philosophisches Wörterbuch, Stuttgart 22. Aufl. 1991

Verwendetes Material aus dem Internet

www.ekd.de/synode2015_bremen/beschluesse/s15_04_iv_7_kundgebung_martin_luther_und_die_juden.html, Aufruf 15.11.2915.

www.friedenspreis-des-deutschen-buchhandels.de/819312/Aufruf 26.10.2015

www.Hardheim.de, Aufruf 7.10.15

http://www.domradio.de/themen/judentum/2015–06–22/neue-debatte-ueber-die-karfreitagsfuerbitte

http://www.rothenburg-unterm-hakenkreuz.de/ Aufruf 5.4.2015

http://sammlungen.ub.uni-frankfurt.de/freimann/content/pageview/1221434, Aufruf 25.9.2015

Micha Brumlik, Tenach. Antijudaismus in neuem Gewand? Aus: www.juedische-allgemeine.de/article/print/id/22056 vom 23.4.2015. Aufruf 30.4.2015.

Jesus-Seminar: https://de.wikipedia.org/w/index.php?title=Jesus-Seminar&oldid=148741889, Aufruf 29.12.2015

Luthers Vorrede zur Gesamtausgabe seiner lateinischen Schriften: Universität Münster unter ivv7srv15.uni-muenster.de/mnkg/pfnuer/turmerlebnis.html, Aufruf 16.12.2015

Otto Hermann Pesch, Gnade und Rechtfertigung am Vorabend der Reformation, unveröffentlichter Vortrag, http://www.uni-heidelberg.de/md/fakultaeten/theologie/oek/forum/13.1.pdf, Aufruf 16.12.2015

Philo von Alexandrien, De specialibus legibus, II.145, zitiert nach: Angela Standhartinger, Frauen in Mahlgemeinschaften. Diskurs und Wirklichkeit einer antiken, frühjüdischen und frühchristlichen Praxis. In: http://www.lectio.unibe.ch/05_2/standhartinger_frau_mahlgemeinschaft.htm#_edn39

Präambel der Unabhängigkeitserklärung der USA 4. Juli 1776: de.wikipedia.org/wiki/unanhängigkeitserklaerung_der_vereinigten_staaten.

Zum Luther-Lied „Nun freut euch, lieben Christeng'mein": de.wikipedia.org/wiki/nun_freut_euch,_lieben_christen_g'mein.

Zu offiziellen kirchlichen Stellungnahmen im ND-Deutschland 1933: http://www.rothenburg-unterm-hakenkreuz.de/

Joachim Negel, Zweite Naivität. Begriffsgeschichtliche und systematische Erwägungen zu einem vielbemühten, aber selten verstandenen Konzept, Vortrag 1982, https://www.uni-marburg.de/hosting/ks/personal/…/zweitenaivitaet.pdf

www.zentralratdjuden.de, Ritualbad, Aufruf 23.9.2015

Werner Zager in: https://www.bibelwissenschaft.de/de/stichwort/53957/, Aufruf 24.9.2015

Martina Janßen, Joachim Jeremias, in: www.bibelwissenschaft.de/stichwort/51860/, Aufruf 29.9.2015